地介苦寒
清代山西贫瘠州县问题研究

王　丽/著

九州出版社
JIUZHOUPRESS

图书在版编目（CIP）数据

地介苦寒：清代山西贫瘠州县问题研究／王丽著
. — 北京：九州出版社，2019.12
　　ISBN 978 - 7 - 5108 - 8440 - 5

Ⅰ.①地… Ⅱ.①王… Ⅲ.①贫困区—研究—山西—
清代 Ⅳ.①F126

中国版本图书馆 CIP 数据核字（2019）第 238996 号

地介苦寒：清代山西贫瘠州县问题研究

作　者	王　丽 著
出版发行	九州出版社
地　址	北京市西城区阜外大街甲 35 号（100037）
发行电话	（010）68992190/3/5/6
网　址	www. jiuzhoupress. com
电子邮箱	jiuzhou@ jiuzhoupress. com
印　刷	北京九州迅驰传媒文化有限公司
开　本	710 毫米×1000 毫米　16 开
印　张	15. 75
字　数	233 千字
版　次	2019 年 12 月第 1 版
印　次	2019 年 12 月第 1 次印刷
书　号	ISBN 978 - 7 - 5108 - 8440 - 5
定　价	59. 00 元

目 录

CONTENTS

第一章 绪 论

第一节 研究背景与研究目的

一、选题的缘由

笔者关注清代山西的贫瘠州县问题源于几年前看到的一则史料，在光绪朝《晋政辑要》卷三《吏制·委署三》中，有这样一段记载：

> 附正佐各班苦缺卷
>
> 查道光二十三年正月，巡抚梁梁萼涵、布政使乔用迁、按察使罗绕典会详，正印佐杂委署简明章程内开，州县苦缺十三处：岢岚州、吉州、岚县、石楼县、宁乡县、山阴县、广灵县、平鲁县、宁武县、偏关县、乡宁县、大宁县、永和县。佐杂苦缺十四处：岢岚州吏目、保德州吏目、潞城县虹桥关巡检、永宁州方山堡巡检、代州广武城巡检、五台县台怀镇巡检、石楼县典史、山阴县典史、阳高县典史、平鲁县典史、偏关县典史、大宁县典史、永和县典史、平定州柏井驿驿丞。又查道光二十七年二月，署巡抚吴其睿批准，署布政使恒春、署按察使劳崇光会详，请将应州、交城县均改为苦缺。又查道光二十九年十二月，巡抚兆那苏图批准，署布政使孔庆鍧、署按察使多慧会详，请将临县、和顺县、灵丘县、蒲县均改为苦缺。又查同治元年十二月，巡抚英桂批准，布政使郑敦谨、按察使王榕吉会详，请将洪洞县改为苦缺。又查同治八年六月，署巡抚郑敦谨批准，布政使胡大任、署按察使李

庆翔会详，请将介休县改为苦缺。[①]

资料中提的"苦缺"一词，笔者之前闻所未闻，感觉像发现了一个未知的世界。之前只知道，清代有官缺制度，对于苦缺，则一般性地理解为条件差、收入低的官缺，并不知道，山西省居然有些州县被明确地定为苦缺。一直以来，清朝的统治者对于官员计较官缺的肥瘠是明确反对的，甚至有官员因此而被罢官。可为什么山西省会在道光二十三至同治八年，陆续批准21个州县成为苦缺州县呢？这些州县成为苦缺的原因是什么？苦缺制度的出现在当时发挥了怎样的作用，有什么意义？山西的这些苦缺州县在清代的生存状态究竟如何？探求这些问题的答案成为写作这本书的最初动机。

有学者指出，将官缺划分为肥缺和瘠缺是清代社会普遍存在的现象，但因不见于选任规章，故不为人所熟知。苦缺一般是作为肥缺、优缺的对立面出现的。查找相关的学术研究，笔者发现，学界对"肥缺"的研究和关注比较多，对"苦缺"的研究和关注则比较少。杜家骥教授《清代官场中的"肥缺"问题》是研究"肥缺"的代表性论文。该文指出，"官缺，指职官的额缺职位，而肥缺则是指能够得到较多收入的官职。因为收入的来路并不光明，肥缺不见于也不可能见于选官制度的规章。肥缺的存在体现了清代官场的腐朽性。"[②]文章对于清代有名的"肥缺"及其收入情况进行了梳理，并分析了造成清人谋取"肥缺"现象的制度性原因。文章一针见血地指出，清代某些地方官缺之所以成为"肥缺"，根本原因就在于，清代在赋税征收与用项上，普遍存在私用与公用区分不清的弊端；而清代官员的低薪制以及公用经费存留过少，则造成清代官场的"陋规"横行。清代一些官员对肥缺的汲汲营求及皇帝与各级官员在肥缺选授上的态度和做法，使得清代官场中官缺私相授受的现象非常普遍。文章最后提出，要

① （清）刚毅修，安颐纂：《晋政辑要》，卷三《吏制·委署三》，《续修四库全书》八八四·史部·政书类，上海：上海古籍出版社，2002年，第73—74页。

② 杜家骥：《清代官场中的"肥缺"问题》，国家清史编纂委员会、国家清史纂修领导小组办公室编：《清史镜鉴——部级领导干部清史读本》第6辑，北京：国家图书馆出版社，2013年，第68页。

想减少或阻止这种现象的发生，需要在选官与官员履行职权这两个环节上制定有效的公众监督制约机制。这篇论文对于研究清代的苦缺制度提供了一个很好的思路。

清代的苦缺州县和苦缺制度目前尚未引起学界的充分关注，相关的研究还比较少。笔者发表于 2013 年《历史教学问题》第 5 期的《清道光朝苦缺制度探微》一文，是较早的一篇。文章初步梳理了记载清代苦缺制度的文献资料，分析了苦缺州县的基本特点及其享有的优惠政策，并在此基础上，分析了清道光朝苦缺制度出台的原因及清中后期地方治理方面的困境。该文认为："晚清所出台的苦缺之制，就全局看，是清代'外重内轻'的不合理形势及捐纳制下候补官员与政府之间的畸形关系不断发展造成的。虽然选任苦缺的官员及确定为苦缺的州县均可以获得一定的补偿，以达到某种平衡，然而，这种平衡就全局看，不过是拆东墙补西墙，基本上无助于地方上各种困境和问题的真正解决。而把地方官缺分为优缺和苦缺，对于各地数量庞大的候补官员而言，则只会造成进一步的夤缘奔竞之势，使地方吏治进一步走向窳败。所以，各地明确设立苦缺，是一种不得已而为之的无奈之举和权宜之计，就深层次看，它反映了清政府在应对地方治理困境时的短视与得过且过的心态。"[1] 这篇文章对于清道光朝苦缺制度的探索尚属于宏观的制度层面的定性研究范畴，在一些问题的理解上还不到位。对于苦缺制度的形成轨迹、历史作用及意义都未涉及。对于山西苦缺州县的生存状态、存在问题等也未能全面展开。因此，苦缺制度还留有比较大的研究空间。

随着新史料的发现，对于苦缺制度的研究有了新的推进。2015 年 1 月，张振国在《清史论丛》辑刊上发表了《"肥缺"与"瘠缺"——清末广西官缺肥瘠分布及与繁简等级、选任制度之关系》一文。这篇文章根据新发现的广西巡抚柯逢时在光绪二十九年所奏的公费档案，分析了当时广西肥缺与瘠缺的分布状况及特点，并在此基础上，论述了肥瘠缺的划分与清代"冲、繁、疲、难"四要素、"最要缺、要缺、中缺、简缺"四等级

---

① 王丽：《清道光朝苦缺制度探微》，《历史教学问题》，2013 年第 5 期。

及官员选任制度之间的关系。文章认为，将官缺划分为肥缺和瘠缺是清代社会普遍存在的现象，但因不见于选任规章，故不为人所熟知。官缺肥瘠现象对清代官员选任、地方治理乃至对整个清代社会具有重要的型塑作用，值得人们深思和警醒。①这篇论文虽然注意到了清代广西的苦瘠官缺，但其关注的重心是广西肥瘠官缺的分布特点及其与清代官缺等级划分、官员选任制度之间的关系，仍属于制度史层面的探讨。这篇文章进一步明确了"苦缺"的概念，为苦缺制度的深入探讨奠定了基础。王月、张振国发表在《满族研究》2017年第4期上的《清末奉天官缺肥瘠探析》一文，利用中国第一历史档案馆藏的"军机处录副奏折"——光绪三十二年六月初十日"盛京将军赵尔巽奏为查明奉省正佐瘠苦各缺请分别酌加津贴事"一折，分析了清末奉天省肥瘠缺的划分依据、分布特点及其作用影响，从而加深了对清末奉天地区人事管理制度的了解和认知。②这篇论文的关注点仍然在制度层面，对于苦缺州县本身存在的问题基本没有涉及。

清代的苦缺州县制度到底是在什么情况下出台的？到底起了怎样的作用？有什么影响？这些问题至今仍然是个谜。要想揭开这个谜底，就需要选取一个样本进行深入仔细的探究。而山西就是一个很好的考察样本。因为山西省比较完整地保留下了清代苦缺州县的资料。笔者在研究过程中发现，清代山西的苦缺州县，现在绝大多数仍然是国家级或者省级贫困县，二者之间显然存在一定的历史关联。清代是距离我们最近的历史时期，研究清代的苦缺制度和清代山西省的贫瘠州县问题，对于理解清王朝的兴衰历程及山西省的贫困问题无疑兼具学术意义和现实意义。

二、晋商之"富"与山西之"贫"

另外，还有一个令笔者感到困惑的问题是，清代的山西到底是富裕的还是贫困的？这成为引发笔者探究清代山西贫瘠州县问题的另一个动

---

① 张振国：《"肥缺"与"瘠缺"——清末广西官缺肥瘠分布及与繁简等级、选任制度之关系》，《清史论丛》，2015年1月，第142页。

② 王月、张振国：《清末奉天官缺肥瘠探析》，《满族研究》，2017年，第4期。

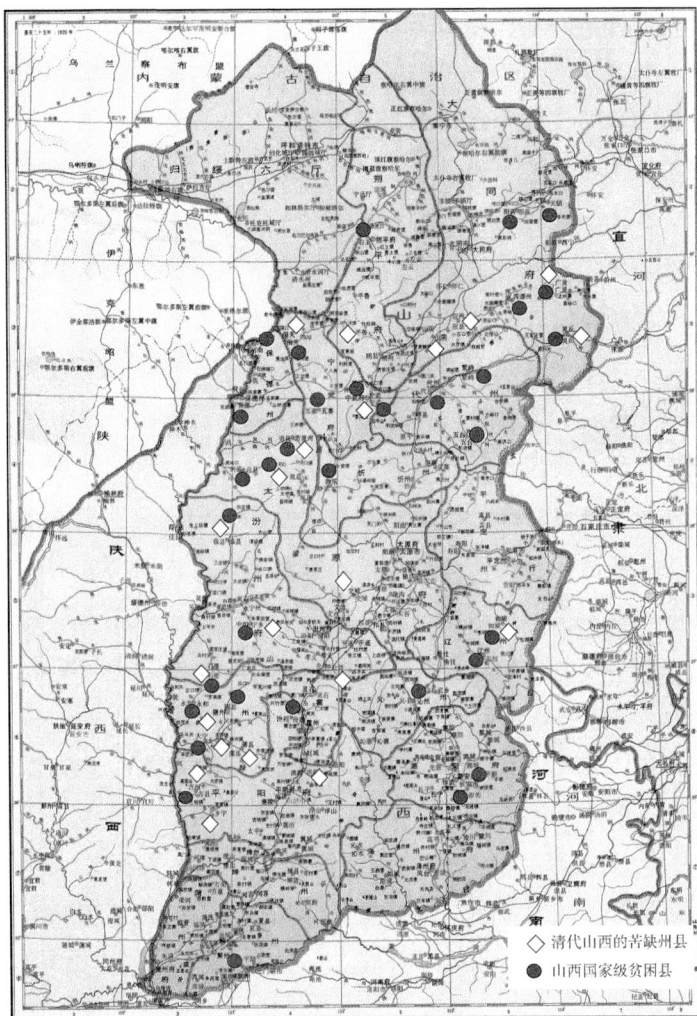

图 1-1 清代山西的苦缺州县图[①]

因。在余秋雨先生的名著《文化苦旅》中，有篇很有名的文章，叫做《抱
愧山西》，文中写道：

> 长期以来，我居然把山西看成是我国特别贫困的省份之一，
> 而且从来没有对这种看法产生过怀疑……但是，这一命题是不公

---

① 谭其骧主编：《中国历史地图集》，清时期，嘉庆二十五年山西省地图，第
20—21 页，北京：中国地图出版社，1996 年。

平的。大概是八九年前的某一天，我在翻阅一堆史料的时候发现了一些使我大吃一惊的事实，便急速地把手上的其他工作放下，专心致志地研究起来。很长一段时间，我查检了一本又一本的书籍，阅读了一篇又一篇的文稿，终于将信将疑地接受了这样一个结论：在上一世纪乃至以前相当长的一个时期内，中国最富有的省份不是我们现在可以想象的那些地区，而竟然是山西！直到本世纪初，山西，仍是中国堂而皇之的金融贸易中心。北京、上海、广州、武汉等城市里那些比较像样的金融机构，最高总部大抵都在山西平遥县和太谷县几条寻常的街道间，这些大城市只不过是腰缠万贯的山西商人小试身手的码头而已。山西商人之富，有许多天文数字可以引证，本文不作经济史的专门阐述，姑且省略了吧。反正在清代全国商业领域，人数最多、资本最厚、散布最广的是山西人；要在全国排出最富的家庭和个人，最前面的一大串名字大多也是山西人；甚至，在京城宣告歇业回乡的各路商家中，携带钱财最多的又是山西人。①

山西人的富裕来自于经商，"按照我们往常的观念，富裕必然是少数人残酷剥削多数人的结果，但事实是，山西商业贸易的发达、豪富人家奢华的消费，大大提高了所在地的就业幅度和整体生活水平，而那些大商人都是在千里万里间的金融流通过程中获利的。"②文章还引用了龚自珍的一句话加以佐证："山西号称海内最富，土著者不愿徙"。余秋雨解释道："龚自珍这里所指的不仅仅是富商，而且也包括土生土长的山西百姓。"③这篇文章的影响是如此之广，再加上诸如《乔家大院》这样影视剧的宣传和广告效应，山西曾经富甲天下、遍地白银几乎成为大家的共识。一到假期，四方游客成群结伙来山西参观晋商的"大院文化"遗存，山西成了许多人心目中那个遍地黄金的宝地。回到现实，大家对山西印象最深的应该就是煤老板了，他们挥金如土，一掷千金，那简直就是又一个财富神话！

---

① 余秋雨：《文化苦旅》，武汉：长江文艺出版社，2014年，第142页。
② 余秋雨：《文化苦旅》，同上，第142页。
③ 余秋雨：《文化苦旅》，同上，第142页。

目前学界对于晋商的研究已经十分繁富，这里暂不赘述。

但事实真相究竟如何？清代的山西真有影视文学作品中描述的那么富裕吗？清光绪年间，时任山西巡抚的曾国荃曾经说过这样一段话来评价山西：

> 查晋省山多泽少，地瘠民贫；守法奉公者比户皆是，抚官梗化者百不一名；催科易而抚字尤难，养宜亟而教不可缓。万室之郡，巨富者不过二三人；小康之家，千户而仅举其一。将欲因势利导，苦于道齐皆穷处，今日而绍昔贤、为循良而布雅化施之于山右，亦岌岌乎其难矣！①

这段材料说明，至少在晚清时期，山西已经是地瘠民贫的贫困地区了。但又确实有史料可以证明，清代的山西曾经是海内公认的富裕省份，比如在乾隆五十一年五月壬申日，乾隆帝曾下谕曰：

> 昨因毕沅奏豫省连年荒歉，凡有恒产之家，将地亩贱价售卖。山西富户，闻风赴豫，乘机放债，准折地亩取利……晋省素称充裕，而偶有偏灾，即与各处被灾省分，一体亟为赈恤，朕之爱民，晋民独不知乎？②

在咸丰四年七月乙亥日，咸丰帝曾下谕曰：

> 恒春奏劝捐情形一摺，据称晋省富户，均经金商，现在办理捐免充商，其捐资尚未交清，所有发给官票，约借归还之举，应请缓行等语，尚属实在情形。惟南北军务，未能蒇事，筹饷之难，日甚一日，势不能不借资民力。晋省素称饶富，虽已捐者不少，而情殷报效者自必尚不乏人。……③

从两段史料来看，在清代，山西确实曾素称饶富。该怎样认识目前史

---

① 光绪《左云县志》，《中国地方志集成·山西府县志》辑10，南京：凤凰出版社，2005年，第217页。

② 《清实录·高宗实录》，卷之一千二百五十五，乾隆五十一年五月壬申，北京：中华书局影印本，1985年，第870页。版本下同。

③ 《清实录·文宗实录》，卷之一百三十五，咸丰四年七月己亥，北京：中华书局影印本，1986年，第384页。

料所呈现出的清代山西富与贫的矛盾状态？显然，清代山西省的经济状态曾有过一个由富到贫的动态演变过程，而贫瘠州县的生存状态应该是衡量这一过程的重要指针。研究清代山西的贫瘠州县问题将有助于我们理解这一过程，进而深入理解晚清衰亡的原因。

三、"亲民之官，莫如县令"

对于州县基层官员的地位和作用，历代统治者都一致认为，州县官乃亲民之官，最关紧要，与百姓休戚相关。得其人，则一邑之民享其利；不得其人，则一邑之民受其害；慎选州县官，关乎国家的安危。清王朝作为我国传统社会的最后一个王朝，其统治思想更趋于成熟，其统治手法可谓集历代之大成。对于州县官的作用，清代君臣一致认为，州县官作为亲民之官，其职守至重，所关最要，必须慎选其人，才能治理好地方社会。

表1-1　清代君臣对于州县基层官员地位认识的资料列表

时间	人物	主要观点	出处
雍正五年（1727年）闰三月乙丑日	雍正帝	守令乃亲民之官，关系百姓之休戚，故得其人则民生被泽，而风俗日醇，不得其人则民生受累而风俗日薄	《世宗宪皇帝上谕内阁》卷55
道光十七年	道光帝	州县为亲民之官，仓库钱粮，皆其专责	《钦定大清会典事例》卷96
同治元年（1862年），壬戌闰八月	同治帝	州县为亲民之官，地方利弊，民生疾苦，全赖州县为之区画，方足以苏民困而清吏治	《钦定大清会典事例》卷96
康熙时期	陈廷敬（大学士）	国家共理此民者，外则督抚司道府州县等官，督抚司道，弹压表率以理民者也，而与民最亲者，无踰于知府、知州、知县者矣	《皇朝经世文编》卷十七《吏政三·铨选》
康熙时期	卢锡晋（知府）	是故天下之安危系乎民，民之休戚系乎吏，故曰亲民之官，莫如县令，知所以重之，则能尽其职，而循良之效可睹	《皇朝经世文统编》卷三十《内政部四·用人》

续表

时间	人物	主要观点	出处
乾嘉时期	毕沅（湖广总督）	至州县为亲民之官，所关最要，得其人则一邑之民享其利，不得其人则一邑之民受其害，如病在贪酷，则日事诛求，而良善难安生业，病在因循，则听从胥吏，而闾里鲜得安居，其中稍有才具者，又复以酬应为能，不以地方为事	《皇朝经世文编》卷十五《吏政一·吏论上》
乾隆时期	陶正靖（御史）	守令为亲民官，而令之于民尤亲，闾阎之疾苦，必由令而上闻，朝廷之德意，必由令而下达，其秩虽卑，其责至重，劝课之方，必须曲尽其宜，未可以苟且概施也	《皇朝经世文统编》卷三十三《内政部七·铨选》
嘉庆时期	洪亮吉（编修）	守令，亲民之官也，一守贤则千里受其福，一令贤则百里受其福，然则为守令者，岂别有异术乎？亦惟视守令之居心而已	《皇朝经世文编》卷二十一《吏政七·守令上》
道光时期	周镐（户部主事）	是故天下之安危系乎民，民之休戚系乎吏，故曰亲民之官，莫如县令，知所以重之，则能尽其职，而循良之效可睹	《皇朝经世文编》卷三十六《户政十一·农政上》
道光时期	王道埠（御史）	慎用牧令疏 　窃维治世莫要于安民，安民必先以察吏，察吏之方，自州县始，州县之贤否，天下治乱之基也，迩来时事艰难，盗匪充斥，固由督抚之措置乖方，将弁之攻剿不力，而追溯酿乱激变之由，未尝不起于州县	《皇朝经世文编续集》卷十七《吏政三·铨选》
同治时期	周腾虎（候选主事）	夫县令乃政事民风之本，苟得其人，可以保民，可以足赋，可以却敌，可以移风易俗，可以兴起人材，不得其人，无不堕坏	《皇朝经世文续编》卷十四《治体七·治法下》

续表

时间	人物	主要观点	出处
同治时期	袁方城（御史）	窃维天下者，州县之所积也，一州县得人，则一州县治，各州县皆得其人，则天下无不治	《皇朝经世文续编》卷十八《吏政一·吏论上》

以上材料证明，清代君臣对于州县基层官员的作用，有相当明确和一致的认识。大家都认识到，州县官员的选择关乎天下之安危、地方之治乱、百姓之休戚。如果得其人，则可以国安、地治、民足。因此，清代对于地方基层官员的选任，始终都非常重视。为了给每个州县选出最合适的官员，清人在制度建设方面可谓苦心孤诣，孜孜不倦，力求做到尽善尽美、人地相宜。

四、清代地方铨政及管理制度的创新与演变

为了做到"人地相宜"，为每个地方选出合适的官员，清王朝在明代"掣签月选"制的基础上，开展了一系列的制度建设和创新工作。清人的改革思路归纳起来就是，对人和地均进行严格的甄别，分出等级，把贤能之员分配到最繁难的官缺上，务求做到人尽其才，人地相宜。在人的鉴别方面，清人增加了对选人的九卿验看环节、皇帝引见环节以及对初入仕途者的委署、试用环节，用以确保准确了解和把握每个候选官员的特长与优缺点，把好钢用在刀刃上，为繁难要缺选出最优秀的人才。这个问题已经有学者进行过探讨。据张振国《清代道、府、厅、州、县等级制度的确定》一文的研究：

> 清初定制，地方道、府以下官缺，由吏部每月选举一次，掣定缺签，请旨决定。月选官员补授何缺，全凭本人运气——所掣之缺签决定。其结果往往造成才能平庸之人补授职位紧要之缺，使事务废弛、效率低下；相反，能力出众之员补授事简之缺，则不能施展才华，浪费人力资源。为补救这一弊端，同时也为加强皇权，令官员感受补授之恩出自于皇帝，于康熙三十七年（1698年），在月选过程中增加了引见环节。这就要求月选官员在掣签

后，须经吏部带领引见皇帝，由皇帝面验后决定准否。在引见时，
皇帝会根据掌握的情况，对掣签的结果予以最终裁定：若认为官
员与所掣官缺适合，即予准许；否则会作出相应调整，或令与其
他官员互调，或改为教职，或勒令休致，甚者革职等。①

在地方官缺的等级鉴定方面，清王朝所采取的最重要的改革措施是
按照"冲、繁、疲、难"四字为道府州县等地方官缺划分等级，四字俱
备者为"最要缺"，占三字者为"要缺"，占二字者为"中缺"，占一字或
者一字不占者为"简缺"。对"冲繁疲难"制度比较早的研究当首推刘铮
云先生发表于 2003 年《中央研究院历史语言研究所集刊》第六十四本中
的《冲、繁、疲、难：清代道、府、厅、州、县等级初探》一文。该文对
"冲繁疲难"制度订定的时间、背景和内容进行了研究，并比较了该政策
最初提出时的方案与吏部的最终定案之间的差异，从而揭示了清代皇帝、
吏部、地方督抚三者之间的微妙政治生态关系。② 张振国发表于 2011 年
《明清论丛》第十一辑上的《清代道、府、厅、州、县等级制度的确定》
一文也是研究"冲繁疲难"制度的重要成果。该文认为，清代地方道、
府、厅、州、县等级制度，是由"冲、繁、疲、难"四要素制度与"最要
缺、要缺、中缺、简缺"四等级制度构成的。二者原为两种不同的划分官
缺等级的方法，在订定的时间、等级的划分、目的和适用范围上各不相
同，以致二者的关系在初期比较混乱。乾隆初年将两种制度进行了划一，
按照官缺所占冲繁疲难项数的多少，定四项者为最要缺，三项者为要缺，
二项者为中缺，一项或无项者为简缺。这不仅标志着清代道、府、厅、
州、县等级制度的最终确定，使延续近两千年的划分地方官缺等级的制度
臻于完善，同时也使皇帝、吏部与督抚三者之间的权力分配达到均衡。张
振国发表在 2014 年《安徽史学》第三期的论文《论清代"冲繁疲难"制
度之调整》一文认为：雍正九年，经广西布政使金𫓧奏请，清廷制定了

---

① 张振国：《清代道、府、厅、州、县等级制度的确定》，《明清论丛》第十一
辑，北京：紫禁城出版社，2011 年，第 385 页。
② 刘铮云：《冲、繁、疲、难：清代道、府、厅、州、县等级初探》，《中央研究
院历史语言研究所集刊》第六十四本，2003 年。

"冲繁疲难"制度。这不仅为清王朝划分地方官缺等级提供了一套全面、合理的操作标准，使延续近两千年的地方等级管理制度臻于完善，也对清代地方道、府、厅、州、县官员的选任、行政素质的改善以及选任权力的分配，产生了深远影响。[①]文章认为，任何制度的形成均有一个调整完善的过程，"冲繁疲难"制度亦不例外。清廷曾经分别在雍正十二年、乾隆六年和乾隆十二年三次下令，大范围"统一调整"各省官缺的冲繁疲难等级。三次调整在原因、内容、过程及特点均迥然有别。这是"冲繁疲难"制度从初定走向成熟的动态变化过程。学者考察，四要素（冲繁疲难）和四等级（最要缺、要缺、中缺、简缺）之制在开始的时候并没有这样的对应关系，二者出现的时间、目的、作用都不同，"清廷制定四等级制度的主要目的，是为月选引见增加一些便于操作的手段——吏部在月折中标明官缺的等级，给皇帝提供必要的官缺信息，以便皇帝在引见面验时，较为准确地判断官员与所掣官缺是否相宜，进而予以准否。换句话说，四等级制度是为月选制度服务的，其确立并没有改变原有的任官方式，任官权仍主要掌握在吏部手中。而四要素制度则不然，其确立的初衷是为了补救掣签之弊，为繁缺择人——令各地的繁要官缺，由皇帝简授（道、府），或熟悉地方政务的督抚们就近于属员中拣选题请，量才补授（同、通、州、县），不再统由吏部掣签、不加区分。这从根本上改变了原来的任官方式，也使繁要官缺的任官权从吏部转移到皇帝和地方督抚手中。"[②]可以看出，在清王朝整个的地方基层官员选任制度设计中，地方督抚成了最大的责任人和权力拥有者。

各省道、府、同知、通判、州、县等官缺依照"冲繁疲难"四字评定等级后，也就明确了选任权的归属。在这一全新的制度设计中，地方督抚承担了一个非常重要的职责，就是他们需要仔细考察属下官员的行政能力，把最贤能之员选拔到最要缺和要缺的岗位上。而要做到这点，实际上就需要地方上有一批随时可供督抚差委的候补官员，作为遗留之缺的临时

---

① 张振国：《论清代"冲繁疲难"制度之调整》，《安徽史学》2014年第3期。
② 张振国：《清代道、府、厅、州、县等级制度的确定》，《明清论丛》（第十一辑），第390页。

替补官员使用。为此，雍正帝采取了一个非常重要的措施，以确保地方上有一批随时可供地方督抚调补差委使用的候补官员，就是从中央拣选分发那些选期尚远的候补官员到地方，供地方督抚差委试用。这个办法后来成为新制度中的一个重要环节。

笔者较早关注到了这一现象，曾于2012年1月在《石家庄学院学报》发表了《试论雍正朝的拣选分发制度》一文。文章依据《四库全书》中《世宗宪皇帝朱批谕旨》等文献，梳理了拣选分发之制在雍正朝的实施运作情况及存在的问题。为了整顿地方吏治，雍正一朝曾大量拣选官员分发至各省委署试用，该办法被雍正帝称作"观政学习之法"大范围推行。在雍正朝，该办法有效地弥补了掣签月选经制只能为人择缺、不能为地择人的弊病，为督抚题调要缺储备了人才。分发试用人员在委署过程中，既锻炼了吏才，熟悉了政务，也弥补了科举制凭文取人、所学非所用的弊病。"被拣选分发试用者，一般多是在吏、兵二部排队候缺的不应即选之员。拣选分发官员的程序，一般是先由地方督抚奏请发员，再经皇帝批准，从适合的官员群体中进行拣选和引见，再发往各所请之省。到省后，先令其当差试看，果有才干，再令署缺；署缺确有实效，督抚即可题请实授。拣选分发者通常有选期尚远的候补候选文武官员、落第举人、以知县用的新进士等。就官缺等级看，主要是地方的中下级官员；就类别看，则既有府、州、县、同知、通判等地方中下级文官，也有游击、参领、守备等地方中下级武官，还有少量教官、佐杂、盐场大使的拣发例；就其所起的作用看，主要是为地方提供了一批灵活机动的备选官员，供督抚临时差委署缺之用。在这个过程中，确实锻炼了这些官员的行政才干，对表现杰出、实有绩效者，可由督抚题请实授地方要缺，所以该办法还达到了甄核人才的作用，可谓一石三鸟，不能不说是一个好办法。"[①]

之后，原本在中央候补的官员可通过加捐分发到各省，以备地方督抚差委和署任，这成为清代所独有的一项制度。在笔者的另一篇论文《清代候补官员发省委署制度成因初探》(《石家庄学院学报》，2010年第1期)

---

① 王丽：《试论雍正朝的拣选分发制度》，《石家庄学院学报》，2012年第1期。

中，专门探讨了清代这一独特制度的形成原因。候补官员发省委署制度与清代的官缺制度及捐纳制度紧密地结合在一起，满足了清代中央和地方的共同需要。在后来的发展中，逐渐形成分发、委署和试用三位一体的格局，成为清代地方铨政的重要环节，用以甄核候选官员的人品和才能。该制度的出现反映了清代在政治制度方面的务实与创新精神。这一制度大范围实行后，地方督抚拥有了委署和试用候补官员的权力。这个变化对于清代地方铨政可谓影响巨大。①

道咸以来，随着国家军事屡兴，天灾横行，清代捐纳、保举制度兴盛，因捐纳、保举而获得做官资格者日益增多，导致候选官大量增加，仕途壅滞，流品混杂。将捐纳获官者分发到各省成为疏解吏部铨选压力的有效途径。随着发省候选官员的日益增多，地方上逐渐形成严密的委署章程，以确保地方候补候选官员在委署试用过程中的公平公正。但在咸丰以后，随着捐纳人数的增加，地方委署章程也陷于名存实亡。对地方候补官员的委署权因归于地方督抚，导致了地方督抚权力的扩张，并逐渐侵夺中央吏部的铨选权，这也直接造成了清代地方铨政的彻底紊乱和吏治的败坏。这一趋势发展到清末，最终导致"停部选"的出现，吏部完全失去了对地方官员的选任之权。学者刘伟在 2010 年 2 月《清史研究》第一期发表《"停部选"与清末州县官选任制度改革》一文，对该变革进行研究。文章认为：自同治、光绪年以来，随着督抚题调权的扩展，督抚外补权不断侵夺部选权，也随着捐纳、保举扩大造成的人员壅滞、品流低下、选补困难，使原来严格分明的部选与外补并存的选官结构受到极大挑战。随着清末新政的开展，科举制被废除，部选制失去了原有的制度支撑，"停部选"也就顺理成章了。"停部选"改革实际包括两个方面，一是将选任权全部下放给督抚，以图疏通仕途；二是强调通过考试对所有选人实行甄别和分流，以解决流品混杂的问题。但事实证明，在体制未变的情况下，仅靠选任权的下放是难以达到目的的。依据吏部奏拟的筹备事宜清单，原定于宣统三年实行文官考试章程和任用章程。但随着清王朝的覆灭，这一变

---

① 王丽：《清代候补官员发省委署制度成因初探》，《石家庄学院学报》，2010 年第 1 期。

革最终不了了之，但也为民国时期文官考试制度的建立提供了基础。①

清代山西省的贫瘠州县问题，涉及清代地方管理制度和选官制度的方方面面。清代不同发展阶段的制度变革和创新，构成了清代山西贫瘠州县问题形成和演化的历史背景。以山西为样本，就一些制度在地方的执行情况和实际效果进行详细考察，也有助于推动清代制度史的研究走向深入。

第二节 研究方法及主要使用的史料

一、研究方法

随着时代的进步，史学研究的理论与方法已经越来越多，尤其是社会史研究兴起后，其他社会学科的研究方法大量被引入到史学研究中，新角度、新方法、多学科的交叉研究得到广泛的运用，这也使历史研究的范围得到了空前的扩展。然笔者不敏，于西方新兴的诸多史学理论与方法，因所知有限，使用不多，这方面有待深入学习与提升。本书所采用的研究方法，仍以传统史学研究方法为主，主要通过深入挖掘、梳理和解读史料，展示历史原貌，揭示发展规律。为了勾勒出清代山西贫瘠州县的基本生存状态，笔者大量查阅和使用了明清以来山西各州县的地方志史料，对同类史料多加搜求、比读，务尽梳理之功，进而归纳出相对客观的结论，力求对一些历史现象加以合理的解释，且言必有据，无偏执固陋之弊。本书的研究主要运用了考据法（归纳法、演绎法、类推法、比较法）、历史比较法、统计法、计量法及理论分析法等研究方法。为了全面呈现山西各州县在清代地方管理体制中的地位及演变规律，本书设计了大量表格，以求清晰全面。

二、主要使用的史料

傅斯年先生曾提出："史料即史学"，强调了史料对于史学工作的重要

---

① 刘伟：《"停部选"与清末州县官选任制度改革》，《清史研究》，2010年第1期。

性。本书主要使用的史料大致有如下几类。

1. 编年体、纪传体类明清两代通史：包括《明实录》《清实录》《明史》《清史稿》等文献。

2. 政书类史书：包括《大清会典》、《大清会典则例》、《大清会典事例》、"清三通"及《清朝续文献通考》等文献。

3. 文编类史料：主要包括《皇朝经世文编》《皇朝经世文续编》《皇朝经世文统编》等文献。

4. 地方史志：现存清代方志数量巨大，内容丰富、详实，本书参考并运用了大量的地方志史料，包括山西通志、乾隆和光绪两朝的《晋政辑要》以及山西各府志、州志、厅志、县志等。

5. 清代文人的笔记、文集、日记类文献：如王庆云的《石渠余纪》、欧阳昱的《见闻琐录》、张集馨的《道咸宦海见闻录》等。

6. 档案类史料：中国第一历史档案馆藏《军机处录副奏折》《宫中档朱批奏折》等。

第二章 清代山西省的政区沿革与行政区划管理体制

第一节 清代山西省的政区沿革及历史地位概述

一、清代在地方行政建制方面的调整和创新

众所周知，清承明制，在地方行政建置方面，清代基本承袭了明代的制度，又因时而变，做了很多调整和创新，形成了自己的特色。清代对明代地方行政建置所做的调整主要体现在以下四个方面：

1.将明代的临时差遣性质的总督和巡抚设置为地方上的最高一级行政区划。根据学者研究，明清督抚制的发展，经历了由明代的外差制向清代的地方制转化的过程。其发展大致经历了三个阶段："第一个阶段，从顺治元年（1644年）至十八年，清代督抚制度的建立及其地方化时期。其特点是督抚多设置于关津要塞之处，而且随着军事征服由北向南，向四周扩展建立。第二个阶段，从康熙元年（1662年）至乾隆十三年（1748年），督抚制度发展时期。其特点是随着形势的变化，督抚不断裁并调整，其辖区、设置及其职掌逐渐趋于确定，首次在官文书中列于地方官之首。第三个阶段，从乾隆十四年至乾隆三十二年——督抚制度的确立完善时期。其特点是督抚在典籍上不再作为都察院条目的一部分，而单独置于地方官制之下。督抚制度作为地方最高官制最终确立，同时与其相应的设置、职掌、统属等各个方面也趋于完善。"[1]

---

[1] 徐春峰：《清代督抚制度的确立》，《历史档案》，2006年1期，第62页。

2. 撤销明代以州隶府的建置，将州分为直隶州和散州，直隶州与府平级，同隶属于省。直隶州的建置最早出现于元代。"明代为了减少行政区划的层级，改路为府，将州分为直隶州与属州（也称散州）两种。直隶州是直接隶属于省的二级行政区划，数量还不是很多。清初基本沿袭明制，维持原有行政区划体系，仅在层次上有所简化，在幅员方面有所缩减而已。到雍正年间，对行政区划就进行了大幅度的改革，明代施行过的复式三、四级政区层次被完全简化成单式的省—府（直隶州）—县三级制。而在简化层级的同时，也实现了府的幅员的缩减，进行这一改革的主要手段就是增加直隶州的设置。与一般散州不同的是，直隶州直接隶属于省，其级别等同于府，领有属县，成为一级统县政区。"①

3. 撤销明代沿边地区设立的卫所，或将之归并于邻近政区，或设置新的政区。卫所是明朝主要的军事制度，明中后期开始"民化"，入清以后，清政府逐步对其进行改制和裁并。经学者研究统计，"顺治一朝共有约342个卫、所被裁并，康熙一朝是269个，雍正一朝是135个，而乾隆一朝则是27个。顺治年间，盛京、河南省卫所全裁；康熙年间，福建省、广西省、京师、云南省卫所全裁；雍正年间，陕西省、广东省卫所全裁；而到了乾隆年间，山西省、直隶省、甘肃省、四川省卫所全裁。""康熙年间共有十八个卫被改置为县，雍正年间共有四十个卫、所分别被改置为府、厅、州、县，而乾隆年间共有九个卫、所分别被改置为厅、县。康熙年间新设置了三个卫所，雍正年间新设置了九个卫所，而乾隆年间新设置了九个卫所。"②卫所作为具有军事性质的地理单位或者政区，经过有明一代的发展，其与州县的关系呈现出非常复杂的局面。至清初裁改，必然会引起地方格局的变动，对地方社会带来巨大影响。

4. 在边远地区设置"厅"进行管理。"厅"属于清代独创的政区单位，它是伴随着明清时期同知、通判职责的演变而出现的。清代的政区"厅"以同知、通判为正印官，部分政区"厅"设有武职官员。政区"厅"具有

---

① 林涓：《清代统县政区的改革——以直隶州为中心》，《中国历史地理论丛》2000年第4辑。

② 杨晨宇：《乾隆年间的卫所裁并》，《南方论刊》，2018年第3期，第33页。

管理边疆紧要之地，对外巩固边防；管理难管之地，对内强化统治，这两个特殊职责。它帮助清廷实现了疆土的全面政区化；有助于解决旗民杂处问题；提高行政效能，维护地方稳定；充实和巩固边防，促进疆土的开发利用和汉族文化的播迁。①

几经调整后，清代的地方行政区划和设官情况形成了一个复式多级的模式。从区划上，有省、道、府（直隶州、厅）、县（散州、厅）四级。设官上则有督抚、布按、道员、知府（直隶州知州、直隶厅同知、通判）、知县（知州，厅同知、通判）五层，即史籍所载："凡十有八省，皆受治于总督巡抚而达于部。总督、巡抚分其治于布政司、按察司、分守、分巡道；司道分其治于府、于直隶厅、直隶州；府分其治于厅、州、县；直隶厅、直隶州复分其治于县而治其吏户礼兵刑工之事。"②

二、清代山西省的地方政区沿革

随着清代对地方行政建置的不断调整，山西的地方行政区划也经过多次调整和变更。清初，随着明代督抚辖区逐步设置为地方上的最高一级行政区划，山西也顺应此变革，于顺治初年，设宣大总督，驻大同镇。顺治十三年（1656 年）裁宣大总督，以宣府归顺天巡抚管理，同年设山西总督。康熙三年，将山西总督裁并陕西道，驻扎西安府。康熙十四年（1675 年），改山陕总督，复又专设山西总督，康熙十九年（1680 年），裁山西总督。康熙二十四年（1685 年）废总督而专设山西巡抚，直至清末。

在山西巡抚之下，是山西布政司和山西按察司，驻太原府。

山西巡抚初领冀宁、冀南、冀北、河东四分守道，太原、平阳、潞安、大同、汾州五府，泽、辽、沁三直隶州。康熙四年（1665 年），裁冀南、冀北二道，十年（1671 年）设雁平道。雍正元年（1723 年），新置归化城厅；二年（1724 年），升太原府之属州平定、代、保德，平阳府属州解、绛、蒲、吉州、隰等九州为直隶州。三年（1725 年），新置宁武、朔平二

---

① 金如委：《清代政区"厅"探析》，《历史教学》，2018 年第 16 期。

② 刚毅、安颐：《晋政辑要》卷一《吏制·官制》，《续修四库全书》第 883 册，上海：上海古籍出版社，2002 年，第 27 页。

府。六年（1728年），升泽、蒲二直隶州为府。十三年（1735年），新置和林格尔、托克托、萨拉齐三厅。乾隆元年（1736年），新置清水河厅。六年（1741年）设归绥道。乾隆十五年（1751年），置丰镇、宁远二厅。三十七年（1773年），升平阳府霍州为直隶州，降吉州为散州，属平阳府。

至道光二十年（1840年），山西巡抚辖区领冀宁、河东、雁平、归绥4道，太原、平阳、汾州、蒲州、大同、朔平、宁武、潞安、泽州9府，绛、解、隰、霍、辽、沁、忻、保德、代、平定10直隶州。领散州6，厅7，县85。

太原府，袭明制，治阳曲县，为守冀宁道治所，山西省省会驻地。初领岢岚、保德、平定、代、忻5州。至道光二十年（1840年），领岢岚1州，阳曲、太原、榆次、太谷、祁、徐沟、交城、文水、岚、兴10县。

汾州府，承袭明制，治汾阳县。至道光二十年（1840年），领永宁1州，汾阳、孝义、平遥、介休、石楼、临县、宁乡7县。

潞安府，袭明制，治长治县。初领长治、长子、屯留、襄垣、潞城、壶关、黎城、平顺8县。道光二十年（1840年），潞安府领长治、长子、屯留、襄垣、潞城、壶关、黎城7县。

泽州府，初袭明制，为泽州直隶州，领高平、阳城、陵川、沁水4县。道光二十年（1840年），领凤台、高平、阳城、陵川、沁水5县。

平阳府，袭明制，治临汾县，为分守道河东道治所。初领吉、蒲、霍、隰、绛、解六州，临汾、襄陵、洪洞、浮山、太平、岳阳、曲沃、翼城、汾西、乡宁、临晋、荣河、猗氏、万泉、赵城、灵石、大宁、永和、汾西、太平、河津、稷山、安邑、夏、平陆、芮城、垣曲28县。道光二十年（1840年），领吉州1州，临汾、襄陵、洪洞、浮山、太平、岳阳、曲沃、翼城、汾西、乡宁10县。

蒲州府，初袭明制，称蒲州，属平阳府。道光二十年（1840年），领永济、临晋、荣河、猗氏、万泉、虞乡6县。

大同府，袭明制，治大同县，为分守雁平道治所。初领浑源、应、明、蔚4州，大同、怀仁、山阴、广灵、灵上、马邑、广昌7县。道光二十年（1840年），领丰镇1厅，浑源、应2州，大同、怀仁、山阴、广灵、灵丘、阳高、天镇7县。

宁武府，初袭明制，为宁武千户所。道光二十年（1840年），领宁武、偏关、五寨、神池4县。

朔平府，初袭明制，称大同右卫，道光二十年（1840年），领朔州1州，宁远1厅，右玉、左云、平鲁3县。

辽州直隶州，承明制，道光二十年（1840年）前，领和顺、榆社2县。

沁州直隶州，承明制。道光二十年（1840年）前，领沁源、武乡2县。

平定直隶州，袭明制，初属太原府。嘉庆元年（1796年）裁乐平县为乡。道光二十年（1840年），领盂、寿阳2县。

霍州直隶州，袭明制，初属平阳府。道光二十年（1840年），领赵城、灵石2县。

隰州直隶州，袭明制，初属平阳府。道光二十年（1840年），领大宁、永和、蒲3县。

绛州直隶州，袭明制，初属平阳府。道光二十年（1840年），领河津、稷山、绛、闻喜、垣曲5县。

解州直隶州，袭明制，初属平阳府。道光二十年（1840年），领安邑、夏、平陆、芮城4县。

保德直隶州，袭明制，初属太原府。道光二十年（1840年），领河曲1县。

代州直隶州，袭明制，初属太原府。道光二十年（1840年），领五台、繁峙、崞3县。

忻州直隶州，袭明制，初属太原府。道光二十年（1840年），领静乐、定襄2县。

晚清时，山西省共设有四道、九府、十直隶州、十二厅、六散州和八十五个县。

1912年元旦，中华民国临时政府成立，对行政区划进行大力调整，撤道、裁府、裁州、裁厅，存县。是年3月，山西省裁撤原置的9府、16州。裁太原府，留阳曲县；裁汾州府，留汾阳县；裁潞安府，留长治县；裁泽州府，留凤台具；裁大同府，留大同县；裁朔平府，留右玉县；裁宁武府，留宁武县；裁平阳府，留临汾县；裁蒲州府，留永济县。改10个

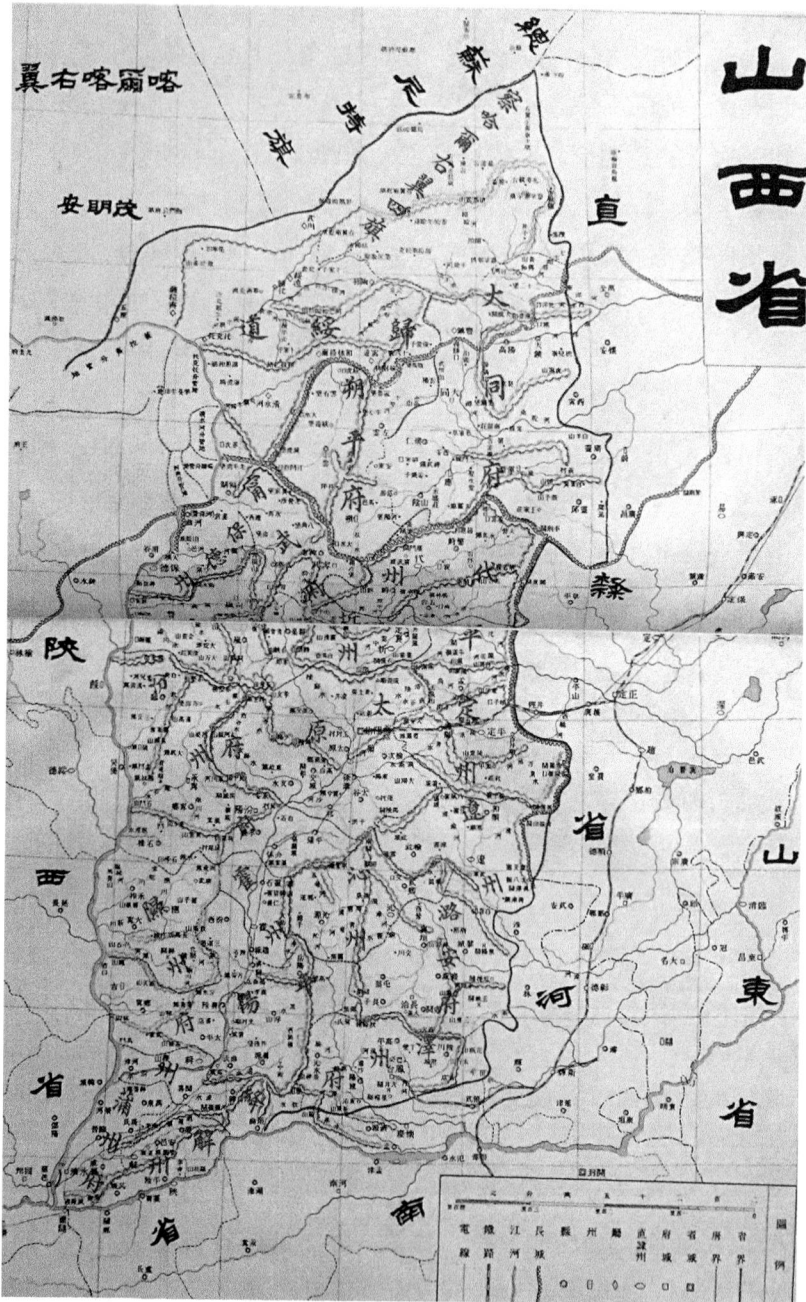

图2-1　清光绪三十年（1904年）山西省地图（选自《大清一统志》）

直隶州为县，分别是：改辽州为辽县，改沁州为沁县，改平定州为平定县，改忻州为忻县，改代州为代县，改保德州为保德县，改解州为解县，改绛州为新绛县，改霍州为霍县，改隰州为隰县。原置永宁州等 6 散州均依治所驻地名改为县建置，如岢岚州改为岢岚县；原属归绥道的 12 个厅，均改为县，如归化同知厅改为归化县。1912 年 5 月，将徐沟县的清源，潞城县的平顺，平定县的乐平，朔县的马邑等 4 村镇，均按县属乡设置。1913 年 1 月，北洋政府颁布《划一现行各省地方行政官厅组织令》及《划一现行各县地方行政官厅组织令》。3 月，山西省将冀宁道改为中路道，雁平道改为北路道，河东道、归绥道仍保留。

在清代对地方行政建置所做的几次大的调整中，对山西影响最大的应该是卫所变州县制度。雍正三年（1725 年）五月，在山西北部原来的卫所辖地设立了朔平、宁武二府，改右玉卫为右玉县，左云卫为左云县，平鲁卫为平鲁县（今右玉县西南平鲁城），并割大同府属之朔州、马邑县俱属朔平府管辖；改宁武所为宁武县，神池堡为神池县，偏关所为偏关县，五寨堡为五寨县，俱隶宁武府管辖。改天镇卫为天镇县，阳高卫为阳高县，移原驻阳高通判驻府城，俱隶大同府管辖。改宁化所为巡检司，隶宁武县管辖。这些卫所变为普通州县后，引起了地方社会的巨大变动。随着清王朝在全国推行"冲繁疲难"地方官缺分等制度，这些州县逐步由原来的边陲重镇沦为荒僻小邑。晋西北地区本身地处温带半干旱地区，地表土质疏松，含沙量丰富，极易风蚀，这使得本区生态环境脆弱。卫所变州县后，随着人口的急剧增长，土地遭到滥牧、滥垦，极大地诱发了土地的荒漠化，导致晋西北的生态环境日趋恶化，其影响至今仍存。

三、山西自然风貌的基本特点和历史地位

山西省位于华北西部的黄土高原东翼，整个轮廓略呈由东北斜向西南的平行四边形。山西全境为被黄土广泛覆盖的山地高原，大部分地区海拔在 1000 米以上，有山地、丘陵、高原、盆地、台地等多种地形，复杂多样。其中山地、丘陵占 80%，高原、盆地、台地等平川河谷占 20%。山西的地貌呈现出典型的黄土高原形态，表面千沟万壑，植被稀少，水土流

失严重，土壤贫瘠，可耕地面积少。光绪初年，山西巡抚的曾国荃曾说："山西一省，山多地少，本非五谷蕃衍之所。雁门迤北，地多斥卤，岁仅一收。太行迤东，则岗峦带土，颇鲜平原。其共推神皋奥区者，亦只太、汾、平、绛、解数州郡，土地平旷，天气稍为温煦。而所属州邑，仍有界在山陲，号称跷确者。是由地势所迫，初非人力可施。"[①]

山西省地处中纬度地带的内陆地区，在气候类型上属于温带大陆性季风气候。由于太阳辐射、季风环流和地理因素影响，山西气候具有四季分明、雨热同步、光照充足、南北气候差异显著、冬夏气温悬殊、昼夜温差大等特点。山西省各地年平均气温介于 4.2℃—14.2℃ 之间，总体分布趋势为由北向南升高，由盆地向高山降低；全省各地年降水量介于 358 毫米—621 毫米之间，季节分布不均，夏季 6—8 月降水相对集中，约占全年降水量的 60%，且省内降水分布受地形影响较大。冬季在强盛的干冷大陆性气团控制之下，气温较低；春季是过渡性季节，虽然冬季之后气温回升迅速，但很不稳定，仍不断有冷空气爆发南下，出现倒春寒天气；冬季风的北撤和夏季风的北进，往往会经历较长的一段时间，几经反复才能完成，致使春季天气变化很大。6 月，太阳辐射进一步增强，但降水还不太多，空气仍然较干燥，午后增温剧烈。此时，晋中、晋南盆地平均气温已达 22 摄氏度以上，进入了夏季。全年最热的月份是 7 月，绝大部分地区平均气温在 20℃—28℃ 之间，除晋西北及东西山区部分地区外，其余地区均达 22℃，晋南盆地高达 26℃ 以上。9 月进入秋季，北方冷空气不断爆发南下，极地大陆气流在低空基本已取代了热带海洋气团。山西省大部分地区此时明雨较少，相继出现秋高气爽的天气。10 月份，冬季风更加强盛，气温急剧下降，除太原盆地、晋南盆地及省境南端川谷地带外，秋季与春季一样，是过渡性季节，本省秋温低于春温，北部差值较大，南部比较接近。[②]

对于山西省的历史地位，有一段话概括得很好："从历史的视角看，

---

① 曾国荃：《致各府厅州公函》，萧荣爵编：《曾忠襄公全集》卷14《书札》，台北：成文出版社，1969 年，第 27 页。

② 山西省地图集编纂委员会：《山西省近现代史地图集》，西安：西安地图出版社，2011 年，第 104 页。

我国的政治中心无论早期在中原，后来西移关中抑或晚近北徙京蓟，山西与中央或一衣带水、或一岭之隔，始终处于中央的肩背。山西自古居华夏族旱地农业文化与戎狄游牧族草原部落文化的接合地带，向为民族碰撞、融合的中心边塞。其战略地位如此。由地理形势上看，山西自古有'表里山河'之谓，西、南有天堑黄河，东有太行山，北有万里长城，共同构成一气势浩莽的坚固围屏，犹境内以低山丘陵为特征的地形，关塞林立，津梁星布，极富进退回旋余地，既宜于弱势迂回运动，又不失野战腾挪转输之便。其战略形势又如此。它尽管出于相对封闭的地形从来不曾设过统一王朝的都城，惟其得失几无不攸关天下之成败兴亡。"[①] 到了明清时期，山西更有"神京右翼"之谓，具有极其重要的政治和军事战略地位。由于地理位置十分重要，山西历来为兵家必争之地，因此战乱频仍，代有兵戈。

第二节　晚清山西省的地方行政区划与隶属关系

据前述可知，清代的地方行政区划共分为四个等级，最大者为省，省下分道，道下为府（直隶州、直隶厅），最下为厅、州、县。其官级则是县上有府，府上有道，道上有司（布政使司和按察使司），司上有督抚，共分为五等。清代山西的地方行政区划经过了多次调整和变更，到晚清时，共设有四道、九府、十直隶州、十二厅、六散州和八十五个县，分别是：

清末山西四道：（道的长官为道员或道台，清初，道员官阶不定，乾隆十八年，一律定为正四品。）

冀宁道

河东道

雁平道

归绥道

九府：（府的长官为知府，一般尊称为太守，从四品。）

---

① 靳生禾、谢鸿喜：《山西古战场野外考察与研究》，太原：山西人民出版社，2013年，第001页。

太原府（省会所在地，称为首府）

潞安府（驻长治）

汾州府（驻汾阳）

泽州府（驻晋城）

大同府（驻大同县）

朔平府（驻右玉县）

宁武府（驻宁武县）

平阳府（驻临汾县）

蒲州府（驻永济县）

十直隶州：（直隶州与府同级，长官为知州，正五品。）

辽州、沁州、平定州、忻州、代州、保德州、解州、绛州、霍州、隰州。

十二直隶厅：（厅制一向被视作清代独有的地方行政体制，它原本是府的同知、通判分驻到府城以外，后逐渐具有独立辖区，并转化为地方上的正式行政机构。学者认为，直隶厅是清朝在大量汉族移民进入边疆民族地区后而创设的一种特殊的行政区划。直隶厅直隶于各省布政司，由朝廷派出抚民同知为主官，具有掌地、治民、控土司、兼汛防、理刑案等职权，抚民同知偏重对辖区内汉族移民的管理，同时直隶厅内部保留了原有的土司机构，因此，清代的直隶厅具有行政双结构、民族构成多样性、户籍管理分类性、赋役征收的差异性和军事控管等特征。[①]）

和林格尔通判厅

萨拉齐同知厅

宁远通判厅

归化城同知厅

托克托通判厅

胜东厅

五原厅

清水河通判厅

武川厅

---

① 陆韧：《清代直隶厅解构》，《中国历史地理论丛》，2010 年 7 月，第 25 卷第 3 辑。

陶林厅

丰镇同知厅

兴和厅

六散州：（散州与县平行，长官亦称为知州，尊称刺史、州牧。）

岢岚州、永宁州（今离石）、浑源州（今大同市浑源县）、应州（朔州市应县）、吉州（临汾市吉县）、朔州。

八十五个县：

阳曲县、太原县、榆次县、太谷县、祁县、徐沟县、交城县、文水县、岚县、兴县、长治县、长子县、屯留县、襄垣县、潞城县、壶关县、黎城县、汾阳县、孝义县、平遥县、介休县、石楼县、临县、宁乡县、、凤台县、高平县、阳城县、陵川县、沁水县、和顺县、榆社县、沁源县、武乡县、盂县、寿阳县、大同县、怀仁县、山阴县、阳高县、天镇县、广灵县、灵丘县、右玉县、左云县、平鲁县、宁武县、神池县、偏关县、五寨县、定襄县、静乐县、五台县、崞县、繁峙县、河曲县、临汾县、洪洞县、浮山县、岳阳县、曲沃县、翼城县、太平县、乡宁县、汾西县、襄陵县、永济县、临晋县、虞乡县、荣河县、万泉县、猗氏县、安邑县、夏县、平陆县、芮城县、垣曲县、闻喜县、绛县、稷山县、河津县、赵城县、灵石县、大宁县、蒲县、永和县。

晚清山西省道、府、厅、州、县之间的行政隶属关系如下表所示：

表 2-1　清末山西省道、府、厅、州、县行政隶属关系表

道	府（直隶州、直隶县）	县	州	备注
冀宁道（驻太原府）辖四府三直隶州	太原府（领一州十县）	阳曲县、太原县、榆次县、太谷县、祁县、徐沟县、*清源县、交城县、文水县、岚县、兴县	岢岚州（散州）	○乾隆二十八年：吏部议准明德奏称，清源县地处偏僻，界仅三十里，徐沟县地方不过三十余里，请将清源县裁汰，统归徐沟县管理，从之[1]

---

① 《清实录·高宗实录》，六九三卷，乾隆二十八年八月戊申，北京：中华书局影印本，1985 年，第 767 页。

续表

道	府（直隶州、直隶县）	县	州	备注
冀宁道（驻太原府）辖四府三直隶州	汾州府（领州一县七）	汾阳、孝义、平遥、介休县、石楼县、临县、宁乡县（今中阳县）	永宁州（散州）	民国三年改宁乡县为中阳县
	潞安府（领县七）	长治县、长子、屯留、襄垣、潞城、壶关、黎城		初沿明制，领县八。乾隆二十九年，省平顺分入潞城、壶关、黎城
	泽州府（领县五）	凤台县（晋城）、高平、阳城、陵川、沁水		
	平定直隶州（领县二）	盂县、寿阳		
	沁州直隶州（领县二）	沁源、武乡		
	辽州直隶州（领县二）	和顺、榆社		
河东道（驻安邑县）辖二府四直隶州	平阳府（领州一县十）	临汾、洪洞（1954年与赵城县合并）、浮山、岳阳（今古县）、曲沃、翼城、太平（今襄汾县）	吉州	
	平阳府（领州一县十）	襄陵、乡宁、吉州、汾西	吉州	
	蒲州府（领县六）	永济、临晋、虞乡、荣河、猗氏、万泉		
	霍州直隶州（领县二）	赵城、灵石		
	解州直隶州（领县四）	安邑、夏县、平陆、芮城		
	绛州直隶州（领县五）	垣曲、闻喜、绛县、稷山、河津		

续表

道	府（直隶州、直隶县）	县	州	备注
雁平道（驻代州）辖三府三直隶州	大同府（领州二县七）	大同、怀仁、山阴、阳高、天镇、广灵、灵丘	浑源州、应州	
	宁武府（领县四）	宁武、偏关、神池、五寨		
	朔平府（领州一县三）	右玉、左云、平鲁	朔州	
	忻州直隶州（领县二）	定襄、静乐		
	代州直隶州（领县三）	五台、崞县（今原平市）、繁峙		
	保德直隶州（领县一）	河曲		
归绥道（驻绥远城厅）	归化城直隶厅	兼辖鄂尔多斯左翼后旗地		归绥道镇守、副都统驻
	萨拉齐直隶厅			
	清水河直隶厅			
	丰镇直隶厅			
	托克托直隶厅			
	宁远直隶厅			
	和林格尔直隶厅			
	兴和直隶厅			
	陶林直隶厅			
	武川直隶厅			
	五原直隶厅			
	东胜直隶厅			

（资料来源：《清史稿》卷六十，志三十五，《地理志·山西省》）

第三节　清代山西省的额设文官数与选授权归属

根据乾隆朝《晋政辑要》（乾隆四十九年）和光绪朝《晋政辑要》（光

绪十三年）二书的记载可知，在乾隆四十九年（1784年）前，山西省额设文职官员一共513员，到了光绪十三年（1887年），这一数字有所下降，变为499员。这些官缺依据其重要程度的不同，选授权分别归属于皇帝、吏部和山西巡抚。

山西这499个文官官缺的选任权在皇帝、山西巡抚和吏部之间进行了严格的划分。其中归皇帝简放、简派之缺及请旨简放缺共12个；归山西巡抚掌握的题缺、调缺及题调要缺共49个；其余都是选缺（除5个笔帖式职位为本处考选）。可以看出，归皇帝和山西巡抚掌握的官缺数量虽然比较少，所占比重只有山西文官总数的12%，但都是地方上最重要的官缺。清朝在官员选任的方式上也很复杂。如归山西巡抚选任的官缺，就包括了题缺、调缺、题调缺和在外拣补、在外调补五种之多；归于吏部选任的官缺包括了由部拣补，由部拣选，由部拣送、拣放及掣签月选等四种形式。

表2-2　清末山西文官选授权归属统计表

选任者	选任方式	数额	官职
皇帝（12）	特旨简放	3	山西巡抚兼盐政、山西布政使、山西按察使
	特旨简派	1	山西学政
	请旨简放缺	8	道员2人（河东道、雁平道）
			知府6人（太原府、汾州府、大同府、朔平府、平阳府、蒲州府）
山西巡抚（46）	题缺	26	冀宁道1人 河东监掣同知1人 同知4人（太原、潞安、汾州、泽州） 宁远厅抚民理事通判1人 直隶州知州7人 知县12人

选任者	选任方式	数额	官职
山西巡抚（46）	调缺	11	徐沟、汾阳、太平知县 3 人 解州直隶州州判 1 人 永济县、平陆县县丞 2 人 河东盐场东场大使 1 人 太谷县主簿 1 人 萨拉齐厅包头镇巡检 1 人 丰镇厅张皋儿巡检 1 人 阳曲县典史 1 人
	题调缺	5	潞安府知府 1 人
			抚民理事同知 3 人 （归化城厅、萨拉齐厅、丰镇厅）
			永宁州知州 1 人
	在外拣补	1	河东盐法经历
	在外调补	3	抚民理事通判 3 人 （和林格尔厅、托克托厅、清水河厅）
吏部（433）	由部拣补	5	太原理事通判 1 人 朔平府、绥远城理事同知 2 人 布政使丰库司库大使 1 人 盐库大使 1 人
	由部拣选	2	巡抚衙门笔帖式
	由部拣送、拣放	1	归绥道
	选缺（425）	2	知府（泽州府、宁武府）
		1	同知（蒲州）
		3	知州（辽州、沁州、隰州）
		4	府属知州（岢岚州、浑源州、应州、吉州）
		70	知县
		2	经历（布政使司经历、按察使司经历）
		10	教授

续表

选任者	选任方式	数额	官职
吏部（433）	选缺（425）	3	直隶州州判
		9	府经历
		4	县丞
		2	盐场大使
		16	学正
		59	厅、县学教谕
		1	布政使司照磨
		92	训导
		1	主簿
		16	吏目
		4	司狱
		33	巡检
		3	盐巡检
		1	府仓大使
		84	典史
		1	同知库大使
		4	驿丞
其他	本处考补	5	

（制表依据：光绪朝《晋政辑要》卷一·吏制）

根据图 2-2 可以看出，单从数量上看，归于吏部掣签月选的官缺占到绝大多数，而归于皇帝和山西巡抚掌握的文官缺则是很少的。但是，皇帝掌握着山西最高级文官的选任权，山西巡抚则掌握着山西各类文官缺中要缺的选任权。这样的制度安排抓大而放小，兼顾到了地方的特殊性和一般性，具有很高的合理性。

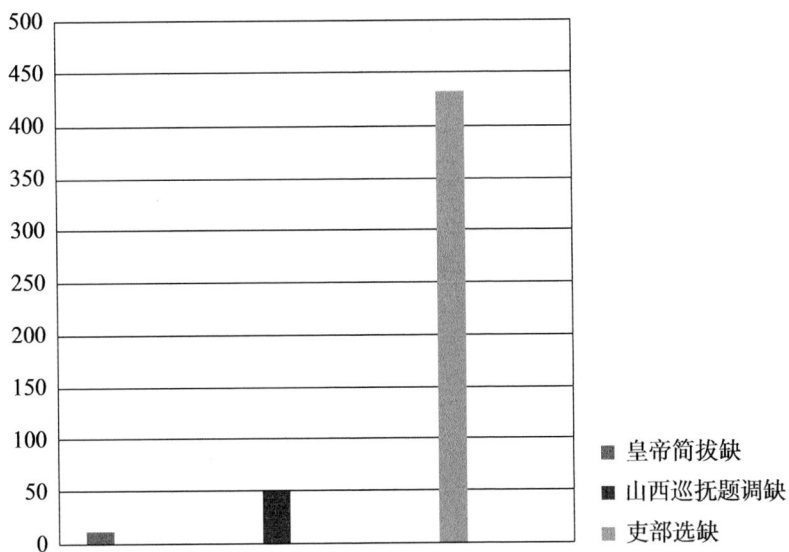

图2-2 清末山西文官官缺选任权分配数额图

第三章 清代"冲繁疲难"体制下山西文官官缺的等级划分

雍正九年（1731年），清廷确立"冲繁疲难"地方官缺分级制度，各地依据此四字陆续奏报本地各官缺的等级。该制度不仅为清代划分地方官缺等级提供了一整套的操作标准，也对清代地方道、府、厅、州、县官员的选任及权力分配产生了深远影响。[①]学者研究证实，"冲、繁、疲、难"四要素制度与"最要缺、要缺、中缺、简缺"四等级制度其实是两种不同的划分官缺等级的方法，乾隆初年，将两种制度进行了划一，按照官缺所占冲繁疲难项数的多少，定四项者为最要缺，三项者为要缺，二项者为

---

① 有关清代地方官缺等级制度的研究成果十分繁富，以刘铮云：《"冲、繁、疲、难"：清代道、府、厅、州、县等级初探》（《中研院历史语言研究所集刊》第64本第1份，1993年，第175—204页）一文最具代表性。该文从"冲、繁、疲、难"制度的确立入手，就这一制度订定的背景、过程、时间、内容及影响等方面，进行深入的论述；文章通过比较"冲、繁、疲、难"与"最要缺、要缺、中缺、简缺"在各省的分布情况，得出"冲、繁、疲、难"与"最要缺、要缺、中缺、简缺"并不是一一对应的关系，中间还存在很多特例。施坚雅：《城市与地方体系层级》（施坚雅主编：《中华帝国晚期的城市》，叶光庭等译，中华书局，2000年，第327—417页）则从该制度与经济中心的关系入手，进行详细列表，比较"冲、繁、疲、难"与最要缺等四等级的关系，进而探讨各缺划定冲繁疲难的原因和方式。张振国《清代道、府、厅、州、县等级制度的确定》（《明清论丛》（第十一辑），紫禁城出版社，2011年，第382—400页）一文，着重考察了"冲、繁、疲、难"四要素制与最要缺、要缺、中缺、简缺四等级制之间的关系，该文认为，"冲、繁、疲、难"四要素制度与"最要缺、要缺、中缺、简缺"四等级制度为两种不同的划分官缺等级的方法，在订定的时间、等级的划分、目的和适用范围上各不相同。乾隆初年，划一了两种制度，使清代道、府、厅、州、县等级制度最终得以确定，使延续近两千年的划分地方官缺等级的制度臻于完善。相关研究还存在于研究清代官缺制度、选任制度乃至政治制度很多著作中，此处不再赘述。

中缺,一项或无项者为简缺。这不仅标志着清代道、府、厅、州、县等级制度的最终确定,也使皇帝、吏部与督抚三者之间的权力分配达到均衡。伴随着官缺等级制度的订定,一套完整详细的、以任官方式命名的官缺制——"请旨缺""题缺""调缺""选缺"也应时而生。随着"请旨缺""题调缺""选缺"缺分的固定,皇帝、吏部和地方督抚三者对地方官员任用权力的分配也随之确定。①

第一节　清代山西省文官官缺的等级划分

一、"冲繁疲难"体制下山西文官官缺的等级划分

根据《清史稿》卷六十·志三十五《地理七·山西省》的记载,宣统三年,山西领府九,直隶州十,厅十二,州六,县八十五。编户一百九十九万三十五,口九百二十一万九千九百八十七。各官缺的冲繁疲难等级如下表:

表 3-1　清末山西地方各官缺"冲繁疲难"等级表

道	府	县	州	备注
冀宁道(驻太原府)辖四府三直隶州	太原府 冲,繁,难 (治阳曲县)	领一州十县	岢岚州 简	吏部议准明德奏称,清源县地处偏僻,界仅三十里,徐沟县地方不过三十余里,请将清源县裁汰,统归徐沟县管理,从之②

县列内容:阳曲县 冲,繁,难,倚／太原县 冲,繁／榆次县 冲,繁,难／太谷县 繁／祁县 冲,繁／徐沟县 冲,繁,难

---

① 张振国:《清代道、府、厅、州、县等级制度的确定》,《明清论丛》(第十一辑),北京:紫禁城出版社,2011年,第382页。

② 《清实录·高宗实录》,六九三卷,乾隆二十八年八月戊申,北京:中华书局影印本,1985年,第767页。

续表

道	府		县	州	备注
冀宁道（驻太原府）辖四府三直隶州	太原府 冲，繁，难 （治阳曲县）	领一州十县	*清源 交城 简 文水 繁，难 岚县 简 兴县 简	岢岚州 简	
	汾州府 冲，繁，难 （治汾阳县）	领州一县七	汾阳 繁，疲，难，倚 孝义 繁 平遥 繁，冲，难 介休县 冲，繁，难 石楼县 简 临县 简 宁乡县（中阳县）简	永宁州 冲，繁，难	1914年改宁乡县为中阳县
	潞安府 繁，疲，难 （治长治县）	领县七	长治县 繁，难，倚 长子 冲 屯留 冲 襄垣 冲 潞城 简 壶关 简 黎城 简		初沿明制，领县八。乾隆二十九年，省平顺分入潞城、壶关、黎城
	泽州府 冲，难 （治凤台县）	领县五	凤台县（晋城） 冲，繁，难，倚 高平 冲，繁 阳城 难 陵川 简 沁水 简		
	平定直隶州 冲，繁	领县二	盂县 冲 寿阳 冲，繁		
	沁州直隶州 冲，繁	领县二	沁源 简 武乡 简		
	辽州直隶州 繁	领县二	和顺 简 榆社 简		

续表

道	府		县	州	备注
河东道（驻安邑县）辖二府四直隶州	平阳府 冲，繁，难 （治临汾县）	领州一县十	临汾县 冲，繁，难，倚 洪洞 冲，繁 （与赵城1954年合并） 浮山 简 岳阳（今古县）简 曲沃 冲，繁，难 翼城 难 太平（今襄汾）冲，繁，难 襄陵 难 乡宁 简 吉州 繁 汾西 简	吉州 繁	
	蒲州府 冲，繁，难 （治永济县）	领县六	永济 冲，繁，难，倚 临晋 冲，繁，难 虞乡 难 荣河 难 猗氏 冲，繁 万泉 难		
	霍州直隶州 冲，繁，难	领县二	赵城 冲 灵石 冲		
	解州直隶州 繁，难	领县四	安邑 冲，繁，难 夏县 冲，繁 平陆 简 芮城 难		河东盐运司兼管盐法道，驻扎安邑县西运城地方
	绛州直隶州 繁，难	领县五	垣曲 繁 闻喜 冲 绛县 简 稷山 难 河津 冲，繁		

续表

道	府		县	州	备注
河东道（驻安邑县）辖二府四直隶州	隰州直隶州 繁	领县三	大宁 简 蒲县 简 永和 简		
雁平道（驻代州）辖三府三直隶州	大同府 冲，繁，难（治大同县）	领州二县七	大同县 冲，繁，难，倚 怀仁县 冲 山阴县 冲 阳高县 冲 天镇县 冲 广灵县 简 灵丘县 冲	浑源州 难 应州 冲	
	宁武府 冲（治宁武县）	领县四	宁武 冲，倚 偏关 冲 神池 冲 五寨 冲		
	朔平府 冲，繁，难（治右玉县）	领州一、县三	右玉 冲，繁，倚 左云 冲 平鲁 冲	朔州 冲，繁，难	
	忻州直隶州 冲，繁	领县二	定襄 繁 静乐 冲		
	代州直隶州 冲，繁，难	领县三	五台 难 崞县（今原平市）冲 繁峙 简		
	保德直隶州 冲，繁	领县一	河曲 冲		
归绥道（驻绥远城）	归化城直隶厅 冲繁疲难	兼辖鄂尔多斯左翼后旗地			归绥道镇守、副都统驻

续表

道	府		县	州	备注
归绥道（驻绥远城）	萨拉齐直隶厅 冲，繁，疲，难				
	清水河直隶厅 繁，疲，难				
	丰镇直隶厅 繁，疲，难				
	托克托直隶厅 繁，疲，难				
	宁远直隶厅 冲，疲，难				
	和林格尔直隶厅 繁，疲，难				
	兴和直隶厅				
	陶林直隶厅 要				
	武川直隶厅 要				
	五原直隶厅 要				
	东胜直隶厅 要				

（制表依据：《清史稿》卷六十·志三十五《地理七·山西》）

039

上表是依据《清史稿》志三十五《地理七·山西》的记载制成的，这也就意味着，这是山西各州县官缺最后确定的等级。在此表中可以发现一个奇特的现象，地方各官缺除了以"冲繁疲难"四字评价定级外，还多出了一个新字——"倚"字。统计表中"倚"字出现的次数，一共有九次，分别是：

表 3-2 《清史稿》中带"倚"字的山西地方各官缺

府	县	冲繁倚难等级
太原府	阳曲县	冲，繁，难，倚
汾州府	汾阳县	繁，疲，难，倚
潞安府	长治县	繁，难，倚
泽州府	凤台县（晋城）	冲，繁，难，倚
平阳府	临汾县	冲，繁，难，倚
蒲州府	永济县	冲，繁，难，倚
大同府	大同县	冲，繁，难，倚
宁武府	宁武县	冲，倚
朔平府	右玉县	冲，繁，倚

（制表依据：《清史稿》卷六十·志三十五《地理七·山西》）

那么，这个"倚"字到底代表了什么意思呢？显然，这个字并非替代了原来"冲繁疲难"中的某一个字，而是一种全新的评价视角。考察《清史稿》中山西省出现的带"倚"字的几个县，可以发现一个共同点，就是这些县均是府治所在地，即所谓的附郭首邑：蒲州附郭县为永济，泽州附郭县为凤台，宁武府附郭县为宁武，朔平府附郭县为右玉，大同府附郭县为大同，汾州附郭县为汾阳。那么，这是山西独有的现象呢，还是其他省份也一样呢？笔者又考察了河南和山东两省的情况，发现情况是一样的。所有的府治所在地前都带有"倚"字。可见，这在当时是统一的制度建置。

表 3-3　《清史稿》地理志中带"倚"字的河南省、山东省的地方官缺

省	府	县	冲繁疲难等级
河南省	开封府	祥符	冲，繁，难，倚
	归德府	商丘	冲，繁，难，倚
河南省	陈州府	淮宁	繁，疲，难，倚
	河南府	洛阳	冲，繁，难，倚
	彰德府	安阳	冲，繁，难，倚
	卫辉府	汲县	冲，繁，难，倚
	怀庆府	河内	冲，繁，倚
	南阳府	南阳	冲，繁，难，倚
	汝宁府	汝阳	繁，难，倚
山东省	济南府	历城	冲，繁，难，倚
	东昌府	聊城	冲，繁，难，倚
	泰安府	泰安	冲，繁，疲，难，倚
	武定府	惠民	繁，疲，难，倚
	兖州府	滋阳	冲，繁，难，倚
	沂州府	兰山	冲，繁，难，倚
	曹州府	菏泽	繁，疲，难，倚
	登州府	蓬莱	冲，繁，倚
	莱州府	掖县	冲，繁，倚
	青州府	益都	冲，繁，难，倚

（制表依据:《清史稿》卷六十·志三十五《地理八·山东》《地理九·河南》）

　　"倚"字可以组词为倚靠、倚重、倚仗、倚势等，这些带"倚"字的州县，应该是强调这些地方具有特别重要的政治地位，为当地之倚靠的意思。在原来的四要素中，"冲"是强调地理位置重要的字眼，但是"冲"字只是从军事视角来判定一地的地位的，"倚"字则更强调该地特殊的政治地位和社会地位。"倚"字的增加，丰富了原来"冲繁疲难"地方分级制度的内涵，可以更加准确地描述一个地方的政治和社会地位。但具体从什么时候开始增加了该字的，值得做进一步的探究。

　　"冲繁疲难"制度下，山西文官各官缺存在的第二个奇特之处是，存在

四个无字要缺。通常而言，地方要缺需占三字，而山西的陶林直隶厅、武川直隶厅、五原直隶厅、东胜直隶厅四地，都是无字要缺。这几个地方均地处口外，路当各部落台站必由之路，夷民往来杂沓，涉及到刑名钱谷、丈量开垦旗庄牧地、仓廒积贮、官兵俸饷、征解草束、运送军需、并夷汉佃田租息、修防建筑工程等众多事务，因此被定为要缺也属情理之中。

二、依照养廉银数额划分的山西州县等级

众所周知，雍正朝实行耗羡归公，开始给各级地方官员发放养廉银。[①]根据养廉银的数额，可以更直观地看出各个地方官缺的等级。根据乾隆朝海宁撰《晋政辑要》一书的记载，乾隆三十六年（1771 年），晋省院司道府厅州县及经历杂职等官，岁共额支领养廉银二十一万三千三百二十两，该书对每以官缺的养廉银数额都有明确的记载，现整理如下表：

表 3–4　乾隆三十六年（1771 年）山西省文官各缺养廉银数额表

官名	养廉银数额	官品	其他
山西巡抚	养廉银一万五千两	正二品	咸丰六年，户部咨遵旨酌增各直省文武官员养廉酌议，自本年夏季起，一、二品给七成，三、四品给八成，五品以下及七品正印官给九成，其余六七品以下佐贰杂职各员，均照原额支给[②]
山西学政	养廉银四千两		
山西布政司	养廉银八千两	从二品	
山西按察司	养廉银七千两	正三品	
城守尉	养廉银二百两		
冀宁道	养廉银四千两	正四品	
雁平道	养廉银四千两	正四品	
河东道	养廉银四千两	正四品	
归绥道	养廉银四千两	正四品	

---

① 关于养廉银的研究，详参曾小萍：《州县官的银两——18 世纪中国的合理化财政改革》，董建中译，中国人民大学出版社，2005 年；佐伯富：《清雍正朝的养廉银研究》，郑樑生译，台湾商务印书馆，1997 年；陈锋：《论耗羡归公》，《清华大学学报》2009 年第 3 期等。

② 《清实录·文宗实录》，卷一九一，咸丰六年二月己酉日，第 53 页。

官名	养廉银数额	官品	其他
太原、平阳、潞安、汾州、大同、朔平、蒲州七府	每员养廉银四千两	从四品	知府九缺，分为二等。太原府、汾州府、潞安府、大同府、平阳府、蒲州府、朔平府以上七缺，均列一等，每年公费银四千两，经费银一千两。太原府系首要，另加经费银一千两。泽州府、宁武府以上二缺均列二等，每年公费银三千两，经费银一千两
宁武、泽州二府	每员养廉银三千两		
抚部院衙门笔帖式二员	每员养廉银二百两		
太原、平阳、潞安、汾州、朔平、宁武、蒲州、泽州、归化、绥远、丰镇十一同知	每员养廉银一千二百两		口外同知通判十二缺分三等。归化厅列一等，每年公费银三千两，经费银二千两。萨拉齐厅、丰镇厅、宁远厅以上同知三缺均列二等，每年公费银二千八百两，经费银一千五百两。和林格尔厅、托克托城厅、清水河厅、兴和厅、武川厅、陶林厅、五原厅、东胜厅以上同知通判八缺均列三等，每年公费银二千五百两，经费银一千两。直隶州十缺分三等。霍州、代州、平定州以上三缺均列一等每年公费银三千两
太原、平阳、汾州、大同、宁远五通判	每员养廉银一千二百两		
托克托城、萨拉齐、和林格尔、清水河四通判	每员养廉银八百四十两		
辽州、沁州、平定、忻州、代州、保德、解州、绛州、霍州、隰州十州	每员养廉银一千五百两	正五品	

官名	养廉银数额	官品	其他
阳曲、榆次、祁县、徐沟、临汾、洪洞、曲沃、灵石、吉州、平遥、介休、永济、临晋、盂县、寿阳、乐平、安邑、闻喜十八州县	每员养廉银一千两		
岢岚、应州、阳高、怀仁、山阴、天镇、灵邱、左云、右玉、平鲁、朔州、神池、五寨、凤台、静乐、崞县、繁峙十七州县	每员养廉银九百两		
汾西、长子、屯留、襄垣、汾阳、大同、浑源、马邑、高平、武乡十州县	每员养廉银八百五十两		
太原、太谷、交城、文水、岚县、兴县、浮山、赵城、岳阳、翼城、襄陵、太平、长治、黎城、潞城、壶关、孝义、临县、石楼、永宁、宁乡、广灵、宁武、偏关、陵川、阳城、沁水、荣河、万泉、猗氏、虞乡、榆社、和顺、沁源、定襄、五台、河曲、夏县、平陆、芮城、稷山、绛县、河津、垣曲、乡宁、大宁、永和、蒲县四十八州县	每员养廉银八百两		

官名	养廉银数额	官品	其他
布政司、按察司经历二员	以上每员养廉银八十两		
太原、平阳、潞安、汾州、大同、朔平、宁武、泽州、蒲州府经历九员	每员养廉银八十两		
布政司照磨一员			
平定、代州、绛州三州判			
阳曲、长治、长子、大同、永济五县丞			
按察司、太原、丰镇、宁远四司狱			
大盈仓、盈宁库大使二员			
范村主簿一员	以上每员养廉银六十两		吏部议覆、山西巡抚觉罗巴延三奏、太谷县范村、系该县巨镇，请设主簿一员，给予钤记，查左云县所辖之高山城巡检一缺，堪以裁汰，即以俸廉役食，拨给范村主簿，应如所请，从之 ——《清高宗实录》卷一千五十六
岢岚、霍州、永宁、应州、浑源、朔州、辽州、沁州、平定、忻州、代州、保德、解州、绛州、吉州、隰州、吏目一十六员			
石岭关、故交村、仁义镇、石里城、虹梯关、冀村镇、柳林镇、方山堡、王家庄、安东卫			

续表

官名	养廉银数额	官品	其他
岱岳镇、杀虎口、威远堡、助马口、宁化司、老营堡、端氏镇、角杯村、十八盘、八赋岭、清源、娄烦广武城、台怀镇、平型关、河邑司、茅津渡、陌底渡、禹门渡、广武庄、张皋儿、大庄科、后营子村、归化城、昆都仑、托克托城、萨拉齐、清水河、和林格尔、毕齐克齐巡检四十员			
阳曲、太原、榆次、太谷、祁县、徐沟、交城、文水、岚县、兴县、临汾、襄陵、洪洞、浮山、赵城、太平、岳阳、曲沃、翼城、灵石、汾西、长治、长子、屯留、襄垣、潞城、黎城、壶关、汾阳、平遥、介休、孝义、临县、石楼、宁乡、大同、怀仁、山阴、广灵、灵邱、阳高、左镇、左云、右玉、平鲁、马邑、宁武、偏关、五寨、神池、凤台、高平、阳城、陵川、沁水、临晋、虞乡、荣河、猗氏、永济、万泉、榆社、和顺、沁源、武乡、乐平、寿阳、孟县、定襄、静乐、五台、繁峙、崞县、河曲、安邑、夏县、平陆、芮城、稷山、河津、闻喜、绛县、垣曲、乡宁、太宁、蒲县、永和典史八十七员	以上每员养廉银六十两		

官名	养廉银数额	官品	其他
史村驿、星轺驿、甘桃驿、柏井驿、太安驿、芹泉驿、驿丞六员			
盐务各官	运司一员	养廉银四千两	以上共银一万五十两
	运同一员	养廉银三千两	
	运经历 运库大使 运知事 运中西三场大使 解州州判	每员养廉银三百两	
	运学教授 训导	每员养廉银一百两	
	长乐司、盐池司、圣惠司、三巡检	每员养廉银二百五十两	

（制表依据：乾隆朝海宁撰《晋政辑要》之文职养廉）

从上表可以看出，清代山西省文官的养廉银在数额上相差悬殊。最高的是山西巡抚，一年的养廉银为一万五千两；最少的是巡检、典史、驿丞这类基层佐杂类官员，一年只有六十两。

如果按照养廉银的多少给山西的州县官缺划分等级的话，可以明显看到四个级别，养廉银分别是八百两、八百五十两、九百两和一千两。其中阳曲、榆次、祁县、徐沟、临汾、洪洞、曲沃、灵石、吉州、平遥、介休、永济、临晋、盂县、寿阳、乐平、安邑、闻喜十八州县为一千两，岢岚、应州、阳高、怀仁、山阴、天镇、灵丘、左云、右玉、平鲁、朔州、神池、五寨、凤台、静乐、崞县、繁峙十七州县为九百两；汾西、长子、屯留、襄垣、汾阳、大同、浑源、马邑、高平、武乡十州县为八百五十两；太原、太谷、交城、文水、岚县、兴县、浮山、赵城、岳阳、翼城、襄陵、太平、长治、黎城、潞城、壶关、孝义、临县、石楼、永宁、宁乡、广灵、宁武、偏关、陵川、阳城、沁水、荣河、万泉、猗氏、虞乡、榆社、和顺、沁源、定襄、五台、河曲、夏县、平陆、芮城、稷山、绛县、河津、垣曲、乡宁、大宁、永和、蒲县四十八州县为八百两。

表 3-5　按养廉银数额划分的山西州县官缺等级表

八百两（48）	八百五十两（10）	九百两（17）	一千两（18）
太原、太谷、交城、文水、岚县、兴县、浮山、赵城、岳阳、翼城、襄陵、太平、长治、黎城、潞城、壶关、孝义、临县、石楼、永宁、宁乡、广灵、宁武、偏关、陵川、阳城、沁水、荣河、万泉、猗氏、虞乡、榆社、和顺、沁源、定襄、五台、河曲、夏县、平陆、芮城、稷山、绛县、河津、垣曲、乡宁、大宁、永和、蒲县	汾西、长子、屯留、襄垣、汾阳、大同、浑源、马邑、高平、武乡	岢岚、应州、阳高、怀仁、山阴、天镇、灵丘、左云、右玉、平鲁、朔州、神池、五寨、凤台、静乐、崞县、繁峙	阳曲、榆次、祁县、徐沟、临汾、洪洞、曲沃、灵石、吉州、平遥、介休、永济、临晋、盂县、寿阳、乐平、安邑、闻喜

（制表依据：乾隆朝海宁撰《晋政辑要》之文职养廉）

这里有一个值得探讨的问题是，各州县官的养廉银与该州县的冲繁疲难等级之间是否有关系呢？现就该问题进行探究。

表 3-6 养廉银为 1000 两的山西州县冲繁疲难等级表

州县	冲繁疲难等级
阳曲	冲繁难要缺，在外题补
榆次	冲繁难要缺，在外题补
祁县	冲繁中缺，归部铨选
徐沟	冲繁难要缺，在外题补
临汾	冲繁难要缺，在外题补
曲沃	冲繁难要缺，在外题补
灵石	专冲简缺，归部铨选
吉州	专繁简缺，归部铨选
平遥	冲繁难要缺，在外题补
介休	冲繁难要缺，在外题补
永济	冲繁难要缺，在外题补
临晋	冲繁难要缺，在外题补
盂县	专冲简缺，归部铨选
寿阳	冲繁难要缺，在外题补
乐平	专冲简缺，归部铨选
安邑	冲繁难要缺，在外题补
闻喜	冲繁难要缺，在外题补
洪洞	冲繁中缺，归部铨选

（制表依据：乾隆朝海宁撰《晋政辑要》之官缺繁简）

在这 18 个养廉银是 1000 两的山西州县中，冲繁难三字要缺、在外题补者有 12 个，占到总数的 66%；占两字的中缺有 2 个（祁县、洪洞）占 11%，只占一字的部选简缺有 4 个（灵石、吉州、盂县、乐平）占 22%。这个数据说明，养廉银和州县的冲繁疲难等级之间还是存在相当大的关系的。多数在外题补的州县要缺，其养廉银的数额也是最高的。但二者又非一一对应的关系，只能说二者之间有比较大的关联性。

表 3-7　养廉银为 900 两的山西州县冲繁疲难等级表

州县	冲繁疲难等级
岢岚州	简缺，归部铨选
应州	专冲简缺，归部铨选
阳高	专冲简缺，归部铨选
怀仁	专冲简缺，归部铨选
山阴	专冲简缺，归部铨选
天镇	专冲简缺，归部铨选
灵丘	专冲简缺，归部铨选
左云	专冲简缺，归部铨选
右玉	冲繁中缺，归部铨选
平鲁	专冲简缺，归部铨选
朔州	冲繁难要缺，在外题补
神池	专冲简缺，归部铨选
五寨	专冲简缺，归部铨选
凤台	冲繁难要缺，在外题补
静乐	专冲简缺，归部铨选
崞县	专冲稍难中缺，归部铨选

（制表依据：乾隆朝海宁撰《晋政辑要》之官缺繁简）

在这 17 个养廉银是 900 两的州县中，冲繁难要缺、在外题补者有 2 个（朔州、凤台），占总数的 11%；还有 2 个是中缺（右玉，崞县），占总数的 11%；其余 14 缺都是归部铨选的一字或无字简缺，占到总数的 82%。不得不说，这是很令人费解的现象。为什么这些普通级别的州县官缺，会有比较高的养廉银呢？仔细考察这 17 个州县，可以发现，这些州县基本都是自然条件比较恶劣、地瘠民贫的地区，给予这些州县比较高的养廉银，可能算是一种经济上的补偿。

这里还有一个值得注意的问题，崞县的等级为专冲稍难中缺，在

"难"字前修饰以"稍"字，以更加准确地为该县进行定位，说明冲繁疲难等级制度在实际操作中，具有很大的弹性，可以非常精准地定位一个地方的治理难度。

表 3-8　养廉银为 850 两的山西州县冲繁疲难等级表

州县	冲繁疲难等级
汾西	简缺，归部铨选
长子	专冲简缺，归部铨选
屯留	次冲简缺，归部铨选
襄垣	次冲简缺，归部铨选
汾阳	繁难中缺，归部铨选
大同	冲繁难要缺，在外题补
浑源	专难简缺，归部铨选
马邑	专冲简缺，归部铨选
高平	次冲稍繁中缺，归部铨选
武乡	简缺，归部铨选

（制表依据：乾隆朝海宁撰《晋政辑要》之官缺繁简）

在这 10 个养廉银为 850 两的州县，有 1 个是冲繁难要缺，2 个是中缺，其余都是归部铨选的简缺。为什么这十个州县的养廉银是 850 两？单从其冲繁疲难等级制度方面观察，完全没有什么规律可言，说明二者之间没有太大关系。这里值得注意的是，高平县的等级为次冲稍繁中缺，归部铨选。在冲字和繁字前都有修饰语，这样的等级划分法，说明清代的冲繁疲难等级制度在实际的运作中，要更复杂更精细。这样的制度设计，可以在清代地方州县官缺之间形成诸多阶层，在任用官员的时候，也就有了更多的考察和激励办法。

表 3-9　养廉银为 800 两的山西州县冲繁疲难等级表

县名	初定级别	乾隆年变更后的级别	无字简缺	一字简缺	两字中缺
太原	冲繁难要缺	专次冲中缺，归部铨选		·	
太谷	专难中缺	专繁简缺，归部铨选		·	
交城	专繁中缺	简缺，归部铨选	·		
文水	专繁中缺	繁难中缺，归部铨选			·
岚县	简缺，归部铨选		·		
兴县	简缺，归部铨选		·		
浮山	简缺，归部铨选		·		
赵城	专冲简缺，归部铨选			·	
岳阳	简缺，归部铨选		·		
翼城	原系专难中缺	改为专难简缺，归部铨选		·	
襄陵	原系专难中缺	改为专难简缺，归部铨选		·	
太平	原系专难中缺	改为专繁简缺，归部铨选		·	
长治	原系繁难要缺	繁要中缺，归部铨选		·	
黎城	原系简缺，归部铨选		·		
潞城	原系简缺，归部铨选		·		
壶关	原系简缺，归部铨选			·	
孝义	原系专繁中缺	改为专繁简缺，归部铨选		·	
临县	专难中缺	改为专难简缺，归部铨选		·	
石楼	原系简缺，归部铨选		·		
永宁	原系专冲中缺	改为专冲简缺，归部铨选		·	
宁乡	原系简缺，归部铨选		·		
广灵	原系简缺，归部铨选		·		
宁武	原系专冲中缺	改为专冲简缺，归部铨选		·	
偏关	专冲中缺	改为专冲简缺，归部铨选		·	
陵川	原拟简缺，归部铨选		·		

续表

县名	初定级别	乾隆年变更后的级别	无字简缺	一字简缺	两字中缺
阳城	专繁中缺	改为专难简缺，归部铨选		·	
沁水	原拟简缺，归部铨选		·		
荣河	疲难要缺	改为专难简缺，归部铨选		·	
万泉	专难中缺	专难简缺，归部铨选		·	
猗氏	原拟专冲中缺	专难稍冲中缺，属部铨选			·
虞乡	原拟繁难中缺	专难简缺，归部铨选		·	
榆社	原系简缺，归部铨选		·		
和顺	原系简缺，归部铨选		·		
沁源	原拟简缺，归部铨选		·		
定襄	原拟专繁中缺	专繁简缺，归部铨选		·	
五台	原拟专难中缺	专难简缺，归部铨选		·	
河曲	原拟专冲中缺	专冲简缺，归部铨选		·	
夏县	原拟冲难中缺	专难稍冲中缺，归部铨选			·
平陆	原拟繁缺	简缺，归部铨选	·		
芮城	原拟专难中缺	专难简缺，归部铨选		·	
稷山	原拟专难中缺	专难简缺，归部铨选		·	
绛县	专疲中缺	简缺，归部铨选	·		
河津	原拟冲繁要缺	冲繁中缺，归部铨选			·
垣曲	原拟专繁中缺	专繁简缺，归部铨选		·	
乡宁	简缺，归部铨选		·		
大宁	原拟简缺，归部铨选		·		
永和	原拟简缺，归部铨选		·		
蒲县	原拟简缺，归部铨选		·		
总数额			21	23	4

（制表依据：乾隆朝海宁撰《晋政辑要》之官缺繁简）

在这 48 个养廉银为 800 两的州县缺中，一字不占的简缺有 21 个，占一字的简缺有 23 个，占两个字的中缺有 4 个。无字和一字简缺加起来达 43 个，居于绝对数量，占到总数的 91% 还多。这说明，山西最低等级养廉银的州县与山西"冲繁疲难"最低等级的州县之间，确实存在着密切关联。最容易治理的州县，养廉银的数额也最低。

整理和考察清代山西 101 个州县的冲繁疲难等级制度可以发现，该制度在实际运作中，情况十分复杂。单是考察一个"冲"字，在山西的州县官缺等级中，就可以看到专冲、稍冲、专次冲等不同的说法。如果"冲繁疲难"四个字都有这样的不同分法，该制度就不再是 4 个字，而变成了 12 个字，以数学计算其可排列组合的种类，可达到惊人的数字。不同的组合，足以穷尽一个地方的不同治理难度和层次，从而安排最合适的官员进行治理。该制度把传统社会的地方分层管理制度推向了一个新的水平和层次，令人赞叹。

三、依照公费银数额划分的山西州县等级

所谓"公费"，即官员的办公经费，是皇朝统治下的官僚机构在实际行政运作过程中产生的经费支出。目前学界的相关研究已经很多。① 清代州县行政运行所需要的经费并无确定来源，除钱粮留支、养廉银外，主要来自自行收取的耗羡、平余、陋规等。晚清时期，由于吏治、民生问题的

---

① 关于公费银的相关研究：[美]曾小萍著、董建中译：《州县官的银两——18世纪中国的合理化财政改革》(中国人民大学出版社 2005 年版)，对"公费"的来源和概念做了界定，对雍正朝火耗归公后部分省州县官的公费问题进行了研究；关晓红：《晚清直省"公费"与吏治整顿》(《历史研究》2010 年第 2 期)，梳理了"公费"的渊源和演变，探讨了光宣之际的直省公费改革及利益博弈；魏光奇：《有法与无法——清代的州县制度及其运作》(商务印书馆 2010 年版)，利用档案资料具体分析了州县办公费用，探讨了州县的存留和各种"法外支出"；岁有生：《清代州县衙门经费》(《安徽史学》2009 年第 5 期)，梳理了清代州县衙门办公经费的开支和来源情况，对预备立宪时期的公费改革有所分析；刘伟、刘魁：《晚清州县的办公经费与公费改革》(《安徽史学》2013 年第 3 期)，总结了晚清州县办公经费存在的特点，对同光以来的清代公费改革历程进行分析，认为改革在实践中并没有实现清廷"公私分离""财政统一"的既定目标。

尖锐，迫使朝廷和一些省的督抚进行改革，其趋向就是"化私为公"，即将各地自行收取的耗羡、浮收、陋规等转化为公开的办公补贴，是为"公费"改革。① "山西自光绪六年实行裁汰陋规改定公费，光绪八年（1882年），张之洞定巡抚衙署公费 19550 两，供支桌饭银 6400 两，其余门包等陋规全行裁革，全省共计每年节省经费 78916 两。而全省公费统一在官盐运输及销售利润中提取分配。"②

据《清朝续文献通考》卷一百四十五的记载，在宣统三年（1911年），清朝制定出了各省府厅州县官员的公费银数目。山西巡抚丁宝铨奏定的山西省府厅州县公费经费数目清单如下：

知府九缺，分二等。太原府、汾州府、潞安府、大同府、平阳府、蒲州府、朔平府以上七缺，均列一等，每年公费银四千两；经费银一千两。太原府系首要，另加经费银一千两。泽州府、宁武府以上二缺，均列二等，每年公费银三千两，经费银一千两。

口外同知通判十二缺，分三等。归化厅列一等，每年公费银三千两，经费银二千两。萨拉齐厅、丰镇厅、宁远厅以上同知三缺，均列二等，每年公费银二千八百两，经费银一千五百两。和林格尔厅、托克托城厅、清水河厅、兴和厅、武川厅、陶林厅、五原厅、东胜厅以上同知通判八缺，均列三等，每年公费银二千五百两，经费银一千两。

直隶州十缺分三等。霍州、代州、平定州以上三缺，均列一等，每年公费银三千两，经费银二千两。忻州、保德州、绛州、解州、沁州以上五缺，均列二等，每年公费银二千八百两，经费银一千五百两。辽州、隰州以上二缺，均列三等，每年公费银二千五百两，经费银一千两。

知州六缺，知县八十五缺，分四等。永宁州、朔州、阳曲县、榆次县、徐沟县、汾阳县、平遥县、介休县、凤台县、大同县、临汾县、曲沃县、太平县、永济县、闻喜县、安邑县、临晋县、祁县，以上知州二

① 刘伟、刘魁：《晚清州县的办公经费与公费改革》，《安徽史学》，2013 年第 3 期，第 5—6 页。

② 关晓红：《晚清直省"公费"与吏治整顿》，《历史研究》，2010 年第 2 期，第 69 页。

缺、知县十六缺，均列一等，每年公费银二千七百两，经费银二千五百两。阳曲县系首邑，另加经费银一千两。浑源州、太原县、文水县、长治县、高平县、寿阳县、右玉县、崞县、洪洞县、猗氏县、河津县、夏县、太谷县、长子县、襄垣县、潞城县、赵城县、灵石县、天镇县，以上知州一缺、知县十八缺，均列二等，每年公费银二千二百两，经费银二千两。岢岚州、应州、交城县、孝义县、临县、壶关县、黎城县、阳城县、盂县、怀仁县、山阴县、广灵县、灵丘县、阳高县、宁武县、神池县、五台县、翼城县、襄陵县、虞乡县、河县、万泉县、稷山县、平陆县、芮城县，以上知州二缺、知县二十三缺，均列三等，每年公费银二千两，经费银一千五百两。吉州、岚县、兴县、宁乡县、石楼县、屯留县、陵川县、沁水县、和顺县、武乡县、榆社县、沁源县、左云县、平鲁县、偏关县、五寨县、定襄县、静乐县、繁峙县、河曲县、乡宁县、岳阳县、浮山县、汾西县、绛县、垣曲县、大宁县、蒲县、永和县，以上知州一缺、知县二十八缺，均列四等，每年公费银一千七百两，经费银一千两。

　　通共公费银二十八万三千一百两，经费银一十九万五百两，两项共银四十七万三千六百两。为方便阅览，整理为如下表格：

表3-10　宣统三年（1911年）山西州县公费银数额等级表

等级	州县名称	数量	公费银数额	其他
一等（18）	永宁州、朔州、阳曲县、榆次县、徐沟县、汾阳县、平遥县、介休县、凤台县、大同县、临汾县、曲沃县、太平县、永济县、闻喜县、安邑县、临晋县、祁县	知州：2缺 知县：16缺	每年公费银二千七百两，经费银二千五百两	阳曲县系首邑，另加经费银一千两
二等（19）	浑源州、太原县、文水县、长治县、高平县、寿阳县、右玉县、崞县、洪洞县、猗氏县、河津县、夏县、太谷县、长子县、襄垣县、潞城县、赵城县、灵石县、天镇县	知州：1缺 知县：18缺	每年公费银二千二百两，经费银二千两	

续表

等级	州县名称	数量	公费银数额	其他
三等 （25）	岢岚州、应州、交城县、孝义县、临县、壶关县、黎城县、阳城县、盂县、怀仁县、山阴县、广灵县、灵丘县、阳高县、宁武县、神池县、五台县、翼城县、襄陵县、虞乡县、荣河县、万泉县、稷山县、平陆县、芮城县	知州：2缺 知县：23缺	每年公费银二千两，经费银一千五百两	
四等 （29）	吉州、岚县、兴县、宁乡县、石楼县、屯留县、陵川县、沁水县、和顺县、武乡县、榆社县、沁源县、左云县、平鲁县、偏关县、五寨县、定襄县、静乐县、繁峙县、河曲县、乡宁县、岳阳县、浮山县、汾西县、绛县、垣曲县、大宁县、蒲县、永和县	知州：1缺 知县：28缺	每年公费银一千七百两，经费银一千两	

（制表依据：《清朝续文献通考》卷一百四十五）

四、清代山西州县官缺三个等级之间的关系比较

清代的养廉银制度、冲繁疲难制度和公费银制度分别形成和出现于清代不同的历史阶段，文献记录下来的信息也分别代表了不同历史时期的情况。在这三个标准各异的地方官缺分等制度中，山西各州县呈现出了不同的等级状态和特点，对其进行纵向的比较分析，对于我们了解清代山西州县的等级变迁规律具有重要的意义。

表 3-11　宣统三年（1911 年）山西省一等公费银州县的冲繁疲难等级表

一等公费银州县	冲繁疲难等级	养廉银 1000 两的州县	重复出现的州县
永宁州	冲，繁，难	阳曲、榆次、祁县、徐沟、临汾、洪洞、曲沃、灵石、吉州、平遥、介休、永济、临晋、盂县、寿阳、乐平、安邑、闻喜	阳曲、榆次、祁县、徐沟、临汾、曲沃、平遥、介休、永济、闻喜、安邑、临晋
朔州	冲，繁，难		
阳曲县	冲，繁，难，倚		
榆次县	冲，繁，难		
徐沟县	冲，繁，难		
汾阳县	繁，疲，难，倚		
平遥县	冲，繁，难		
介休县	冲，繁，难		
凤台县	冲，繁，难，倚		
大同县	冲，繁，难，倚		
临汾县	冲，繁，难，倚		
曲沃县	冲，繁，难		
太平县	冲，繁，难		
永济县	冲，繁，难，倚		
闻喜县	冲，繁，难		
安邑县	冲，繁，难		
临晋县	冲，繁，难		
祁　县	冲，繁		

（制表依据：乾隆朝海宁撰《晋政辑要》之《官缺繁简》）

　　可以看到，在这 18 个清末公费银列为一等的州县中，除了祁县为冲、繁两字中缺，其余都是占三、四字的要缺和最要缺州县，说明公费银体现的州县等级与州县的冲繁疲难等级之间存在密切的关联。再与之前探讨过的养廉银等级进行比较，可以发现，乾隆三十六年所定的最高养廉银的 18 个州县，有 12 个州县与清末的最高公费银州县一致，重复率高达 66.6%，说明二者之间也有相当密切的关系。这样的一致性也就意味着，山西内部在清代有比较稳定的州县等级结构，有些州县在不同的等级中，都名列前茅。同样，有些州县，主要是贫瘠州县，在各种等级评定中，都位居下游。

表3-12　宣统三年（1911年）山西二等公费银州县的冲繁疲难等级表

二等公费银州县	冲繁疲难等级
浑源州	难
太原县	冲，繁
文水县	繁，难
长治县	繁，难，倚
高平县	冲，繁
寿阳县	冲，繁
右玉县	冲，繁，倚
崞县	冲
洪洞县	冲，繁
猗氏县	冲，繁
河津县	冲，繁
夏县	冲，繁
太谷县	繁
长子县	冲
襄垣县	冲
潞城县	简
赵城县	冲
灵石县	冲
天镇县	冲

（制表依据：乾隆朝海宁撰《晋政辑要》之《官缺繁简》）

公费经费银列为二等的 19 个州县，三字要缺有 2 个，二字中缺有 8 个，一字简缺有 8 个，无字简缺 1 个，其中有"冲"字的缺达到 16 个。冲缺意味着地处冲要，也就意味着差役纷繁，赔累较重，因此会有比较高的公费银。

考察公费银列为四等的 29 个州知县缺，与乾隆年间列为四等养廉银的州县进行比较，可以发现，二者有比较高的重复率。

表 3-13　山西省最低等公费银州县与最低等养廉银州县比较表

乾隆五十四年（1789 年）养廉银为八百两的州县	宣统三年（1911 年）公费、经费银列为第四等的州县	重复出现的州县
太原、太谷、交城、文水、岚县、兴县、浮山、赵城、岳阳、翼城、襄陵、太平、长治、黎城、潞城、壶关、孝义、临县、石楼、永宁、宁乡、广灵、宁武、偏关、陵川、阳城、沁水、荣河、万泉、猗氏、虞乡、榆社、和顺、沁源、定襄、五台、河曲、夏县、平陆、芮城、稷山、绛县、河津、垣曲、乡宁、大宁、永和、蒲县	吉州、岚县、兴县、宁乡县、石楼县、屯留县、陵川县、沁水县、和顺县、武乡县、榆社县、沁源县、左云县、平鲁县、偏关县、五寨县、定襄县、静乐县、繁崎县、河曲县、乡宁县、岳阳县、浮山县、汾西县、绛县、垣曲县、大宁县、蒲县、永和县	岚县、兴县、浮山、岳阳、石楼、宁乡、偏关、陵川、沁水、榆社、和顺、沁源、定襄、河曲、绛县、垣曲、乡宁、大宁、永和、蒲县

（制表依据：乾隆朝海宁撰《晋政辑要》之官缺繁简、文职养廉）

清代地方官的养廉银制度和地方官缺"冲繁疲难"分等制度都是在雍正朝开始实行的。尽管二者是完全不同的两个等级体系，但在这两个体系中，山西的岚县、兴县、浮山、岳阳、石楼、宁乡、偏关、陵川、沁水、榆社、和顺、沁源、定襄、河曲、绛县、垣曲、乡宁、大宁、永和、蒲县 20 个州县，始终都位列最低等级。这个现象说明，处于等级底层的州县，不管在什么样的等级评价体系中，始终是最底层。

第二节　清代山西省文官官缺的繁简变化

在清代，地方各官缺依照"冲繁疲难"四字评定等级后，随着社会变迁，又多有调整和变更。学者张振国发表在《安徽史学》2014 年第 3 期上的《论清代"冲繁疲难"制度之调整》一文认为，清代地方各官缺的冲繁疲难等级，共经过三次大的调整。第一次发生在雍正十二年，是直隶总督李卫奏请进行调整的，原因是各个官缺有很多不确当之处。第二次调整出现在乾隆六年，这次调整把原来已有的繁、简缺之分与冲繁疲难等级之间做了关联和对应，明确了四项俱全者为最要缺，三项者为要缺，二项者定为中缺，一项及四项俱无者定为简缺。随后，开始在全国范围内比对各官缺的今昔变化，逐一加以更正。第三次调整出现在乾隆十二年，是为了辅助其他政策的执行而提出的，调整官缺等级只是间接和次要目的。①

在乾隆朝海宁著的《晋政辑要》一书中这样记载道：

> 谨按大清会典内载，凡繁简互调旧例，有司官如才堪治繁、现任偏僻，或止堪治简、现任繁剧，该抚奏请酌量更调等因；又雍正九年，广西巡抚金鉷奏定，以路当孔道者为冲，政务纷繁者为繁，赋多逋欠者为疲，民刁俗悍、命盗案多者为难。四项之内，又有或兼或全之处。嗣后四项、三项之缺，令该督抚于现任属员内拣选调补，其二项、一项之缺，归于月分铨选等因，奉旨依议，钦此。嗣于雍正十二年，又经直隶总督李卫题，冲繁疲难各缺，有与各属驻扎地方并该管事宜未甚确当之处，逐一查明更正等因，奉旨依议，着各督抚一体分晰确当，具奏，钦此。遵即逐一更正。又乾隆六年，奉上谕，经部议定，四项俱全者，定为最要缺，三项者，定为要缺，二项者定为中缺，一项及四项俱无者，定为简缺等因。嗣于乾隆七年及十三年，将各省官缺今昔繁简异宜之处，

---

① 张振国:《论清代"冲繁疲难"制度之调整》，安徽史学，2014 年第 3 期。

逐加更正。晋省历年抚藩具折奏请更正者，亦俱仰邀俞允，今逐一纂辑，所有晋省职官繁简各缺，开列于后。[①]

在乾隆五十六年（1791 年）纂修的《晋政辑要》一书中，一共留下了 144 个山西省文官官缺的特点和繁简变化信息。对其进行统计分析，可以发现，这 144 个文官官缺的最初等级（应该是雍正年确立的）情况是，有 4 个最要缺，50 个要缺，62 个中缺和 23 个简缺，另有 5 个等级不明。乾隆六年（1741 年），对各省地方官缺的冲繁疲难等级进行了大规模的调整，使这个数字发生了巨大变化。山西的最要缺变成了 0 个，要缺从 50 个减少到 28 个，中缺从 62 个减少到 32 个，而简缺从 23 个上升到 84 个。大量原归于山西巡抚选授的要缺、最要缺变成了归吏部选授的中缺和简缺。原来的两字要缺均变成了中缺，一字中缺均变为了简缺，归吏部掣签月选。

但是，在山西省的这 144 个官缺中，也存在不少选任特例。比如，并非所有的中缺就一定归吏部铨选，有时候也归山西巡抚选授。比如解州知州一缺，原来是繁难要缺，为题缺，选授权在山西巡抚手中；改为繁难中缺后，仍在外题补。考察其原因，在于该官缺地处中条山，地界稍僻，且钱谷刑名繁多，政务纷纭，兼有河东盐池巡缉事宜，民俗强悍，治理难度比较大。类似情形还有平定州知州、绛州知州。再比如隰州知州，原来是专繁中缺，向为题缺，后改为专繁简缺，仍然在外题补。这说明，山西巡抚掌握的官缺未必就一定是三字要缺、四字最要缺，也有只占两字和一字的中缺和简缺。

考察乾隆六年（1741 年）山西地方官缺变更调整的主要特点，就是把各缺的等级下降，能归吏部铨选的，都归于部选。这次调整的意图很明显，就是要加强中央集权，大量原来归山西巡抚题调的地方要缺，变为部选简缺，归吏部掣签月选。

下表是依据乾隆五十四年（1789 年）海宁辑《晋政辑要》及《清史稿》中的记载整理出的山西省文官官缺的繁简变化表：

[①] 海宁辑：《晋政辑要》卷一《官缺繁简》，《官箴书集成》第 5 册，黄山书社，1997 年，第 413—435 页。

表3-14　山西省文官官缺特点及繁简变化表

官缺名称	管理事务及特点	雍正朝初定等级	乾隆朝调整后的等级及选授权归属	清末的等级	其他
河东盐运司兼管盐法道	督令所属运同，查修护池，禁墙堵，筑渠，令南开晒一切事务，所辖太平、潞、泽、蒲、宁六府，直隶平、辽、沁、解、绛、霍、隰十州及陕西省西凤同三府直隶，商兴邻平四州、河南省河南二府，直隶汝州三州正杂盐课，统归管理，并饬行各府州县，禁戢私贩，疏通官引，商课	繁难最要缺	繁难中缺，由部请旨简用		驻扎安邑县西运城地方
盐运分司运同	督修池堰，禁墙，监验三禁门，掣支盐引，缉拿私贩，督征盐课	繁难要缺	繁难中缺，归部铨选		
分守冀宁道	盘查太潞汾泽四府、直隶辽沁平三州所属仓库，钱粮，督缉盗贼，点验马匹，稽查排厂等，并核转辽沁平三州刑名案件	冲繁要缺，归部铨选	冲繁难要缺，遵旨在外题补		
分守雁平兵备道	驻扎代州，弹压边关，路当孔道，管辖大朔宁三府、直隶忻代保三州所属仓库，钱粮，驿站马匹，督缉逃盗案件	冲繁要缺	冲繁中缺，归部铨选		乾隆三十二年因加兵备衔，复改要缺，请旨简用
分守河东兵备道	驻扎蒲州府永济县，界连秦豫，路当孔道，管理平蒲二府，直隶解绛霍隰四州钱粮案件，民习俗犷	冲繁难要缺，由部请旨简用			

续表

官缺名称	管理事务及特点	雍正朝初定等级	乾隆朝调整后的等级及选授权归属	清末的等级	其他
分巡归绥兵备道	驻扎归化城，总理口外旗民蒙古事务，路当各部落台站要区，犄角绥远城，控制和林格尔、托克托城、昆都仑、清水河、善岱等处地方，归化、绥远二同知暨各协理笔帖式等一切用各钱谷，以及丈量开垦旗庄、牧地，仓廒积贮，官兵俸饷，征解草束，运送军需，并麦汉佃田租息，修防建筑工程等项，均由该道督察核转	冲繁难要缺，由部请旨简用			乾隆六年新设
归化城蒙古民事同知	驻扎归化城外西河地方，为各部落台站必由之路，口外蒙民任来杂沓，管理蒙古民人词讼，会审蒙古民命盗案件，又管蒙旗辖七协理厅，政务纷纭	冲繁要缺，向例由部清旨于蒙古部员内补放	冲繁疲难四项相兼要缺，于通省理事同知、通判内拣选，在外题请升调		雍正元年新设。乾隆四十八年，经前抚农因该同知一缺，近来户口日增，客民云集，一切啲盗命案，无不倍加于前，奏请改为冲繁疲难四项相兼要缺，嗣后缺出，于通省理事同知通判内拣选，在外题请升调

续表

官缺名称	管理事务及特点	雍正朝初定等级	乾隆朝调整后的等级及选授权归属	清末的等级	其他
分驻毕齐克齐巡检	地当孔道，蒙民杂处，为口外商旅要路		要缺，在外调补		乾隆三十三年九月内奏准
绥远城粮饷理事同知	管理支放驻防旗兵粮饷，报销应征粮石，兼理夷汉旗民一切命盗旗逃案件，有会审相验之责，事务纷纭	冲繁难要缺	繁难中缺，由部请旨于蒙古部员内补放		乾隆元年新设
分驻和林格尔通判（原为协理通判笔帖式）	南接杀虎口，北连归化城，解饷递犯络绎不绝，且稽查奸匪，并理夷汉命盗等案，如有人地不相宜之处，于各协理厅员内酌量请补	冲繁难要缺，照例由部于笔帖式内请旨补放，各	冲繁难要缺		雍正十三年新设。乾隆二十五年，改为通判，换给关防，由部院拣选，请旨补放
分驻托克托城通判（原为协理通判笔帖式）	雍正十三年新设，在黄河南岸，地连鄂尔多斯，复近陕省，日绕境三百余里，错表三百余村，夷民杂处，命盗时有	专难中缺	专难简缺，由部于各部院蒙古笔帖式内补放		乾隆二十五年改为通判

065

官缺名称	管理事务及特点	雍正朝初定等级	乾隆朝调整后的等级及选授权归属	清末的等级	其他
分驻萨拉齐通判（原系大清二山协理通判笔帖式）	雍正十三年新设，在黄河北岸，通近穆纳，界连陕省鄂尔多斯，西接乌拉特等旗等蒙古，奸宄不绝，命盗易生	专难要缺	专难简缺，由部于各部院蒙古笔帖式内补放		乾隆二十五年，前院鄂院奏准，照丰镇、宁远两厅，改为通判，换给关防，其员缺由部院拣选，请旨补放
分驻清水河通判（原系协理通判笔帖式）	地处偏僻，延袤五百余里，毗连蒙古地方，兼有崇山峻岭，民人杂居，耕种田苗，夷民混杂，争讼繁多，又界临黄河，私越偷渡，稽查匪易，通连边境，私越边墙	繁难中缺，向例由部于各部院蒙古笔帖式内补放	乾隆二十五年，前院鄂院奏准，照丰镇、宁远两厅改为通判，换给关防，其员缺由部院拣选，请旨补放		乾隆元年新设
太原府知府	省会首郡，地当冲要，管辖十一州刑名钱谷，案件纷繁，原系冲繁难要缺，由部请旨简用	冲繁难要缺，由部请旨简用			
太原府清军同知	向驻省省城，督管捕务，兼管水利，盐引，解交盐觔，及查拿私煎私贩	专繁中缺	专繁简缺，归部铨选		乾隆二十二年，抚明奏准，移驻王封村，管理矿厂，请定为繁坡难要缺，在外题补

续表

官缺名称	管理事务及特点	雍正朝初定等级	乾隆朝调整后的等级及选授权归属	清末的等级	其他
太原府理事通判	驻扎省城,管理驻防满汉官兵月粮,旗民案件,缉捕逃人,经理织造黄绢	繁难要缺	该通判事务虽多,治理较易,改为专繁简缺,归部铨选		
阳曲县知县	省会首邑,路当孔道,旗民杂处,钱谷刑名,事务纷纭	冲繁难缺,在外题补		冲、繁、难、倚	
大原县知县	南达陕豫,北连省会,事务繁多,民刁俗悍	冲繁难要缺	嗣查该县虽当孔道,事尚易治,改为专次冲中缺,归部铨选	冲、繁	
榆次县知县	四达冲衢,政务纷纭,民俗顽悍	冲繁难要缺,在外题补		冲、繁、难	
太谷县知县	民多事繁	专难中缺	专繁简缺,归部铨选	繁	
祁县知县	地当孔道,事务纷纭	冲繁要缺	改为冲繁中缺,归部铨选	冲、繁	
徐沟县知县	地当孔道,政务纷纭	冲繁要缺	改为冲繁中缺,归部铨选	冲、繁、难	乾隆二十八年,改为冲繁难要缺,在外题补

续表

官缺名称	管理事务及特点	雍正朝初定等级	乾隆朝调整后的等级及选授权归属	清末的等级	其他
交城县知县	民多健讼，事务纷纭，又管武元城木税	专繁中缺	嗣查该县僻处山谷，事不甚繁，改为简缺，归部铨选	简	
文水县知县	地非冲要，原系专繁中缺	专繁中缺	嗣查该县事务纷纭，民情刁诈，实为难治，改为繁难中缺，归部铨选	繁、难	
岢岚州知州	赋役无多，原系专疲中缺	专疲中缺	嗣查该州地处山谷，既属偏僻，节年钱粮又无拖欠，实不为疲，改为简缺，归部铨选	简	
岚县知县	地僻事少	简缺，归部铨选		简	
兴县知县	地非通衢，赋役无多	简缺，归部铨选		简	
平阳府知府	驻扎临汾县，路当孔道，管辖十一州县，刑名钱谷事务殷繁	冲繁难要缺，由部请旨简用		冲、繁、难	

续表

官缺名称	管理事务及特点	雍正朝初定等级	乾隆朝调整后的等级及选授权归属	清末的等级	其他
平阳府同知	驻扎郡城，督缉捕务，催销盐引，并管水利，事务亦多	专繁中缺	改为专繁简缺，归部铨选		
平阳府通判	驻扎郡城，经理粮储，原设仓大使管理，雍正十二年裁汰，改归通判	简缺，归部铨选			
临汾县知县	附郭首邑，地属冲途，钱谷刑名事务纷纭	冲繁难要缺，在外题补		冲、繁、难、倚	
襄陵县知县	县属有赵曲镇，为川陕通冲，站，额粮民多，尚无通天，惟民刁俗悍，颇称难治	专难中缺	改为专难简缺，归部铨选	难	
洪洞县知县	路当孔道，改务纷繁	冲繁要缺	改为冲繁中缺，归部铨选	冲、繁	
浮山县知县	地僻民淳，赋清事少	简缺，归部铨选			

续表

官缺名称	管理事务及特点	雍正朝初定等级	乾隆朝调整后的等级及选授权归属	清末的等级	其他
太平县知县	地非孔道，粮多无欠，但事务颇繁	专难中缺	改为专繁简缺，归部铨选	冲、繁、难	乾隆二十九年，前抚和奏准，奏准覆，该县商贾益众，户口日繁，人民众庶，征收不易，陵墓繁多，驿站往来，要差络绎，改为冲繁难要缺，在外题补
岳阳县知县	山僻小邑，钱谷刑名俱属简易	简缺，归部铨选		简	今安泽县
曲沃县知县	路当孔道，驿站往来，事务纷纭，民习俗悍	冲繁难要缺，在外题补			
翼城县知县	地非孔道，事务不繁，粮额虽多，催科尚易。但四面环山，民俗习顽	专难中缺	专难简简缺，归部铨选	难	
汾西县知县	山僻事少，赋役无多	简缺，归部铨选		简	

续表

官缺名称	管理事务及特点	雍正朝初定等级	乾隆朝调整后的等级及选授权归属	清末的等级	其他
乡宁县知县	地僻事少	简缺,属直隶吉州辖	乾隆三十七年改隶平阳府属,员缺仍归部选	简	
吉州知州	地处山中,钱谷刑名事务亦多	原系专繁中缺,前系直隶州,辖乡宁一县,在外题补	乾隆十二年改为部选,改为专繁简缺	繁	乾隆三十七年,护抚未奏准,以地僻民淳,政务不繁,改为平阳府属知州,仍归部选
潞安府知府	驻扎长治县,地接豫省,管辖七县,山界辽阔,易于藏奸,防范为难	繁难要缺	嗣查该府属县多系中简,事不甚繁,改为专难稍繁中缺,归部经选	繁、疲、难	
潞安府同知	向驻郡城,经管捕务,潞属俱系崇山峻岭,防奸非易	原系专难中缺	改为专难简缺,归部经选		乾隆二十七年,移镇,改为繁疲难要缺,在外拣选题补
长治县知县	附郭首邑,民俗刁悍,事务不少	繁难要缺	繁要中缺,归部经选	繁、难、简	乾隆二十七年之大义镇,缉拿奸匪,改为繁疲难要缺,选授题补

续表

官缺名称	管理事务及特点	雍正朝初定等级	乾隆朝调整后的等级及选授权归属	清末的等级	其他
长治县县丞	协同该县编查保甲，缉捕奸匪，佐理一切	乾隆二十七年添设	在外调补		
长子县知县	地当孔道，事务亦多	冲繁要缺	专冲简缺，归部铨选	冲	
长子县县丞	协同该县编查保甲，处理一切	乾隆二十七年添设	要缺，在外调补		嘉庆四年，改简缺，归部铨选
屯留县知县	该县虽有驿站，然事务尚简	专难中缺	嗣查差务甚稀，行旅亦少，改为次冲简缺，归部铨选	冲	
襄垣县知县	地当南北通冲，赋额甚少，事务不繁	专冲中缺	次冲简缺，归部铨选	冲	
潞城县知县	事少民淳，赋轻地僻	简缺，归部铨选		简	
黎城县知县	山僻事少	简缺，归部铨选		简	
壶关县知县	山僻事少	简缺，归部铨选		简	

续表

官缺名称	管理事务及特点	雍正朝初定等级	乾隆朝调整后的等级及选授权归属	清末的等级	其他
汾州府知府	驻扎汾阳县，管辖八属，地方辽阔，事务殷繁，俗悍民刁，素称难治	繁难要缺	繁难中缺，归部铨选		乾隆二十二年七月，改为冲繁要缺，由部请旨简用
汾州府同知	向驻介休县，督理捕务，巡缉私盐，兼管水利	专繁中缺	专繁简缺，归部铨选		乾隆二十一年，改为冲繁难要缺，在外题补
汾州府通判	驻扎郡城，专管屯粮，事务甚少	简缺，归部铨选			
汾阳县知县	附郭首邑，地窄人稠，民多健讼，事务纷纭，素称难治	繁难要缺	繁难中缺，归部铨选	繁、疲、难、倚	
平遥县知县	地当孔道，事务纷纭，俗习好讼，素称难治	冲繁难要缺，在外题补		繁、冲、难	
介休县知县	地当孔道，事务纷纭，原系冲繁要缺，查该县为客商聚集之数，五方杂处，奸讼难理，改为冲繁难要缺，在外题补	冲繁要缺	冲繁难要缺，在外题补	冲、繁、难	
孝义县知县	地臮山僻，事务颇多	专繁中缺	专繁简缺，归部铨选	繁	

续表

官缺名称	管理事务及特点	雍正朝初定等级	乾隆朝调整后的等级及选授权归属	清末的等级	其他
永宁州知州	滨河通陕，设有驿站，三处赋额无多，民淳事少	专冲中缺	专冲简缺，归部铨选	冲、繁、难	
分驻柳林镇巡检	地处冲衢，为陕省往来大道，商贾络绎，乾隆三十三年，将青龙渡巡检裁改，移驻此镇	要缺，在外调补			
临县知县	地处险要，民情刁悍，颇称难治	专难中缺	专难简缺，归部铨选		
石楼县知县	地僻事少，原系简缺，归部铨选	简缺，归部铨选	简		
宁乡县知县	地僻事少	简缺，归部铨选	简		
大同府知府	驻扎大同县，界连蒙古为口外，四达通衢，管诸九属，事务纷繁，实为难理，向因赋多通欠，自积欠豁免，节年全完，原拟兼四最要缺，改为冲繁难要缺，由部请旨简用	兼四最要缺	冲繁难要缺，由部请旨简用	冲、繁、难	

续表

官缺名称	管理事务及特点	雍正朝初定等级	乾隆朝调整后的等级及选授权归属	清末的等级	其他
大同府理事同知	一切刑名钱谷等项事务，照州县责成管理		繁难要缺，亦照州县调繁之例，于理事同知题内，请升调		向系通判，驻扎川卫地方。乾隆三十三年，因丰镇厅开垦厂地亩，招民垦种，地广人多，一切鞭压征收，通判弹压不足调度，奏请改为理事同知
大同府通判	驻扎阳高县，管理缉捕事务，分查塘站马匹，稽察军犯，训练民壮，协办差使，兼管经征赏功地粮以及水利边墙隘口等事	专繁简缺，归部铨选	专繁简缺，归部铨选		向系同知，乾隆三十三年，经前抚苏尔德奏清，改为通判
大同县知县	附郭首邑，地当孔道，向因赋多通欠，原拟兼四最要缺，节年全完，改为冲繁难要缺，在外题补	兼四最要缺	冲繁难要缺，在外题补	冲、繁、难、倚	
怀仁县知县	地当孔道，向因积欠通久，自积欠蠲免，节年全完，原拟冲疲中缺，改为专冲简缺，归部铨选	冲疲中缺	专冲简缺，归部铨选	冲	

官缺名称	管理事务及特点	雍正朝初定等级	乾隆朝调整后的等级及选授权归属	清末的等级	其他
浑源州知州	地非孔道，事务简少，赋无通欠，惟民俗刁悍，原拟专难中缺，改为专难简缺，归部铨选	专难中缺	专难简缺，归部铨选	难	
应州知州	临边孔道，事简民淳，向因积欠难清，拟冲疲中缺，自豁免后，节年全完，改为专冲简缺，归部铨选	冲疲中缺	专冲简缺，归部铨选	冲	
山阴县知县	经管在城岱岳驿站，案牍不繁，赋税无多	专冲中缺	专冲简缺，归部铨选	冲	
灵丘县知县	经管驿站，商税无多，事务颇简	专冲中缺	专冲简缺，归部铨选	冲	
广灵县知县	地僻事少，赋税无多	简缺，归部铨选		简	
阳高县知县	临边孔道，兼管站马，因政务尚少，治理不难	专冲中缺	专冲简缺，归部铨选	冲	
天镇县知县	临边孔道，管理站马，赋额无多，治理亦易	专冲中缺	专冲简缺，归部铨选	冲	

续表

官缺名称	管理事务及特点	雍正朝初定等级	乾隆朝调整后的等级及选授权归属	清末的等级	其他
宁武府知府	驻扎宁武县，统辖十边站马，为边关要地，原系冲繁中缺，嗣查所属四县，粮少事简，治理非难	冲繁中缺	专冲简缺，归部铨选	冲	
宁武府盐捕同知	驻扎偏关，与营员巡防边境，管理盐捕事务	专繁中缺	简缺，归部铨选		雍正四年，置山西盐捕同知一人。嘉庆十二年省
宁武县知县	附郭首邑，系宁武所改设，辖宁化所，兼管宁化、宁化二边站马，粮额无多，命盗稀少	专冲中缺	专冲简缺，归部铨选	冲，倚	
偏关县知县	系偏头所改，设录老营堡，管理偏头、水泉、老营三站马匹，粮额甚少，命盗不多	专冲中缺	专冲简缺，归部铨选	冲	
神池县知县	系神池堡改设，辖利民、八角二堡，管理神池、利民、八角三站马匹，赋少事简，尚易治理	专冲中缺	专冲简缺，归部铨选	冲	
五寨县知县	系五寨堡改设，辖三岔堡，管理五寨、三岔二站马匹，赋务简少	专冲中缺	专冲简缺，归部铨选	冲	

续表

官缺名称	管理事务及特点	雍正朝初定等级	乾隆朝调整后的等级及选授权归属	清末的等级	其他
朔平府知府	驻扎右玉县，逼近边墙，为口外冲途，管辖三厅五州县，旗民杂处，归化、绥远城口外人命盗案，俱由该府审转，前因地瘠民贫，原拟冲繁疲要缺，嗣查冲繁疲要缺，实不为疲	冲繁疲要缺	冲繁疲要缺，由部请旨简用	冲繁难	
朔平府同知	驻扎郡城，经管仓贮米豆，支放八旗兵饷，审理旗民词讼，且旗庄蒙民杂处，协办差使	繁难要缺，由部铨选	繁难中缺，由部于各府院衙门保题考试引见记名人员内补放		今奉文，将移驻扎口外，为粮捕理事同知
朔平府通判	向驻左云县，管理朔属督捕等务。地方辽阔，事务纷繁，且旗庄蒙民杂处，稽查非易	专繁中缺	专繁简缺，由部铨选		今奉改，移驻扎口外宁朔卫地方，拟为分驻宁远通判
右玉县知县	附郭首邑，并右玉，地当口外，往来孔道，威远二站马匹，会审民词讼，承审归化城命盗案件，政务纷纭	冲繁难要缺，在外题补	乾隆三十一年，改为冲繁中缺，归部铨选	冲、繁、倚	
左云县知县	地当孔道，兼管归并高山，左云二站马匹，民俗俭朴，事件无多	专冲中缺	专冲简缺，归部铨选	冲	

官缺名称	管理事务及特点	雍正朝初定等级	乾隆朝调整后的等级及选授权归属	清末的等级	其他
朔州知州	地当孔道，通赋久不清，原拟冲疲中缺，嗣查该州积欠久全完，实不为疲，惟系塘站要路，往来住宿，差务颇多，治理非易	冲疲中缺	冲繁难要缺，在外题补	冲、繁、难	
平鲁县知县	地当孔道，兼理归并平鲁，并坪二站马匹，赋少事简	专冲中缺	专冲简缺，归部铨选	冲	
马邑县知县	地当孔道，向因通颇颇多，拟为冲疲中缺，嗣查该县钱粮已无疲欠，改为专冲简缺，归部铨选	冲疲中缺	专冲简缺，归部铨选		嘉庆元年六月己丑，裁朔平府属马邑县，归并朔州，并裁知县典史各缺，添设驻马邑巡检一员，从巡抚将兆城内，奎请也
泽州府知府	驻扎凤台县，原系直隶州，改设管辖五县，接壤豫省，为三晋南路门户，且民情放悍，原拟冲繁难要缺，嗣查该府前改为府治，所属五县，事尚不繁，改为冲难中缺，归部铨选	冲繁难要缺	冲难中缺，归部铨选	冲难	

续表

官缺名称	管理事务及特点	雍正朝初定等级	乾隆朝调整后的等级及选授权归属	清末的等级	其他
泽州府同知	向驻拦车镇，地方接壤豫省，来往通衢，稽查逃盗案件，嗣查该地尚非极冲，事务不多	冲繁要缺	次冲稍繁中缺，归部铨选		乾隆二十二年，前抚明奏准，移驻东冶镇，管理矿厂，请定为繁疲难要缺，在外题补
凤台县知县	附郭首邑，境连豫省，地当孔道，赋广人稠，事务纷纭，治理非易	冲繁难要缺，在外题补		冲、繁、难、倚	
高平县知县	为晋豫通衢，嗣查该县，民俗淳美，地非极冲，事尚不繁，原拟冲繁要缺	冲繁要缺	次冲稍繁中缺，归部铨选		
阳城县知县	有稽察私烧硫磺等事，查该县，惟民好健讼，稍难治理，原拟专繁中缺	专繁中缺	专难简中缺，归部铨选	难	
陵川县知县	路僻事少	简缺，归部铨选		简	
沁水县知县	山僻事少	简缺，归部铨选		简	

续表

官缺名称	管理事务及特点	雍正朝初定等级	乾隆朝调整后的等级及选授权归属	清末的等级	其他
蒲州府知府	驻扎永济县,界连秦豫,为川陕孔道,所属六县,钱粮亦多,政务纷纭,俗悍民刁,治理非易	冲繁疲难最要缺	冲繁难要缺,由部请旨简用	冲、繁、难	
蒲州府同知	驻扎永乐镇,地接秦豫,督缉捕务,兼理盐法车辆	冲繁要缺	冲繁中缺,归部铨选		
永济县知县	附郭首邑,秦豫接壤,为咽地要道,兼管黄河各渡口,差务络绎,政事纷繁,额赋甚多,民俗刁悍	冲繁难要缺,在外题补		冲、繁、难、倚	
永济县县丞	地处冲要,分任颇繁,在外调补		在外调补		乾隆二十一年添设
临晋县知县	地滨黄河,界接陕省,为咽速要道,民俗刁悍固多,治理亦难,额赋	冲繁难要缺,在外题补		冲、繁、难	
荣河县知县	地近黄河,界接陕省,民俗刁悍,粮多事通欠	疲难要缺	专难简缺,归部铨选	难	
猗氏县知县	路属通衢,原拟专冲中缺,惟民多健讼,治理非易	专冲中缺	专难稍冲中缺,属部铨选	冲繁	
万泉县知县	地非冲途,事务不繁,惟民顽俗悍,难治	专难中缺	专难简缺,归部铨选	难	

续表

官缺名称	管理事务及特点	雍正朝初定等级	乾隆朝调整后的等级及选授权归属	清末的等级	其他
虞乡县知县	系临晋县分设，接壤豫省，事务纷纭，民俗习悍	繁难中缺	专难简缺，归部铨选	难	
辽州知州	地虽偏僻，接壤豫省，巡缉奸匪，办理刑钱，兼察核属邑钱粮，审转案件	专繁中缺	专繁简缺，在外题补	繁	乾隆十二年改归部铨选
榆社县知县	地僻事少，钱粮无多	简缺，归部铨选		简	
和顺县知县	钱粮无多，事务办少	简缺，归部铨选		简	
沁州知州	系晋豫驿递往来，管理刑钱，核审所属属案务，嗣查驿路非通京大道，改为专繁次冲中缺，在外题补	冲繁中缺	专繁次冲中缺，在外题补	冲、繁	乾隆十二年复改归部铨选
沁源县知县	僻处山隈，政务甚少	简缺，归部铨选		简	
武乡县知县	赋役无多，政务办少	简缺，归部铨选		简	

续表

官缺名称	管理事务及特点	雍正朝初定等级	乾隆朝调整后的等级及选授权归属	清末的等级	其他
平定州知州	川陕直隶通衢，为晋省门户，钱谷刑名，事务纷纭	冲繁要缺	冲繁中缺，在外题补	冲，繁	
平定州粮捕州判	驻扎州城，督捕窃盗，兼理粮务，供应差遣				
寿阳县知县	系川陕直隶通衢，设有太安一驿，事务纷纭	冲繁要缺	冲繁中缺，归部铨选	冲，繁	乾隆三十一年，改冲繁难要缺，在外题补
盂县知县	有芹泉驿，为往来孔道，与直隶接壤，改务不繁，赋无通欠	专冲中缺	专冲简缺，归部铨选	冲	
乐平县知县（安泽县）	管辖柏井驿，差使络绎，额赋无多，命盗稀少	专冲中缺	专冲简简缺，归部铨选	冲	嘉庆元年，改为乐平乡
忻州知州	南通省会，北接边关，路当孔道，钱谷刑名，事务颇多	冲繁要缺，为题缺	冲繁中缺，仍在外题补	冲，繁	
定襄县知县	山僻小邑，事务颇多	专繁中缺	专繁简缺，归部铨选	繁	
静乐县知县	民刁俗悍，兼有驿站，原拟冲难中缺，查该县讼狱无多，尚非难治	冲难中缺	专冲简缺，归部铨选	冲	

续表

官缺名称	管理事务及特点	雍正朝初定等级	乾隆朝调整后的等级及选授权归属	清末的等级	其他
代州知州	地当冲要，钱谷刑名，政务纷纭	冲繁难要缺，在外题补		冲、繁、难	
代州粮捕州判	驻扎州城，管理边储仓粮，督捕窃盗，事务不繁	专繁中缺选	改为简缺，归部铨选		
崞县知县（原平市）	地处冲途，原拟专冲中缺，阄查该县民刁俗悍，讦讼颇多，治理非易	专冲中缺	专冲稍难中缺，归部铨选	冲	
五台县知县	僻处山陬，事务不繁，赋额亦少，民俗刁悍，方辽阔，惟查地难治理	专难中缺	专难简缺，归部铨选	难	
繁峙县知县	地僻事少	简缺，归部铨选		简	
保德州知州	通近黄河，西通秦省，东达京都，额设驿站二处，为三晋门户，水陆要地，事件颇多	冲繁中缺，在外题补		冲、繁	
河曲县知县	枕山带河，设有驿站二处，事务不繁	专冲中缺	专冲简缺，归部铨选	冲	
解州知州	通处条山，地界稍僻，本州属并属，钱谷刑名政务纷纭，民俗强悍，兼有河东盐池巡缉事宜，治理非易	繁难要缺，向为题缺	繁难中缺，仍在外题补	繁、难	

续表

官缺名称	管理事务及特点	雍正朝初定等级	乾隆朝调整后的等级及选授权归属	清末的等级	其他
解州粮捕州判	向驻州城，督捕窃盗，协理粮务，供应差事，事务不繁	专繁中缺	续改简缺，归部铨选		乾隆二十七年，山西巡抚明德奏准，移驻运城，管理盐务，改为繁难要缺，在外调补
安邑县知县	地当山陕孔道，又毗连运城，商民杂处，事务纷纭，民俗强悍	冲繁难要缺，在外题补		冲、繁、难	
芮城县知县	赋无通欠，命盗不多，因地滨黄河，巡缉稽查，治理不易	专难中缺	专难简缺，归部铨选	难	
平陆县知县	界连陕州，设有太阳、茅津二渡，稽查盘诘，原拟繁缺，赋无通欠，民多淳厚，路非孔道	繁缺	简缺，归部铨选	简	
夏县知县	地属通衢，民习俗悍，治理不易，嗣查县界，虽通大路，离治尚远	冲难中缺	专难稍冲中缺归部铨选	冲、繁	
绛州知州	管理本州井属，钱谷刑名事务纷纭，颇称难治	繁难要缺，向为题缺	繁难中缺，仍在外题补	繁、难	
绛州粮捕州判	驻扎州城，督捕窃盗，协理粮务，共应差遣，政务不繁	中缺	简缺，归部铨选		

续表

官缺名称	管理事务及特点	雍正朝初定等级	乾隆朝调整后的等级及选授权归属	清末的等级	其他
闻喜县知县	路当孔道，政务纷纭，民俗习悍，颇称难治	冲繁要缺	冲繁难要缺、在外题补	冲	
绛县知县	地僻事简，向因通久，查钱粮全完，改为简缺	专疲中缺	简缺，归部铨选	简	
稷山县知县	地界稍僻，粮多无欠，俗悍民顽	专难中缺	专难简缺，归部铨选	难	
垣曲县知县	地非冲要，粮额亦少，因与豫省接壤，黄河渡口数处，巡缉私贩，事务颇多	专繁中缺	专繁简缺，归部铨选	繁	
河津县知县	地滨黄河，界连秦省，禹门一渡，为晋陕通冲，仓头木税，商贩云集，事务亦多	冲繁要缺	冲繁中缺，归部铨选	冲、繁	
霍州知州	地当孔道，事务颇多	冲繁要缺	冲繁中缺，归部铨选	冲、繁、难	乾隆三十七年，护山西巡抚朱圭奏准，改为直隶州知州，拨辖平阳府属之灵赵二县，定为冲繁难要缺，在外题补
赵城县知县	地当孔道，刑名钱谷，均不繁难	专冲中缺	专冲简缺，归部铨选	冲	

续表

官缺名称	管理事务及特点	雍正朝初定等级	乾隆朝调整后的等级及选授权归属	清末的等级	其他
灵石县知县	地当孔道，差务络绎，事尚不繁，赋无通欠	专冲中缺	专冲简缺，归部铨选	冲	
隰州知州	地非孔道，本州属并属，钱谷刑名事务颇多	专繁中缺，向为题缺	专繁简缺，在外题补	繁	乾隆十二年，复归部选
大宁县知县	地处山僻，事务甚少	简缺，归部铨选		简	
蒲县知县	地处山僻，事务甚少	简缺，归部铨选		简	
永和县知县	僻处山陬，事务甚少	简缺，归部铨选		简	

（制表依据：乾隆朝海宁著《晋政辑要》及《清史稿》志三十六。）

087

表 3-15　乾隆六年（1741 年）山西文官各官缺等级变化统计表

	总数	最要缺	要缺	中缺	简缺	不明
乾隆六年前山西的官缺	144	4	50	62	23	5
乾隆六年调整后的官缺	144	0	28	32	84	0

（制表依据：乾隆朝海宁著《晋政辑要》之官缺繁简）

如果只考察最基层的州县一级的变化情况，在乾隆一朝，山西共有103 个州县，含87 个县、10 个直隶州和6 个散州。随着嘉庆元年马邑县和乐平县的裁并，就剩下了101 个州县，变成了85 个县、10 个直隶州和6 个散州。在乾隆六年的大调整中，山西的103 个州县中，只有31 个州县的等级未变，其余72 个州县的等级都有了调整。再以乾隆六年调整后的山西州县等级数据去和《清史稿·志三十六》中所记载的晚清时期山西各州县的等级数据进行比对，可以发现，只有18 个州县的等级有了改变，其余83 个州县的等级没有再发生改变。发生变化的州县，通常都是山西巡抚专门向中央申请后才更改了的。这18 个发生了等级变化的官缺中，最普遍的一种情况是，那些府治所在地的州县，都增加了"倚"字。这样，清代的冲繁疲难四字分级制度就变成了冲、繁、疲、难、倚五字分级制度。这个变化是引人注目的。增加了"倚"字，意味着对地方的考察又多了一项指标，就是考察该地是否是当地的政治统治中心，这样就可以更加精准地定义一个地方的等级了。但是，这样的地方毕竟只是极少数。可以看出，至少在山西省，乾隆六年调整后的州县官缺等级大部分就成了定制，直到清末，没有再发生变动。

第三节　山西贫困县在清代的"冲繁疲难"等级

清代以"冲繁疲难"四字为地方官缺划分等级的办法，确实是一种极其精细的制度设计，因而受到学者们的一致肯定。因此，有必要对山西省目前的 35 个国家级贫困县及 22 个省定贫困县在清代冲繁疲难体制中的等级做出一番粗略的考察。但贫困县毕竟是属于现在的概念，有些县在清代并不存在，或者统治疆域和名称已经发生了变化。但考虑到州县是中国传统社会中最基层的行政区划单位，其变动相对比较少，现在的县市绝大多数仍然和清代的州县具有一一对应的关系，因此不妨以清代的"冲繁疲难"等级制度对其考察一番。但有些贫困县在清代确实并不存在，所以只能根据该县在清代实际所属州县的等级标准进行考察。比如楼烦县，在明初已经废县为镇，并入静乐县管辖，所以考察楼烦县就转化成考察静乐县。清代也没有柳林县，其境域属于永宁州，因此考察柳林县就转为考察永宁州的等级。

表 3–16 山西省 35 个国家级贫困县在清代的特点及等级情况列表

市名	县名	特点	清末等级
太原市	娄烦县	清代无娄烦县之设。明初，废县为镇，并入静乐县，设巡检司，属太原府。清沿明制，雍正二年（公元 1724 年）设娄烦为镇，属忻州府静乐县管辖 静乐县：民刁俗悍，兼有驿站，原拟冲难中缺，嗣查该县讼狱无多，尚非难治，改为专冲简缺，归部铨选	冲
大同市	天镇县	临边孔道，管理站马，赋额无多，治理亦易，原系专冲中缺，改为专冲简缺，归部铨选	冲
	阳高县	临边孔道，兼管站马，因政务尚少，治理不难，原系专冲中缺，改为专冲简缺，归部铨选	冲
	广灵县	地僻事少，赋税无多，原系简缺，归部铨选	简
	灵丘县	经管驿站，商税无多，事务颇简，原系专冲中缺，改为专冲简缺，归部铨选	冲
	浑源县	地非孔道，事务简少，赋无逋欠，惟民俗刁悍，原拟专难中缺，改为专难简缺，归部铨选	难
	大同县	附郭首邑，地当孔道，事务繁多，素称难理，向因赋多逋欠，原拟兼四最要缺，自积欠豁免，节年全完，改为冲繁难要缺，在外题补	冲，繁，难，倚

市名	县名		特点	清末等级
长治市	武乡县		赋役无多，政务亦少，原拟简缺，归部铨选	简
	壶关县		山僻事少，原系简缺，归部铨选	简
	平顺县①	潞城	事少民淳，赋轻地僻，原系简缺，归部铨选	简
		壶关	山僻事少，原系简缺，归部铨选	简
		黎城	山僻事少，原系简缺，归部铨选	简
朔州市	右玉县		附郭首邑，地当口外，往来孔道，兼管归并右玉、威远二站马匹，会审旗民词讼，承审归化城命盗案件，政务纷纭，原拟冲繁难要缺，在外题补。乾隆三十一年，前抚彰奏准，改为冲繁中缺，归部铨选	冲，繁，倚
晋中市	左权县（辽州）		辽州知州一缺，地虽偏僻，接壤豫省，巡缉奸匪，办理刑钱，兼察核属邑钱粮，审转案件，原拟专繁中缺，后改专繁简缺，在外题补。乾隆十二年改归部选	繁
	和顺县		钱粮无多，事务亦少，原系简缺，归部铨选	简
运城市	平陆县		界连陕州，设有太阳、茅津二渡，稽查盘诘，原拟繁缺，嗣查事不纷繁，赋无逋欠，民多淳厚，路非孔道，改为简缺，归部铨选	简
忻州市	神池县		系神池堡改设，辖利民、八角二堡，管理神池、利民、八角三站马匹，赋少事简，尚易治理，原系专冲中缺，改为专冲简缺，归部铨选	冲
	宁武县		附郭首邑，系宁武所改设，辖宁化所，兼管宁武、宁化二边站马，粮额无多，命盗稀少，原系专冲中缺，改为专冲简缺，归部铨选	冲
	五台县		僻处山陬，事务不繁，赋额亦少，惟查地方辽阔，民俗刁悍，颇难治理，原拟专难中缺，改为专难简缺，归部铨选	难

① 乾隆二十九年，撤平顺县，将其县境分入潞城、壶关、黎城三县。

续表

市名	县名	特点	清末等级
忻州市	河曲县	枕山带河，设有驲站二处，事务不繁，原拟专冲中缺，改为专冲简缺，归部铨选	冲
	静乐县	民习俗悍，兼有驿站，原拟冲难中缺，嗣查该县讼狱无多，尚非难治，改为专冲简缺，归部铨选	冲
	偏关县	系偏头所改，设隶老营堡，管理偏头、水泉、老营三站马匹，粮额甚少，命盗不多，原系专冲中缺，改为专冲简缺，归部铨选	冲
	五寨县	系五寨堡改设，辖三岔堡，管理五寨、三岔二站马匹，赋务简少，原系专冲中缺，改为专冲简缺，归部铨选	冲
	保德县（保德州）	逼近黄河，西通秦省，东达京都，额设驿站二处，为三晋门户，水陆要地，本州属并属，钱谷刑名事件颇多，原拟冲繁中缺，在外题补	冲，繁
	繁峙县	地僻事少，原拟简缺，归部铨选	简
	代县（代州）	地当冲要，本州属并属，钱谷刑名政务纷纭，原拟冲繁难要缺，在外题补	冲繁难
	岢岚县（岢岚州）	岢岚州知州一缺，赋役无多，原系专疲中缺，嗣查该州，地处山谷，既属偏僻，节年钱粮又无拖欠，实不为疲，改为简缺，归部铨选	简
临汾市	大宁县	地处山僻，事务甚少，原拟简缺，归部铨选	简
	永和县	僻处山陬，事务甚少，原拟简缺，归部铨选	简
	隰县（隰州）	隰州知州一缺，地非孔道，本州属并属，钱谷刑名事务颇多，原拟专繁中缺，向为题缺，后改专繁简缺，在外题补。乾隆十二年复归部选	繁
	汾西县	山僻事少，赋役无多，原系简缺，归部铨选	简
	吉县（吉州）	吉州知州一缺，地处山中，钱谷刑名事务亦多，原系专繁中缺，改为专繁简缺，前系直隶州辖，在外题补。乾隆十二年，改为部选。三十七年，护抚朱奏准，以地僻民淳，政务不繁，改为平阳府属知州，仍归部选	繁

市名	县名	特点	清末等级
吕梁市	临县	地处险要，民情刁悍，颇称难治，原系专难中缺，改为专难简缺，归部铨选	简
	石楼县	地僻事少原，系简缺，归部铨选	简
	方山县	清代属离石，即永宁州 永宁州：滨河通陕，设有驿站，三处赋额无多，民淳事少	冲，繁，难
	中阳县 （宁乡县）	宁乡县知县一缺，地僻事少，原系简缺，归部铨选	简
	兴县	地非通衢，赋役无多，原系简缺，归部铨选	简
	岚县	地僻事少，原系简缺，归部铨选	简

表 3-17　山西省 22 个省定贫困县在清末的冲繁疲难等级表

市名	县名	特点	清末等级
长治市	沁县 （沁州直隶州）	系晋豫驿递往来、管理刑钱，核审所属案务，原拟冲繁中缺，嗣查驿路非通京大道，改为专繁次冲中缺，在外题补。乾隆十二年，复改归部铨选	冲，繁
	沁源县 （浑源州知州）	僻处山陬，政务甚少，简缺，归部铨选	简
晋城市	沁水县	山僻事少，简缺，归部铨选	简
	陵川县	路僻事少，简缺，归部铨选	简
晋中市	榆社县	地僻事少，钱粮无多，简缺，归部铨选	简
临汾市	古县 （岳阳县和浮山县部分）　岳阳县	山僻小邑，钱谷刑名，俱属简易	简
	浮山县	地僻民淳，赋清事少，简缺，归部铨选	
	安泽县 （岳阳县）	山僻小邑，钱谷刑名，俱属简易，简缺，归部铨选	简
	浮山县	地僻民淳，赋清事少，简缺，归部铨选	简
	乡宁县	地僻事少，简缺，归部铨选	简
	蒲县	地处山僻，事务甚少，简缺，归部铨选	简

续表

市名	县名	特点	清末等级
运城市	万荣县 （荣河、万泉县）	荣河县：地近黄河，界接陕省，民俗刁悍，粮多通欠（荣河县知县）简缺，归部铨选	简
		万泉县：地非冲途，事务不繁，惟民顽俗悍，颇称难治（万泉县知县），简缺，归部铨选	简
	闻喜县	路当孔道，政务纷纭，原拟冲繁要缺，嗣查该县，民俗刁悍，颇称难治，改为冲繁难要缺，在外题补	冲
	垣曲县	地非冲要，粮额亦少，因与豫省接壤，黄河渡口数处，巡缉私贩，事务颇多	繁
	夏县	地属通衢，民刁俗悍，治理不易，原拟冲难中缺，嗣查县界，虽通大路，离治尚远，改为专难稍冲中缺，归部铨选	冲，繁
吕梁市	离石区 （永宁州）	永宁州：滨河通陕，设有驿站，三处赋额无多，民淳事少，原系专冲中缺，改为专冲简缺，归部铨选	冲，繁，难
	柳林县 （清代无柳林县，其境域属永宁州）		
	交口县 （清代无交口县，其境域分属于孝义县、灵石县和隰州。）	孝义县：地虽山僻，事务颇多，原系专繁中缺，改为专繁简缺，归部铨选	简
		灵石县：地当孔道，差务络绎，事尚不繁，赋无通欠，原拟专冲中缺，后改专冲简缺，归部铨选	
		隰州：地非孔道，本州属并属，钱谷刑名，事务颇多，专繁简缺，在外题补。乾隆十二年，复归部选	

表 3-18　山西省 5 个省定插花贫困县在清代的特点及等级情况列表

县名	特点（乾隆初年）	初定等级	乾隆六年调整后的等级	清末等级
阳曲县	省会首邑，路当孔道，旗民杂处，钱谷刑名，事务纷纭，原系冲繁难要缺，在外题补	冲繁难要缺，在外题补		冲，繁，难，倚
平鲁县	地当孔道，向因逋赋颇多，拟为冲疲中缺，嗣查该县钱粮已无拖欠，改为专冲简缺，归部铨选，兼理归并平鲁井坪二站马匹，赋少事简	专冲中缺	专冲简缺，归部铨选	冲
山阴县	经管在城岱岳驿站，案牍不繁，赋税无多	专冲中缺	专冲简缺，归部铨选	冲
乐平县（今昔阳县）	管辖柏井驿，差使络绎，额赋无多，命盗稀少	专冲中缺	专冲简缺，归部铨选	冲
交城县	民多健讼，事务纷纭，又管武元城木税	专繁中缺	嗣查该县僻处山谷，事不甚繁，改为简缺，归部铨选	简

（制表依据：乾隆朝海宁撰《晋政辑要》之官缺繁简）

考察山西目前的 35 个国家级贫困县（2019 年，随着右玉县、吉县和中阳县实现脱贫，山西的国家级贫困县已减为 32 个）及 22 个省定贫困县在清代"冲繁疲难"体制下的等级，我们可以发现一个很明显的特点，这 57 个贫困县，一字不占或仅占一字的简缺比例高达 84%，归于吏部掣签月选的比例更高达 89%。而三字、四字题调要缺只有 6 个，所占比例仅为 10%。这几个数字表明，目前山西省的这些贫困县，在清代冲繁疲难体制下，绝大多数处于最低等级的部选简缺州县。在"冲繁疲难等"级体系中的低下地位，导致了这些州县在资金投入、人才配置等各个方面均处于不受重视的不利地位。这应该也是这些州县一直无法摆脱贫困状态的一个重要原因。

表 3-19 山西贫困县在清末的等级情况统计表

分类	数量	无字简缺	一字简缺	两字缺	三字缺	四字缺
国家级贫困县	35	16	14	1	3	1
省级贫困县	22	13	5	2	1	1
总数	57	29	19	3	4	2
比例		50.8%	33.3%	5%	7%	3%
		部选缺 51 个，占 89%			题调缺 6 个：占 10%	

（制表依据：《清史稿》志三十五《地理七·山西》）

为什么山西的贫瘠州县在清代基本都是简缺州县？之所以会出现这样的结果，笔者认为绝非偶然。其主要原因在于，清代"冲繁疲难"制度设计者的关注点是地方的治理难度有多大，官员的实际工作量有多少，而贫困不在其关注范围内。以"冲繁疲难"四字为地方划定等级的办法，其关注点主要集中在某一地方的军事地位（冲）、经济状态（疲）和地方行政事务的多寡难易（繁、难）几个方面。后来虽然又加上了一个"倚"字进行评价，但关注的也仅是某地的政治地位如何，而能得到这个字评价的州县，一般都是附郭首邑，府治所在地，数量很少。那些地方偏僻、事务简单的偏远州县，在这样的评价体制下，基本都处于最底层，地位十分不利。

第四章　清代山西的苦缺州县之设与清代苦缺制度探微

第一节　清代山西的苦缺州县之设

一、山西苦缺州县的文献资料

山西苦缺州县的资料出现在光绪朝《晋政辑要》卷三《吏制·委署三》中，其记载如下：

> 附正佐各班苦缺卷
>
> 查道光二十三年正月，巡抚梁梁萼涵、布政使乔用迁、按察使罗绕典会详，正印佐杂委署简明章程内开，州县苦缺十三处：岢岚州、吉州、岚县、石楼县、宁乡县、山阴县、广灵县、平鲁县、宁武县、偏关县、乡宁县、大宁县、永和县。佐杂苦缺十四处：岢岚州吏目、保德州吏目、潞城县虹桥关巡检、永宁州方山堡巡检、代州广武城巡检、五台县台怀镇巡检、石楼县典史、山阴县典史、阳高县典史、平鲁县典史、偏关县典史、大宁县典史、永和县典史、平定州柏井驿驿丞。又查道光二十七年二月，署巡抚吴其睿批准，署布政使恒春、署按察使劳崇光会详，请将应州、交城县均改为苦缺。又查道光二十九年十二月，巡抚兆那苏图批准，署布政使孔庆镠、署按察使多慧会详，请将临县、和顺县、灵丘县、蒲县均改为苦缺。又查同治元年十二月，巡抚英桂批准，布政使郑敦谨、按察使王榕吉会详，请将洪洞县改为苦缺。又查同治八年六月，署巡抚郑敦谨批准，布政使胡大任、署按察使李

096

庆翔会详，请将介休县改为苦缺。①

这段材料显示，从道光二十三年（1843年）到同治八年（1869年），山西一共批准了21个苦缺州县，分别是：岢岚州、吉州、岚县、石楼县、宁乡县、山阴县、广灵县、平鲁县、宁武县、偏关县、乡宁县、大宁县、永和县、应州、交城县、临县、和顺县、灵丘县、蒲县、洪洞县、介休县。还批准了佐贰杂职苦缺14个：岢岚州吏目、应州吏目、保德州吏目、潞城县虹桥关巡检、永宁州方山堡巡检、代州广武城巡检、五台县台怀镇巡检、石楼县典史、宁乡县典史、偏关县典史、大宁县典史、蒲县典史、永和县典史、平定州柏井驿驿丞。

为便于阅览，制表如下：

表4-1 清代山西州县苦缺名单及相关信息表

州县名称	批准时间	报批人
岢岚州、吉州、岚县、石楼县、宁乡县、山阴县、广灵县、平鲁县、宁武县、偏关县、乡宁县、大宁县、永和县	道光二十三年正月	山西巡抚梁萼涵、山西布政使乔用迁、山西按察使罗绕典会详
应州、交城县	道光二十七年二月	署山西巡抚吴其睿批准，署山西布政使恒春、署山西按察使劳崇光会详
临县、和顺县、灵丘县、蒲县	道光二十九年十二月	山西巡抚兆那苏图批准，署山西布政使孔庆糊、署山西按察使多慧会详
洪洞县	同治元年十二月	巡抚英桂批准，布政使郑敦谨、按察使王榕吉会详
介休县	同治八年六月	署巡抚郑敦谨批准，布政使胡大任、署按察使李庆翔会详

（制表依据：光绪朝《晋政辑要》之《吏制·委署二》）

---

① （清）刚毅修，安颐纂：《晋政辑要》，《续修四库全书》八八四·史部·政书类，上海：上海古籍出版社，2002年，第73页。

考察这些被定为苦缺的州县及佐贰杂职所涉及的州县，可以发现一个特点，就是这些州县基本都是归于部选的无字简缺或一字简缺。按照冲繁疲难的标准来考察这些州县，基本都是地僻事少、政务不繁、赋役无多、钱粮不欠、民风淳朴、易于治理的地方。可是，这些地方为什么会被打入另册，列为苦缺呢？这实在是有点说不通。

表 4-2　清代山西苦缺州县的冲繁疲难等级及特点列表

州县名称	清末等级	特点
岢岚州	简	赋役无多，原系专疲中缺。嗣查该州，地处山谷，既属偏僻，节年钱粮又无拖欠，实不为疲，改为简缺，归部铨选
吉州	繁	地僻民淳，政务不繁，原系专繁中缺，前系直隶州，辖乡宁一县，在外题补。乾隆十二年改为部选。乾隆三十七年，护抚朱奏准，以地僻民淳，政务不繁，改为平阳府属知州，仍归部选，改为专繁简缺
岚县	简	地僻事少
石楼县	简	地僻事少，原系简缺，归部铨选
宁乡县	简	地僻事少，原系简缺，归部铨选
山阴县	冲	经管在城岱岳驿站，案牍不繁，赋税无多，原系专冲中缺，改为专冲简缺，归部铨选
广灵县	简	地僻事少，赋税无多，原系简缺，归部铨选
平鲁县	冲	地当孔道，兼理归并平鲁、井坪二站马匹，赋少事简，原拟专冲中缺，改为专冲简缺，归部铨选
宁武县	冲	附郭首邑，系宁武所改设，辖宁化所，兼管宁武、宁化两边站马，粮额无多，命盗稀少，原系专冲中缺，改为专冲简缺，归部铨选
偏关县	冲	系偏头所改，设隶老营堡，管理偏头水泉老营三站马匹，粮额甚少，命盗不多原系专冲中缺，改为专冲简缺，归部铨选
乡宁县	简	地僻事少，原系简缺，属直隶吉州辖，乾隆三十七年，经护院朱奏准改隶平阳府属，员缺仍归部选
大宁县	简	地处山僻，事务甚少，简缺，归部铨选

续表

州县名称	清末等级	特点
永和县	简	僻处山陬，事务甚少，简缺，归部铨选
应州	冲	临边孔道，事简民淳，向因积欠难清，原拟冲疲中缺，自豁免后，节年全完，改为专冲简缺，归部铨选
交城	简	民多健讼，事务纷纭，又管武元城木税，原系专繁中缺，嗣查该县，僻处山谷，事不甚繁，改为简缺，归部铨选
临县	简	地处险要，民情刁悍，颇称难治，原系专难中缺，改为专难简缺，归部铨选
和顺县	简	钱粮无多，事务亦少，原系简缺，归部铨选
灵丘县	冲	经管驿站，商税无多，事务颇简，原系专冲中缺，改为专冲简缺，归部铨选
蒲县	简	地处山僻，事务甚少
洪洞县	冲、繁	路当孔道，政务纷繁，原系冲繁要缺，改为冲繁中缺，归部铨选
介休县	冲、繁、难	地当孔道，事务纷纭，原系冲繁要缺，嗣查该县为客商聚集之数，五方杂处，奸讼难理，改为冲繁难要缺，在外题补

（制表依据：光绪朝《晋政辑要》之《委署二》及《清史稿》志三十四）

表4-3　山西苦缺佐杂名单及其所在州县的冲繁疲难等级表

苦缺佐杂名称	所在州县	等级
宁武府经历	宁武府	冲
岢岚州吏目	岢岚州	简
应州吏目	应州	冲
保德州吏目	保德州	冲，繁
潞城县虹桥关巡检	潞城县	简
永宁州方山堡巡检	永宁州	冲，繁，难
代州广武城巡检	代州	冲，繁，难

苦缺佐杂名称	所在州县	等级
五台县台怀镇巡检	五台县	难
石楼县典史	石楼县	简
宁乡县典史	宁乡县	简
偏关县典史	偏关县	冲
大宁县典史	大宁县	简
蒲县典史	蒲县	简
永和县典史	永和县	简
平定州柏井驿驿丞	平定州	冲，繁

（制表依据：光绪朝《晋政辑要》之《委署二》及《清史稿》志三十四）

将山西目前的贫困县名单与清代的苦缺州县名单进行对比，可以看到，岢岚县、吉县、岚县、石楼县、宁乡县、山阴县、广灵县、平鲁县、宁武县、偏关县、乡宁县、大宁县、永和县、交城县、临县、和顺县、灵丘县、蒲县、保德县等二十个县市，同时名列两份名单之内。这也就意味着，山西的一些地方，虽然经过了一百多年的发展演变，却还是未能摆脱其底层地位和贫困状态，现实和历史奇妙地实现了重合。那么，到底是什么原因让这些地区一直处于贫困和不利的位置呢？要回答这个问题，就有必要对清代苦缺制度的形成原因进行深入探究，搞清楚为什么这些州县会列入苦缺名单。另外，还需要对山西这些贫瘠州县在清代的生存状态进行一个全面的考察，从而找出贫困形成的历史机制。这对于这些地区早日摆脱贫困、走向小康具有重要的现实意义。

第二节　清代苦缺制度探微

诚如学者所言，"官缺划分肥瘠，是清代社会普遍存在的现象，但因不见于选任规章，故不为人们所熟知。"① 按道理说，对官缺的肥瘠苦优进行考量评判，只能是私底下的算计，是上不了台面的。因为清廷对于胆敢计较官缺苦瘠的官员，一向态度鲜明，打击严厉。因此，在清中央正式颁布的各项选官制度章程中，是看不到对官缺肥瘠苦优方面的具体记载的。可为什么在光绪朝《晋政辑要》这样一个地方性文献中，会明确留下一份苦缺州县及苦缺佐杂名单呢？其他省是否也有类似情况？这份名单在当时起什么作用？有什么影响？其背后有怎样的隐情？笔者深感，苦缺制度的出现关系到晚清制度变迁的方方面面，是一个需要认真梳理和研究的问题。

一、记载"苦缺"一词的相关史料

要研究清代的"苦缺"制度，首先需要对"苦缺"一词的概念进行厘定。现有的研究成果对于"苦缺"一词的理解，有广义和狭义之分。广义上是指那些条件差、收入低的官缺。张振国提出："收入多少，仅是衡量官缺肥瘠的一个因素，除此之外，还受职掌繁简、地理冲僻及迎来送往频寡等因素的制约。所以说，衡量官缺肥瘠的真正标准，应是该缺净收入的多寡，即入款和出款之差额。用公式表示，即净收入额 = 入款额 – 出款额。"② 当净收入很低或者是负数的时候，就是人人避之不及的苦瘠之缺了。而狭义上的"苦缺"，则是指那些得到地方政府正式确认的苦缺州县和苦缺佐杂，像光绪朝《晋政辑要》中记录的山西苦缺州县、佐杂。我们所要研究的，就是狭义的苦缺州县和苦缺佐杂制度是怎样形成的？在当时起了什么作用？具有什么历史影响？要搞清楚这些问题。就需要首先对所有涉及"苦缺"一词的相关史料做一个全面的梳理。

1. 光绪朝《晋政辑要》中出现的"苦缺"

"苦缺"一词在光绪朝《晋政辑要》中，集中出现于卷三《吏制·委

---

① 张振国：《"肥缺"与"瘠缺"——清末广西官缺肥瘠分布及与繁简等级、选任制度之关系》，《清史论丛》，2015 年 1 期，第 142 页。

② 张振国：《"肥缺"与"瘠缺"——清末广西官缺肥瘠分布及与繁简等级、选任制度之关系》，《清史论丛》，2015 年 1 期，第 148 页。

署三》中的"附正佐各班苦缺"中。（该段材料因前文已经出现过，此处略去。）在这段史料中，"苦缺"一词共出现了7次。也正是从这篇材料中可以看出，把一些州县和佐杂职位批准为苦缺，在当时已经有了一套明确的程序，一般需要先由地方最高长官批准，地方藩、臬两司会详，再向清中央汇报批准。很显然，申报苦缺州县及佐杂在当时已经是一项明确的制度。

2.《清实录》中的"苦缺"一词

在《清实录》中检索"苦缺"一词，符合"苦缺"本意的，一共命中6次，分别是：嘉庆朝1次，道光朝5次。

"苦缺"一词在《清实录》中第一次出现，是在嘉庆四年（1799年）夏四月乙未（初七日）的一份嘉庆帝针对给事中尹壮图奏请清查各省陋规的上谕中：

> 谕内阁：尹壮图奏清查各省陋规一摺，据称：各省陋规，请慎选廉洁重臣，饬往各省，眼同督抚逐一清查，乾隆三十年旧有者若干，以后续加者若干，听各属绅士父老一一证明，悉照三十年所有陋规，勒为成式，其续增科派，悉行裁革等语。陋规一项，原不应公然以此名目达于朕前。但州县于经征地丁正项，以火耗为词，略加平余，或市集税课，于正额交官之外，别有存剩；又或盐当富商，借地方官势，出示弹压，年节致送规礼，其通都大邑，差务较繁，身车夫马，颇资民力，皆系积习相沿，由来已久，只可将来次第整顿，不能概行革除，今若遽行明示科条，则地方州县，或因办公竭蹶，设法病民，滋事巧取，其弊转较向来陋规为甚。至于分别二千两以下者，毋庸核办；二千两以上至数万者，留半办公，其余分帮冲途苦缺，定为成式，是明导以取财之方，未受其益，先受其害，流弊有不可胜言者，且所谓廉洁重臣，一时既难其选，傥所任非人，权势过盛，尤属非宜，况令周历各省，传集绅士父老，询问年规数目，俾之逐一证明，尤觉烦扰纷歧，未协政体，尹壮图所奏实不可行……①

---

① 《清实录·仁宗实录》，卷四十二，嘉庆四年四月乙未，第510页上。

从这段史料可知，时任给事中衔的尹壮图提议嘉庆帝，清查各省陋规，并建议将数额二千两以上的陋规，留一半办公，其余分别帮助冲途苦缺。这里出现的"苦缺"一词，还是广义上的，泛指那些地处冲途、差务殷繁、办公费用紧张的地方官缺。

"苦缺"一词在《清实录》中第二次出现，是在嘉庆二十五年（1820年）十一月丙寅日：

> 谕内阁：钱臻等参奏、狂谬挟私之知县一摺。山东曹沂等属各州县、地方紧要，拣员调补，以资整饬，系朕特旨准行之事。齐河县知县蒋因培，辄在巡抚官厅喧哅，口称所调各缺，均系繁难苦累。其拣调之人，究有何罪，罚调苦缺等语。蒋因培妄生议端，计较缺分肥瘠，摇惑众听。似此刁风，断不可长！蒋因培著即革职，以示惩儆。[①]

发布这段上谕的时间虽然是嘉庆二十五年（1820年），但发布人却已经不是嘉庆帝，而是初登帝位的道光帝了。这段记载上的"苦缺"一词，也还是广义上的，泛指那些繁难苦累之缺，与光绪朝《晋政辑要》中所记载的苦缺州县在内涵上还不一致。

"苦缺"一词在《清实录》中第三至五次出现，是在道光十三年（1833年）八月己未日的一份上谕中：

> 谕军机大臣等：有人陈奏，贵州省买铅运铅，每年六员。该省以此为调剂，每当铅员离省，出有苦缺，令美缺者署理，而美缺则改委他人；出有美缺，令苦缺者署理，而苦缺则又委佐杂。近来求调剂者愈多，遂于铅员之外，将著名美缺辗转差委。本任之员，令其署理他缺，而此缺另委调剂之员；如大定府属之毕节县、黔西州，安顺府属之清镇县，遵义府属之遵义县，贵阳府属之修文县，镇远府属之天柱县，以及仁怀直隶同知等缺，皆转相差委，不令久留。并将并无铅差之佐杂各缺，亦在调剂之列，如贞丰州之册亨州同、定番州之大塘州判、罗斛州判、兴义县之捧

---

① 《清实录·宣宗实录》，卷八，嘉庆二十五年十一月上丙寅，第182页上。

鲊巡检、镇远县之邛水县丞等缺，每届年终，即须更易等语。国家设官分职，各有攸司，如果人地实在相需，原准各督抚奏调；若如所奏，量缺肥瘠，计年久暂，因人择缺，一年一换，半年一换，尚复成何事体！不肖州县，势必遇有命盗案件，托言要证不到，沉搁不办。其行凶扰害者，前任出示访拿，藏匿年余，即可复出；作奸犯科者，前任不能钻营，一经卸事，即可谋干。其不肖州县，于将届卸任时，将钱粮税契各项，减价收纳，坐得盈余，或更有禀求调剂情事，于该省吏治，殊有关系。著阮元、嵩溥据实查明该省办理铅运章程是否属实，其辗转差委各缺，是否起于近年？抑或循照历届旧章办理，其佐杂差委，何以必须年年更易？若为人材起见，尚无通融情弊，傥为调剂见好地步，国家有如此政体耶？该督等务须破除情面，秉公考核，实力稽查，据实覆奏，不许稍有含混，将此各谕令知之。①

从这段史料可知，道光十三年（1833年）时，有人告状，贵州省在委任官员的时候，将苦缺和美缺相互调剂。有苦缺出缺，令美缺者署理，而美缺则改委他人；有美缺出缺，令苦缺者署理，而苦缺则又委佐杂。道光帝严厉批评了这种做法，并预估了这种做法可能带来的弊端。他要求贵州总督认真彻查，据实覆奏。但贵州总督之后的覆奏却又完全推翻了原状纸中所列举出的种种"罪状"：

寻奏，查黔省运铅，担险多劳，人皆视为畏途，故拣择勤慎之员，当堂掣签派委，但视其人之能否胜任，并不问其缺之美恶。即候补人员，亦可掣委。通省领运，酌派六员，前运未回，后运继往，每岁出十余缺，加以升调事故缺出，均须委署，候补无人，不得不酌委实缺；正印无人，不得不酌委佐杂。黔省佐杂，多系苗疆，半有地方之责，遇有缺出，慎选委署，如经理得宜，即令久于其任，否则立即撤回，原不拘定一年半年之限，俱系循照多年旧章办理，并非起于近年，亦并非为通融起见，报闻。②

---

① 《清实录·宣宗实录》，卷二百四十二，道光十三年八月己未，第627页。
② 《清实录·宣宗实录》，卷二百四十二，道光十三年八月己未，第628页。

在这段材料中，出现了委署、酌委这样比较生僻的词汇。而"苦缺"一词在《晋政辑要》中出现的位置也是卷一吏制·委署之中。可见，苦缺制度和委署制度之间存在很大的关系。

"苦缺"一词在《清实录》中第六次出现，是在道光二十一年（1841年）六月丙戌日：

> 谕内阁：牛鉴奏，豫省原筹借项生息、津贴苦缺银两，限满查明，归还原本数目，尚有应提原本，请仍照常生息，以资津贴一摺。河南省淇县等苦缺，前经筹备续摊军需银二十万两，发商生息，借资津贴。所得息银，除以十六万五千两归还原本外，尚有未归银三万五千两。所短无多，无难陆续归还。据该抚请将此项照常生息，分别加津考城等县苦缺，并陆续归还原本。著准其将此项借动银二十万两，照常存当生息。自道光二十一年夏季起，每年所得息银二万四千两，除去一万四千两，仍为淇县等十县津贴外，余银一万两，以三千两归还原本，以七千两加津考城、信阳、兰仪、虞城、宁陵等五州县。计十二年原本归清后，所余息银三千两，或苦缺内酌量加增，或另行调剂他缺。①

这段史料提到的苦缺和《晋政辑要》中的苦缺，在内涵上已经比较接近了，只是变成了河南省。二者出现时间的也很接近。该条史料出现于道光二十一年（1841年）六月，而《晋政辑要》上提到的山西苦缺州县的第一次申报时间是道光二十三（1843年）年正月。从这段史料可知，河南省当时有淇县、考城、信阳、兰仪、虞城、宁陵等苦缺县。为了给这些县津贴，河南筹措了二十万两军需银发商生息，以所得息银津贴苦缺。

在《清实录》中，还检索到与"苦缺"一词同义的"瘠苦各缺"一次：

在道光十年（1830年）四月癸酉日：

> 谕内阁：琦善奏、查明各厅州县应扣养廉银两、请分别免扣一摺。四川省州县以上各官应领养廉，叠经前任各督奏明，扣收三成，归还各款。据琦善查明，原定章程系属一例扣收，并未有

---

① 《清实录·宣宗实录》，卷三百五十三，道光二十一年六月丙戌，第366页。

所区别。恳将实在冲繁瘠苦各缺，量为剔除。著照所请，加恩将成都府水利同知、理事同知，及松潘、理番、城口、石砫四厅同知，茂州直隶州知州，成都、顺庆二府通判，并成都、华阳、剑州、昭化、梓潼、石泉、汶川、冕宁、芦山、清溪、西充、筠连、兴文、纳溪、黔江、青神、垫江等州县应得养廉，自本年为始，全行给领，免其摊扣三成，以资办公，该部知道。①

这条史料是关于四川省的。时任四川总督的琦善要求，免扣四川冲繁瘠苦各缺的养廉银。这份史料还为我们提供了道光十年（1830 年）四川省的苦缺州县名单。这里的苦缺和山西的苦缺州县比较接近，已经是狭义上的苦缺州县了。

3. 其他文献中的"苦缺"资料

另外，还有一些"苦缺"资料散见于其他文献。

在《皇朝经世文续编》卷十九《吏政二·吏论下》中，收有道光七年（1827 年）包世臣所写的《山东东西司事宜条略》一文，上面有一部分内容，专门讨论了山东省的苦缺州县问题：

道光七年四月，小住吴门，邵阳魏君默深见过，述新任山东承宣贺公之意，代询东省治要，答之如左。……

一宜审定缺分肥瘠，使调剂派拨均平，以息物议也。……查山东旧有十七大缺，今昔情形互异，如胶州、利津，本上缺而变为中；临清、滕县且变为下；容城本下，潍县、即墨本中缺，皆变为上。而胥吏仍照旧摊派，苦乐不均，日滋哓渎。又沾化、福山、昭远、新泰、蒙阴、嘉祥、钜野；旧名七大苦缺，免派一切摊捐，仍每年每缺派邻县协济办公银二千两，嗣以议提节省归于藩库，准该七县以空批抵解，司案有议提节省卷可查。后以各州县批解节省，不足停拨，最后并一例仍摊捐款，该七县益至无措，日增新亏。该七缺中，新泰、钜野得项较多，而新泰差务，两尖一宿，甲于通省，钜野为教窝盗薮，办公之费，数倍他属。凡此

---

① 《清实录·宣宗实录》，卷一百六十七，道光十年四月癸酉，第 587 页。

前事之师，核以现在情形，推类可求。应请逐细察核，详定新章，
俾派拨平允，而调剂亦有准则。①

在这段资料中，提到山东旧有七大苦缺，不但免派一切摊捐，每年每
缺还派邻县协济办公银二千两。这七大苦缺是沾化、福山、昭远、新泰、
蒙阴、嘉祥、钜野。在《清史稿》地理志中查此七县的等级，分别是：沾
化，隶山东武定府，难；福山，隶山东登州府，冲、繁；招远，隶山东登
州府，简；新泰，隶山东泰安府，冲、繁；蒙阴，隶山东沂州府，冲；嘉
祥，隶济宁直隶州，简；钜野，隶山东曹州府，繁、疲、难。这七个县
中，有三字要缺，有两字中缺，也有无字简缺，并没有什么规律性。为什
么这七个县会成为山东省著名的七大苦缺，资料中也有部分说明，比如新
泰县，其等级是冲繁中缺，说明该地地处冲要，差役殷繁；钜野县的等级
是繁、疲、难三字要缺，说明该地差役殷繁，粮多逋欠，民风刁悍。资料
透露，该地为邪教盛行、盗匪成窝的地方，治理难度很大。这段资料还提供
了一个重要信息，就是随着时代变迁，各地的情况发生了巨大的变化，而官
缺等级却没有及时调整，胥吏仍然按原来的等级标准征收赋税，摊派差役，
导致地方上苦乐不均，百姓怨声载道。包世臣提出，应该对各地情况重新详
细查核，制定新的章程，使摊捐赋税负担能够比较平允，调剂亦有准则。

在《李星沅日记》中记载：道光二十年（1840 年）九月二十四日，
"论通省苦缺，以清涧、安定、延川为最，吴堡苦而累少，尤可支持。"② 又
道光二十年（1840 年）十一月初五日，"谈及兴属之平利、洵阳、石泉与
延安之延川，绥德之清涧、吴堡，皆著名苦缺。靖边、定边在北山，缺较
优。"③ 这里记载了道光二十年陕西省的著名苦缺，包括：清涧、安定、延
川、平利、洵阳、石泉及吴堡七个县。在《清史稿》地理志中查此七县的
等级，分别是：清涧，隶绥德直隶州，简缺；安定，隶延安府，简缺；延

---

① 包世臣：《山东东西司事宜条略》，盛康辑：《皇朝经世文编续》，卷十九《吏
政二·吏论下》。

② 李星沅著，袁英光、童浩整理：《李星沅日记》，北京：中华书局，1987 年，
第 114 页。

③ 李星沅著，袁英光、童浩整理：《李星沅日记》，北京：中华书局，1987 年，
第 128 页。

川，隶延安府，简缺；平利，隶兴安府，简缺；洵阳，隶兴安府，简缺；石泉，隶兴安府，简缺；吴堡，隶绥德直隶州，简缺。陕西的这七个著名苦缺居然都是一字不占的简缺！这点和山西省的苦缺州县比较相似。这一史料提出，吴堡虽然苦，但"累少，尤可支持"。这从侧面说明，其他苦缺都是累多不可支持者。

近些年，一些和"苦缺"相关的档案材料也陆续被学者发现和利用，比如光绪三十二年六月初十日《盛京将军赵尔巽奏为查明奉省正佐瘠苦各缺请分别酌加津贴事》①和《呈奉省正佐教职瘠苦各缺分别等差拟定津贴银两数目清单》②，光绪二十五年八月初十日《四川总督奎俊奏为清查川省道府厅州县各缺分别优瘠酌盈济虚事》③等。这些新材料的发现，为揭开清朝的苦缺制度之谜打下了良好的文献基础。

二、从李文耕的奏折看地方设立"苦缺"的实际作用

在《皇朝经世文编》续集的卷二十三《吏政九·守令下》中，收有一篇由贵州按察使李文耕撰写的名为《为筹议津贴事》的奏折。这篇奏折对于我们理解清代苦缺州县制度的成因和作用很有启发意义。李文耕，字心田，云南昆阳人，嘉庆七年（1802年）进士，于道光十年（1830年）八月至道光十二年（1832年）十二月任贵州按察使。根据文中所言"本藩司到任一载以来"，可以推断，这个奏折写于道光十一年（1831年）。

> 为筹议津贴事：窃照本署司等检查，案内有道光七年内、前升司初会同各司道、札饬各府厅州、酌议津贴苦区一件内开：照得黔省，地瘠民贫，府厅州县，缺多清苦，而冲途各员，差使较繁，办公更形竭蹶。是以各前司详定章程，将苦缺丞倅州县，按

---

① 《盛京将军赵尔巽奏为查明奉省正佐瘠苦各缺请分别酌加津贴事》，中国第一历史档案馆藏《军机处录副奏折》，档号：03-6665-069。

② 《呈奉省正佐教职瘠苦各缺分别等差拟定津贴银两数目清单》，中国第一历史档案馆藏《军机处录副奏折》，档号：03-5462-063。

③ 《四川总督奎俊奏为清查川省道府厅州县各缺分别优瘠酌盈济虚事》（光绪二十五年八月初十日），中国第一历史档案馆藏《宫中档朱批奏折》，档号：04-01-01-1032-009。

其在任年月，分别调署优缺，原因缺苦无以办公，设法调剂之意。本藩司到任一载以来，亦系查照旧章详办理。

惟思地方有司，必须久于其任，与民相习，方能实心慈顿，易于见功；若纷纷更调，则现任苦缺各员，既日望期满，可以调署优缺；而现任优缺各员，知不久即须离任，另调他缺，皆存五日京兆之心。在贪劣疲玩、本无求治之心者无论，已既素知自爱、实心办公之员，而苦无施展月日，亦往往废然思返，将就因循，于吏治民生殊有关系。且一经调署，此来彼往，盘费不赀，而新旧交代，缪辖日甚，各员自为私计，亦多未便。

本司道等公同悉心筹酌，与其移员就缺，日事周张，似不若把彼注兹，均其苦乐。拟于府厅州县各缺内，择其优裕者，每年提解津贴若干，通省合计可提若干，择其极苦次苦之缺，每年各帮贴贴生，庶衰多益寡，缺分不致十分悬殊；此后除升调、事故、出差及因案撤任、并人地未宜酌量调署外，其余一概不再更调，使各员均久居其任，得以尽其所长，安心求治。政绩超卓者，予以升擢；贪墨废弛者，详请参办。于地方既有裨益，而各员从此可免更调之费，可省新旧交代之繁，揆诸情理，应亦乐从。是否可行，札饬贵阳府并各府厅州会同饬议，勿避嫌怨，勿存私意，悉心妥议，明白详覆等因在卷。嗣因各处延未议覆，以致中止。今本司等悉心体察，酌拟章程，饬令另议。去后兹据贵阳等府厅详称，伏思设官原以为民，而化成必须久道，官不久于其任，则民情土俗无由周知，除暴安良未遑整饬，实于地方治理大有关系。黔省丞倅州县，缺多清苦，从前详定调剂章程，将苦缺各员按其在任年月分别移一优缺，原所以示体恤而均苦乐，第既定以年限，则该员等无论缺之优劣，各计瓜期，行将更替，每存五日京兆之心，于地方政务率皆无意讲求，且纵有求治之本怀，若无措施之月日，以致因循苟且，日形废弛，既于吏治有妨，亦于政体未协。祁升宪前令衰多益寡，筹议优缺，津贴苦区，以后不再更调，使各员久居其任，安心求治，洵属意美法良，惟原议欲令通省极苦次苦各缺概行津贴，为数太多，各优缺力难多都普济，是以前议中止。

今蒙体察情形，择其极苦者，大路如玉屏、青溪、镇远、施秉、龙里五县，僻路长寨、下江二厅，广顺一州，锦屏一县，饬令于征税羡余并少有宽裕之思南、铜仁、遵义、镇远、安顺五府，仁怀一厅，清镇、清平二县中，酌议每年各捐银若干，分给津贴，俾资办公。斯诚通盘筹画、体恤周详之至意。卑府等悉心筹议，除水城厅已由大定属之黔西、平远、威宁、毕节各州县帮银一千两，桐梓、婺川二县已由遵义、思南、该本府各帮银六百两，无庸另议外，应请每年思南府帮银一千六百两，铜仁府帮银八百两，遵义府帮银五百两，镇远、安顺各帮银三百两，仁怀厅帮银八百两，清镇县帮银四百两，清平县帮银三百两，共捐帮银五千两，每年津贴施秉县六百两，玉屏、青溪、镇远、龙里四县各津贴五百两，长寨、下江二厅，广顺州、锦屏县各津贴银六百两，各处应捐银两，均令每年各批季批解藩库弹收转发，并请即自本年秋季为始。如此酌盈济虚，在各上优及稍裕之缺，每年捐帮无多，缴解尚易为力，而苦缺各员得有津贴，办公有资，自可不致再有借口，嗣后永除期满调剂名目等情到司。据此，本署司道等悉心酌核，应请即如祁升司所议，除升调事故出差及因案撤任并人地未宜酌量调署外，其余不再更调，使各员久居于其任，从容展布，尽其所长，政绩卓著者，立予升调；因循废弛者，分别撤参。庶吏治可以改观，地方日有起色矣！ [1]

在这篇奏折的开始部分，李文耕首先回顾了贵州省道光七年以来以苦缺调署优缺以弥补苦缺地区办公费用不足的做法，并说明了该省这么做的理由。由于贵州地瘠民贫，很多府厅州县官缺清苦，而冲途各员又差使殷繁，导致这些地方的办公费用不足。因此，前司（此处所指应是贵州省前任布政使司和按察使司的长官）详定章程，将苦缺丞倅州县，按其在任年月，分别调署优缺，设法调剂之意。这里传递出一个重要信息，贵州省调剂肥瘠缺的做法，是经由贵州地方两司（布政使司和按察使司）详定章程

---

① 李文耕：《为筹议津贴事》，《皇朝经世文编》续集卷二十三《吏政九·守令下》。

后实行的地方性法规。这点和光绪朝《晋政辑要》所记载的山西省苦缺州县的确立程序是一致的。这个材料证明，贵州省确实是像道光十三年有人状告的那样，将苦缺和美缺相互调剂，有苦缺出缺，令美缺者署理，而美缺则改委他人；有美缺出缺，令苦缺者署理，而苦缺则又委佐杂。贵州省之所以要明确苦缺州县丞倅名单，就是为了方便调剂之用。联系到光绪朝《晋政辑要》"附正佐各班苦缺"资料出现的位置（《吏制·委署三》），基本可以认定，山西省的做法和贵州省道光七年前的做法非常类似。

接着，李文耕在奏折中分析了此种做法带来的一系列弊端。首先是因人择缺，导致官员任职的时间大大缩短，使官员人人皆存"五日京兆之心"，不能安心工作。也致使那些素知自爱、实心办公的官员，只能将就因循，苦于没有时间施展才华，治理地方。而且一经调署，官员此来彼往，盘费花销不少，新旧交代，交错杂乱，带来很大的麻烦。为此，李文耕提出了"酌盈济虚""哀多益寡"之解决办法，就是要把优缺的收入每年都提解一部分出来，解到藩库收转，用来津贴各个苦缺。这样做就避免了之前苦缺美缺互换、纷纷更调带来的弊端，可以让官员久居其任，得以尽其所长，安心治理地方。在这篇奏折中，李文耕还明确了贵州省的优缺和苦缺厅州县名单，以及各优缺的捐帮银两数额和各苦缺的津贴数额。

表4-4　李文耕奏疏中贵州省以优缺津贴苦缺的数额详单

需捐银的地方	捐银数额	捐银总额	需津贴的苦缺名单与津贴数额
思南府	帮银一千六百两	共捐帮银五千两	施秉县：六百两 玉屏、青溪、镇远、龙里四县：各津贴五百两 长寨、下江二厅，广顺州、锦屏县：各津贴银六百两
铜仁府	帮银八百两		
遵义府	帮银五百两		
镇远	帮银三百两		
安顺	帮银三百两		
仁怀厅	帮银八百两		
清镇县	帮银四百两		
清平县	帮银三百两		

（材料依据：李文耕：《为筹议津贴事》,《皇朝经世文编》续集卷二十三）

这份奏折为我们提供了一份道光十一年（1831年）贵州省的苦缺州县名单：施秉、玉屏、青溪、镇远、龙里县、长寨厅、下江厅、广顺州、锦屏。从《清史稿》地理志中查这些地区的等级可知：施秉县，冲、难，隶镇远府；玉屏县，冲、难，隶思州府；青溪县，冲、繁，隶思州府；镇远县，冲、繁、倚，隶镇远府；龙里县，冲、繁，隶贵阳府；长寨厅，隶贵阳府，光绪七年，降为镇，隶广顺州；广顺州，难，隶贵阳府；下江厅，要，隶黎平府；锦屏县，隶黎平府，道光十二年撤县为乡。（由于长寨厅和锦屏县后来的行政级别都下降了，所以没有查到其级别。）就已知的级别来看，贵州的苦缺主要是地处冲要、治理难度大、政事纷繁的地区。由于土地贫瘠，差务殷繁，导致办公费用不足，只好酌盈济虚，让条件好的州县帮捐银两，津贴苦缺。

李文耕的这份奏折是道光十一年下半年呈上的，在道光十三年，有人告状，说贵州省将苦缺和美缺相互调剂，被道光帝狠狠批评，可见，李文耕的办法在贵州省并没有得到执行。

三、苦缺制度与委署制度的关系

无论是李文耕的奏折，还是光绪朝《晋政辑要》中记载的山西正佐各班苦缺名单，都涉及清代一项重要的制度——委署制度。山西省"正佐各班苦缺名单"就是附于该书卷三《吏制·委署三》之后，可见苦缺制度与委署制度之间存在着千丝万缕的联系。那么，究竟什么是委署制度呢？确定州县佐杂苦缺名单对地方官的委署有什么实际意义呢？

1. 清代的委署制度与地方委署章程的出台

委署是清代官制中的一项重要内容，通常是指临时委派官员去担任署缺之意。当某官因事因病请假、出差或因升、调、降、革等原因离职后，均需临时委派他官暂代其职。这些被临时派去任职的官员在未经朝廷实授前，均为署缺官。委署制度实际上是对原有选官制度的必要补充，即《大清会典》中所谓"署理以权其乏，与额缺官相辅焉"[①]之意。委署制度并非

① 光绪《大清会典》，卷七，《文选清吏司》，续修四库全书本，上海：上海古籍出版社，1986年，第794册，第77页。

清人发明创造，只是在清代发展成了一项非常精密的制度，对于署任者的资格、任用程序、考核、薪级待遇等都有了十分明确的规定。为解决清前期地方官出缺后督抚委署乏人的问题，在康雍乾时期，形成了拣选候补官分发到省委署试用的制度。①清中后期，随着军事繁兴，捐纳盛行，仕途冗杂，拣选分发制被极大推广，大量捐职人员被分发到省委署试用，使得地方上最终形成了数量庞大的候补官群体。在《清史稿》选举志七中，对这一现象有详细的记载：

> 初，捐纳官但归部选。乾隆间，为疏通选途，许加捐分发。二十六年，豫工例，京职郎中以下，得捐分各部、院。外官道、府以下，得捐分各省。三十九年，川运例，知州、同知、通判捐分发如旧。知县有碍正途补用，靳不与。四十年，兵部侍郎高朴言，"捐班知县，不许分发，恐有碍举班。查壬辰科会试后，拣选分发，已阅四年，湖北、福建均因差委乏人，奏请拣选，可见举班渐已补完。请变通事例，川运捐不论双单月即用者，许一体报捐分发。"部议如所奏行。惟大省分发不得逾十二人，中省不得逾十人，小省不得逾八人。云、贵两省需员解送铜铅，云南得分发

---

① 　笔者较早关注到了清代的拣选分发候补官到省制度，在 2012 年 1 月《石家庄学院学报》发表了《试论雍正朝的拣选分发制度》一文。为了整顿地方吏治，雍正一朝曾大量拣选官员分发至各省委署试用，该办法被雍正帝称作"观政学习之法"，被大范围推行。分发试用人员在委署过程中，既锻炼了吏才、熟悉了政务，也弥补了科举制凭文取人、所学非所用的弊病。该办法有效地弥补了掣签月选经制只能为人择缺、不能为地择人的弊病，为督抚题调要缺储备了人才。被拣选分发试用者，一般多系在吏、兵二部排队候缺的不应即选之员。拣选分发官员的程序，一般是先由地方督抚奏请发员，再经皇帝批准，从适合的官员群体中进行拣选和引见，再发往各所请之省。到省后，先令其当差试看，果有才干，再令署缺；署缺确有实效，督抚即可题请实授。拣选分发者通常有选期尚远的候补候选文武官员、落第举人、以知县用的新进士等。就官缺等级看，主要是地方的中下级官员；就类别看，则既有府、州、县、同知、通判等地方中下级文官，也有游击、参领、守备等地方中下级武官，还有少量教官、佐杂、盐场大使的拣发例；就其所起的作用看，主要是为地方提供了一批灵活机动的备选官员，供督抚临时差委署缺之用。在这个过程中，确实锻炼了这些官员的行政才干，对表现杰出、实有绩效者，可由督抚题请实授地方要缺，所以该办法还达到了甄核人才的作用，可谓一石三鸟，不能不说是一个好办法。

二十人，贵州如大省额。从之。是年，兵部奏请候补、候选卫守备、卫千总如文职例，加捐分发，随漕学习。明年，浙江巡抚三宝奏请教职捐不论双单月即用者，设加捐分发，到省委用。均报可。川运例停分发，归入常例报捐，为永例。四十二年，以山东布政使陆耀言东省分发佐杂渐多，停布政司经历、理问、州同以下佐杂官分发例。四十六年，候补布政司经历郑肇芳等、候选州同张衍岭等具呈户部，以投供日久，部选无期，各省佐杂班已疏通，请准报捐分发，为奏行如旧例。嘉庆四年，给事中广兴请将俊秀附生报捐道、府、州、县者，停铨实缺，准加捐分发。责成督、抚试看三年，酌量题补。帝以停选示人不信，令加捐分发，有碍政体，不允行。道、咸间，增加捐指省例。光绪四年，捐例停，而分发指省以常例得报捐如故。五年，御史孔宪毂以指省分发，流弊不可胜言，请罢之。格部议，不果行。八年，复申前请，部覆如议。未几，海防例开，仍准报捐。时分发人员拥挤殊甚，疆吏辄奏停分发，期满复请展限，各直省比比然也。①

随着地方上拥挤了大量的分发来的候补候选官群体，为保证该群体在获得署缺和差事时能够公平合理，各地方陆续出台了委署章程。这些委署章程现在多数已难窥其貌，但在光绪朝《晋政辑要》一书中，比较完整地保存了山西省在道光和同治两朝的正印佐杂各官委署章程。通过对这一章程的解读，我们可以从制度史的层面认识晚清地方铨选体制的运作机制和变迁过程，从而揭开地方设立苦缺州县佐杂之谜。

在清代，地方官因各种原因临时离职或出缺时，由什么人署理所出之缺及由谁委派署缺者，要依该官缺的职位和品级高低及重要程度而定。据光绪朝《大清会典》载："总督巡抚印务，或互相署理，或以藩、臬护理；藩、臬印务，或互相兼署，或藩以臬署，臬以道署。有奉特旨者，有由督抚奏请者。其道府署印，皆令奏闻。同知以下印务，由督抚委署。"②总督、

---

① 赵尔巽等：《清史稿》，第四卷，卷一百十二，《选举志7·捐纳》，天津：天津古籍出版社，2012年，第1520页。

② 光绪朝《大清会典》，《续修四库全书》，台北：文海出版社，1983年。

巡抚、布政使、按察使等地方大员，因政务纷繁，责任重大，他们出差或出缺时，通常由皇帝亲自从中央或地方的同级大员中简选任命署缺者。如乾隆六年谕曰："马尔泰现丁母忧，广东广西总督印务，著云贵总督庆复前往署理；云南总督印务，著巡抚张允随署理。"①"闽浙总督德沛前奏请殿见，著准其来京。其总督印务，著将军策楞暂行署理。"②

地方上道、府级官员出缺需遴员委署时，一般由督抚酌情从本省拣补，但需奏报中央。道员从现任知府或候补知府中拣请奏署；知府从现任知府、同知、直隶州知州或候补知府、曾任实缺的候补同知、候补直隶州知州中拣请奏署。同知以下印务的署理，程序上由地方布政使提名，由督抚批准执行。③

就数量看，直接由地方督抚委署的同知以下官员，在数量上占到地方官的绝大多数。清前期，督抚在委署这些官缺时，常因出缺人数众多而出现委任乏人的局面。为解决这一矛盾，在康雍乾三朝，逐步形成了由中央拣选候补候选官员发往地方委署的制度。但该办法在开始时仅是为了解决边远省份部选官无法按时到任、地方悬缺过久、委署乏人等问题出现的，且仅作为特例偶尔举行。近省督抚如果也奏请中央拣发人员，一般会因与例不符被吏部驳回。

自清乾隆中期始，随着地方军事繁兴，大量官员被选调至军营效力，所遗官缺需大批人员署理；巨额的军饷需求使得捐纳盛行，形成数量巨大的捐职人员。为疏通仕途，原来偶尔实行的拣选分发制被极大推广，大量捐职试用人员被分发到省，以备地方委署之用；在部候选的各级官员，只需加捐，也可指省分发。频繁的战争使得由中央拣选人员发省委署试用制度终成为有清一代之经制。

分发委署试用制形成后，清代地方铨选制度实际上多出了一个见习试用层次。这种做法既锻炼了官员的行政能力，又缓解了清中期以来中央

---

① 《清实录·高宗实录》卷一百四十，乾隆六年四月戊申，第1024页。

② 《清实录·高宗实录》卷一百四十三，乾隆六年五月己丑，第1060页。

③ （清）刚毅修，安颐纂：《晋政辑要》，卷三，《吏制·委署三》，《续修四库全书》八八四·史部·政书类，上海：上海古籍出版社，2002年，第73—74。

面临的仕途拥堵，还给吏部增加了一笔不菲的日常收入（候选候补官员请求分发到省时，需向吏部交纳一定数量的分发银两，此为吏部常捐之一），同时也满足了地方督抚的差委需求，可谓一举多得。

地方上可供督抚委署的官员，除了从中央分发到省的各种捐职试用候补官员，还有许多所谓"留省差委"的官员。嘉庆二十年（1815年）四月，御史果良额奏疏中说："近日外省府厅州县等官，有降调捐复官员及丁忧离任者，该督抚往往奏留本省。"① 有的督抚在赴任时，还会奏请将平时所知之人带往地方以备委用，也常获得批准。雍正六年七月，雍正帝谕内阁曰："向来督抚赴任之时，有奏请将平日所知之人，带往以备委用者。朕因督抚事务甚繁，欲得素所熟习之人，以收臂指之效。事属可行，是以允从所请，令其带往，酌量题补。"②

所有这些分发、带往及留省的官员，构成了地方上一个数量巨大的候补官群体。为保证这一群体在获得差委和署缺时能够公平合理，到清道光、同治时期，一些地方出台了严密的分班委署章程。

晚清欧阳昱所著《见闻琐录》一书记载了各地委署章程出台的历史背景："近日捐职太多，每省候补者，州县动二三百人，佐贰、佐杂动千余人，仕途拥挤，督抚亦穷于调剂。其初漫无章程，先至省者，不得署缺委差，后至者，或反得之，人颇不服。于是定轮委之法，委署委差于先后班次轮去。"③ 地方委署章程的出台，使得各地在委署候补官时变得有章可据，减少了督抚在委署官员时的随意性，增加了公平公正性。

2. 委署章程中酌委缺与轮委缺的严格划分

根据光绪朝《晋政辑要》一书对山西省道光、同治两朝地方委署章程的记载可知，督抚负责委署地方同知以下官缺。这些官缺在山西省被严格区分为酌委缺和轮委缺。酌委缺由山西巡抚从属员中酌情选任，以保证人地相宜；轮委缺则按候补官的分班情况和到省时间先后排队，轮流获得差委和署缺机会。就山西省来看，归于督抚酌委的官缺有：同知缺二（监掣

---

① 《清实录·仁宗实录》，卷三百五，嘉庆二十年四月丙子，第 50 页。
② 《清实录·世宗实录》，卷七十一，雍正六年七月庚申，第 1063 页。
③ （清）欧阳昱：《见闻琐录》，长沙：岳麓书社，1986 年，第 67 页。

同知、张兰镇同知）；直隶州知州缺七（平定州、忻州、代州、保德州、解州、降州、霍州）；州县缺十六（阳曲县、榆次县、徐沟县、汾阳县、平遥县、介休县、凤台县、大同县、朔州、临汾县、太平县、曲沃县、永济县、临晋县、安邑县、闻喜县）；以及两司，太原府首领，阳曲县的县丞、主薄和典史。

开始时，知府缺也属于轮委缺，但在道光三十年（1850年）后变成了酌委缺。"山西巡抚兆那英图批准布政使蒋霨远、按察使孔庆镠会详，称委署知府一项，向本无轮署章程，近因候补知府较多，每遇缺出，以在省候补试用知府按照到省及上次委署卸事各日期比较先后，挨名委署，本司等复查。知府为方面大员，有表率之责，与厅州县等不同。嗣后遇有委署缺出，仍于各员拣选，详请奏委署理。毋庸按照名次先后挨委。"①之后，知府缺由轮委变成了督抚酌委。

依前所述，清代地方官缺依照冲、繁、疲、难四项标准被划分为最要缺、要缺、中缺和简缺。其中四项俱占者为最要缺，兼有三项者为要缺，兼有两项者为中缺，只有一项及四项俱无者为简缺。依清制，最要缺和要缺一般由地方督抚从属员中题请调补；中、简各缺则归部月选。提调缺与部选缺之间泾渭分明。比较山西委署章程中对酌委缺和轮委缺的划分可以发现，酌委缺基本与原官缺制中的督抚题调要缺相对应，轮委缺基本与原来的部选缺相对应。这就改变了原先同知以下官缺全由督抚委署的笼统规定，实际上起到了限制督抚滥用委署权的作用。山西省共有八十五个州县缺，其中只有"十六繁缺均归酌委，其余中简各缺俱系轮委"。②单就数量看，轮委缺占到地方官缺的绝大部分。轮委缺出后，地方上的候补试用人员可按其官衔和出缺先后，排队挨班、轮流委署。

虽然从数量上看酌委缺仅是少数，轮委缺是大多数，但从其重要程度看，酌委缺一般都是繁难要缺和优缺，轮委缺一般都是中简缺。将官缺划

---

① （清）刚毅修，安颐纂：《晋政辑要》，卷三，《吏制·委署二》，《续修四库全书》八八四·史部·政书类，上海：上海古籍出版社，2002年，第73页。

② （清）刚毅修，安颐纂：《晋政辑要》，卷三，《吏制·委署二》，《续修四库全书》八八四·史部·政书类，上海：上海古籍出版社，2002年，第73页。

分为酌委缺和轮委缺，并将之与原来的提调缺和部选缺相对应，其目的显然有将地方委署体制与地方原来的铨选体制相衔接的用意在其中。就制度的立意看，这样做既最大程度减少了委署过程中人为因素的干扰，保证了大多数官缺在授予过程中有章可循，公开透明，同时又兼顾到为地方繁难要缺选择适合的人充任，做到人地相宜。这是一种兼顾到公平性与灵活性的制度设计。

3. 委署的分班与花样

分发到省及留省差委的候补候选官员及各种名目的捐职试用人员，依其官衔级别和到省时间的前后，被编入了不同的班，排队等候署缺的出现和督抚的差委。就山西省委署章程所记载的分班法看，以同治元年（1862年）为界，前后迥异。同治元年（1862年）之前，分班依据的是地方官的行政级别；之后，演变为依据官员的出身和获官途径分班。出台于道光二十三年（1843年）正月的《山西委署章程》，根据山西地方官缺官阶的不同，分为道员班、知府班、同知通判班（简称同通班）、理事同知通判班及内院笔帖式班、直隶州知州班、府属知州知县班、从六品至从八品首领佐贰班、正九品至未入流各项杂役班等九个班。而出台于同治二年（1863年）十月的委署章程，则根据官员的获官途径，分为了正途、劳绩和试用三个班。其中，以进士即用知县、大挑举人知县、拔贡、教司、教职知县及举人出身之孝廉方正、截取举人分发知县者，合为正途班；以劳绩出力保归候补班、先候补正班以及保举各项本班尽先、本班先者，劳绩保举免补本班人员，合为劳绩班；以各项委用、新旧例捐纳、遇缺即补、银捐分缺、先分缺、间减成分缺、先分缺间银捐并新旧例报捐各项本班尽先以及由佐贰保举俟补缺后以知县用、续经捐免本班并京员指名指项报捐者，分发各项捐人候补并议叙及捐输各班新旧捐纳试用各员，合为试用班。[①]可谓名目繁多，复杂至极。而之所以会发生这样的改变，源于清中期以来，战事频繁，捐纳的各种新花样、新名目不断出现，如果仍按照原来的分班法进行委署，必然会造成科举正途入仕者的拥堵。清代中后期的

---

① （清）刚毅修，安颐纂：《晋政辑要》，卷三，《吏制·委署二》，《续修四库全书》八八四·史部·政书类，上海：上海古籍出版社，2002年，第73页。

各式加捐"花样"，实际上已经左右了地方的铨选。据学者的相关研究可知，由于清廷屡开捐例，各色报捐名目越来越多。"乾隆年事例屡开，惟双月、单月，不论双月选用及双月先用，不论双、单月即用等寻常班次"；道光时增加了"插班间选""抽班间选""遇缺""遇缺前"等名目；咸丰时又增加了"分缺先""本班尽先""分缺间""不积班""新班遇缺""新班尽先""分缺先前""分缺间前""本班拟先前""不论班尽遇缺选补"等，又有"保举捐入候补班"，"候补捐本班先用"例，所谓"花样繁多，至斯已极"。不但"花样"班次多，而且"打折"、鼓励加捐，实际纳捐成数不及定额之半，甚至只有一成二成。同治后，清廷对肯于多出钱（输银在定额六成以上）的人，另立"银捐新班""新班尽先""新班遇缺"等花样。同治八年（1869 年），吏部以银班遇缺占缺太多，改分班轮用，删"不积班"，在"新班遇缺"上设立交纳十成实银的"新班遇缺先"，叫做"十八成花样"，统称"银捐"，得缺最易，统压"正途""劳绩"各班。[①]正是由于捐纳的各种花样不断推出，造成了科甲正途人员仕途的严重拥堵。同治元年（1862 年），先后有祁寯藻、景其浚等奏请疏通正途。经吏部会议后决定，改变署事人员定例，将以往按官缺官阶分班的办法改变为按照正途、劳绩、试用三项分班，以疏通正途。于是有了山西省同治朝的新委署章程和候补官的新分班法。

4. 轮委的次序和排队办法

各色候补官一般是按照到省时间的前后，先编入不同的班次，排队挨班等候轮委缺的出现。为了做到公允，对于获得轮委缺的规定异常繁杂。目前可见的各种专称就有正委、超委、补委、挨委、抵委、拔委、插委等不下十几种之多。再配合以正途、劳绩、试用三班名称，称呼可谓花样百出。所谓"正委"，亦名"挨委"，是指按照到省时间的先后顺序，排队正常参加委署之意。正委班又被分为正委新班和正委旧班，正委新班指新分发到省、尚未曾署过缺的候补试用官员；正委旧班指早分到省，并曾经署过缺、有一定工作经验的候补官员。"超委"又名"拔委"，指的是因为有

---

① 赵尔巽等：《清史稿》，卷一百十二，《选举志 7·捐纳》，天津：天津古籍出版社，2012 年，第 1519 页。

劳绩，可由班后拨至班前委署之人。"补委"指因为前次署事时间太短或者署苦缺（条件特别艰苦的地方官缺）而给予再次署缺资格的人。"抵委"指本班无人，以他班人员顶替之意。"插委"指在正常轮班顺序中插入一人之意。

山西省道光朝各班的轮委顺序是：两正委，一拔委，两正委，一补委，六缺一轮。间遇拔委、补委无人过班，五缺一轮。正委、拔委、补委各归各班，挨次轮委。山西道光朝委署章程规定："正委新班以到省之日，旧班以前次卸事之日比较先后，入册挨委。其同日卸事者，按宪纲为先后。""拔委以详奉院批之日为先后，同日奉批者，以文禀到司之日为先后，文禀同日到司及同案拔委者，以正委名次为先后。""各班正委到班，委署苦缺及署事不及四十五日既卸，均准其补委一次。如补委再署苦缺或不及四十五日，或系拔委署事，均不准再行委补……""凡正委署事而拔委、补委过班及拔委、补委署事而正委过班，均于卸事之日列入各本班之前顶委，其出省差、病痊起复，均列入各本班之前者，到省扣满十日，始准列入本班之前，俱各积本班之缺。"轮委署缺本班无人时，准以他官借委："同知轮委缺出，如同通班无人，准以直隶州借委；直隶州知州轮委缺出，本班无人，准以同道借委；实缺州县亦准酌量委署。""通判缺出，本班无人，准以试用、候补、直隶州州判代理；同知直隶州缺出，仍不得以州判借委。"[1]

这些规定无不体现出公平公正的原则，目的是让所有的候补官员都能平等地获得委署的机会，避免苦乐不均的情况发生。

在山西省道光、同治朝委署章程中，直接与"苦缺"相关的规定仅有一条：

> 各班正委到班，委署苦缺及署事不及四十五日既卸，均准其补委一次。如补委再署苦缺，或不及四十五日，或系拔委署事，均不准再行委补……[2]

---

① （清）刚毅修，安颐纂：《晋政辑要》，卷三，《吏制·委署二》，《续修四库全书》八八四·史部·政书类，上海：上海古籍出版社，2002年，第73页。

② （清）刚毅修，安颐纂：《晋政辑要》，卷三，《吏制·委署二》，《续修四库全书》八八四·史部·政书类，上海：上海古籍出版社，2002年，第65年。

从这条规定看，山西省当时确定州县和佐杂苦缺名单的意图很明显，就是要给这些到苦缺任职的官员一定的补偿，让去苦缺任职的人比其他人多一次委署的机会。其实，这在本质上仍然是美缺和苦缺相互调剂之意。

出台地方委署章程，意在保证地方庞大的候补官群体在委署委差时候能够公平公正。但实际效果却未必尽如人意。督抚在行使委署权时，由于缺乏有效的监督机制，他们往往可以上下其手，任意营私。而委署权的滥用，又进一步助长了晚清卖官鬻爵、钻营请托之风，造成了清代吏治的进一步窳败。在清代，地方州县大多数缺属于部选缺；但委署制规定，地方道府以下官缺均可由督抚自行委署，这势必造成督抚委署人员与部选人员之间的矛盾，结果是督抚为维护私利，"简放知府、部送知县，多不令到任"①，造成督抚的委署权逐渐侵夺吏部的铨选权。这为晚清地方督抚的权力膨胀留下了制度上的隐患。

四、清代地方苦缺的出现与"道光萧条"

目前看到的所有关于苦缺制度的早期资料，都集中出现在道光一朝。显然，苦缺制度的出现与道光朝的政治经济形势有密切关系。李伯重在其《"道光萧条"与"癸未大水"——经济衰退、气候剧变及 19 世纪的危机在松江》一文中提出："中国经济在 19 世纪出现重大逆转，从 18 世纪的长期繁荣转入 19 世纪中期以后的长期衰退，中国社会也出现了'19 世纪的危机'。这个逆转始于道光朝，因此被称为'道光萧条'。"②

关于"道光萧条"，学界存在两种截然相反的意见③。学者倪玉平认为，不存在"道光萧条"。他通过查阅大量原始档案，整理出道光朝的财政收支与关税收入，其研究结果表明，嘉道时期，除因鸦片战争而导致关税收

---

① （清）张集馨：《道咸宦海见闻录》，北京：中华书局，1981 年，第 293 页。

② 李伯重：《"道光萧条"与"癸未大水"——经济衰退、气候剧变及 19 世纪的危机在松江》，《社会科学》，2007 年第 6 期。

③ 罗畅：《道光萧条不存在吗？——来自全国粮价的证据》，《理论前沿》，2011年 9 月，第 235 页。

入稍有下降外，其余时间仍然保持了 500 余万两的水平，相较于乾隆时期没有出现大幅度的下降。道光时期，地丁银始终是最重要而稳定的财政收入，其他各项收入有一定的波动，但意义有限。[①] 但更多的学者认为存在"道光萧条"，比如吴承明、岸本美绪、李伯重等学者。吴承明指出，清朝在进入 19 世纪后不久即发生萧条，三四十年代达于低谷，五十年代才转入复苏。他分别考察了当时的人口、耕地面积、物价（田价、地价、粮价、棉价、布价、丝价）、商税、盐课、榷关税和地方商税以及白银的流入流出总量等，论证了道光萧条的存在。[②] 李伯重认为，导致"道光萧条"的原因很复杂，其中之一是 19 世纪初期全球气候变化所引起的农业生产条件的恶化。19 世纪初期是全球性气候剧变时期。自大约 1816 年起，北半球气温剧降，紧接着就是一个长达 15 年的气候波动时期。这个时期也是中国气候史上的一个转折时期。在探讨 19 世纪危机发生的主要原因时，气候变化绝不是一个可以忽略的因素。[③] 持此类似观点的还有马立博、杨煌达和曹树基等。冯尔康先生则指出，道光朝毒、赌、娼、宴等社会病泛滥，这些社会病导致民困以至民变。[④]

李芳的《"道光萧条"与十九世纪上半叶的中国经济》一文认为，"道光萧条"始于道光初年（约 1821 年），于 19 世纪 30、40 年代达于低谷，50 年代才转入复苏，几乎贯穿道光朝始末，影响的地域范围甚广，波及农、工、商等各个行业，主要表现为：货币与财政危机、物价波动、失业上升、农业生产不景气、土地兼并严重、市场衰败、投资与消费不足等。该文认为，"道光萧条"最先表现为一场货币危机。清代货币制度中最基

---

① 倪玉平：《清朝嘉道时期的关税收入——以"道光萧条"为中心的考察》，《学术月刊》，2010 年第 6 期。《有量变而无质变——清朝道光时期的财政收支》，《学术月刊》，2011 年第 5 期。

② 吴承明：《18 世纪与 19 世纪上叶的中国市场》，载《货殖商业与市场研究》第 3 辑，北京：中国财政经济出版社，1999 年。

③ 李伯重：《"道光萧条"与"癸未大水"——经济衰退、气候剧变及 19 世纪的危机在松江》，《社会科学》，2007 年第 6 期。

④ 冯尔康：《从李知县命案说到道光朝陋规与吏治》，收入氏著：《清人生活漫步》，北京：中国社会出版社，1999 年。

本的内容是银钱复本位，即白银与铜钱并行流通。在这种货币制度中，白银为主要货币，但是铜钱关系着百姓的日常生活。随着嘉道间白银的大量外流，银钱关系由以前的银贱钱贵变为银贵钱贱，其结果是以白银计价的农工产品的价格不断降低，使得生产部门如农业、手工业的生产受到严重的损害。民间买卖以铜钱计价，而纳税则按银两计算，货币地租的增长使得广大劳动者的实际税负加重。银贵钱贱引起的税赋增加再加上地方政府的盘剥，导致各地农民大批破产，最后丧失土地，甚至有不少小土地所有者、中小地主也陷入了贫困和破落的境地。而道光年间频发的灾荒也加速了土地兼并的过程。① 农民的破产导致一些地方的财政陷入崩溃，各地的苦缺就是在这样的大背景下形成的。

就山西的情况看，在盛世背景下原本还能应对的赋税征收，到这个时期就开始出现问题。那些自然条件恶劣的州县，因为赋税征收不上来，地方财政陷入困境，官员都不愿意去这样的地方任职，百姓重新开始流散逃亡。

五、道光朝各省的苦缺之设与应对之策

从"苦缺"相关资料看，从道光七年（1827 年）到道光二十三年（1843 年），山东、四川、贵州、陕西、河南、山西等省相继确定了自己的州县佐杂苦缺名单。（虽然没有看到其他省份的资料，但不代表其他省没有出现这个问题。）但其应对苦缺的办法，却是八仙过海，各显其能，各省的做法各异。总的来看，基本是两条路径，一是减轻负担，二是捐助津贴银两。

山东省的做法是既减轻负担，免派一切摊捐，又捐助津贴银两，每年每缺派邻县协济办公银二千两。四川省的做法是，各苦缺可以全额领取养廉银，不用减扣三成。河南省的做法是筹集银两发商生息，津贴苦缺。贵州省的做法是苦缺和美缺定期轮换，进行调剂。但是这么做弊端太

---

① 李芳：《"道光萧条"与十九世纪上半叶的中国经济》，《学术论坛》，2011 年第 3 期。

多，后来，担任贵州省布政使的李文耕想出了"酌盈济虚"之法，让条件好的优缺州县官缺捐助银两给瘠苦之缺。但这一做法其实并没有得到执行。以至于有人告御状，贵州省的做法遭到道光帝的痛批。与其他省的做法相比较，山西省的做法比较特殊。在山西，担任苦缺的官员可以多得到一次委署机会。这种做法的实质仍然是调剂优缺和苦缺。道光朝各省应对苦缺的不同办法，恰恰说明，当时的清王朝并没用出台统一的苦缺制度。所以，苦缺制度在当时还停留在地方法规的层面，还没有上升到全国层面。这也是在清代官修的大型文献中不见苦缺制度记载的根本原因。

表 4-5　道光朝确立苦缺制的省份和苦缺名单列表

省份	时间	苦缺名单	资料来源
山东省	道光七年（1827 年）	沾化、福山、昭远、新泰、蒙阴、嘉祥、钜野	包世臣：《山东东西司事宜条略》，《皇朝经世文编续集》，卷二十三《吏政九·守令》
四川省	道光十年（1830 年）	成都府水利同知，理事同知，及松潘、理番、城口、石砫，四厅同知，茂州直隶州知州，成都、顺庆二府通判，并成都、华阳、剑州、昭化、梓潼、石泉、汶川、冕宁、芦山、清溪、西充、筠连、兴文、纳溪、黔江、青神、垫江等州县	《清实录·宣宗实录》，道光十年四月癸酉
贵州省	道光十一年（1831 年）	施秉、玉屏、青溪、镇远、龙里县、长寨厅、下江厅、广顺州、锦屏	李文耕：《为筹议津贴事》，《皇朝经世文编》续集的卷二十三《吏政九·守令下》
陕西省	道光二十年（1840 年）	清涧、安定、延川、平利、洵阳、石泉、吴堡	李星沅著，袁英光、童浩整理：《李星沅日记》，北京：中华书局，1987 年，第 114 页

续表

省份	时间	苦缺名单	资料来源
河南省	道光二十一年（1841年）	淇县、考城、信阳、兰仪、虞城、宁陵	《清实录·宣宗实录》，道光二十一年六月丙戌
山西省	道光二十三年（1843年）	岢岚州、吉州、岚县、石楼县、宁乡县、山阴县、广灵县、平鲁县、宁武县、偏关县、乡宁县、大宁县、永和县。佐杂苦缺十四处：岢岚州吏目、保德州吏目、潞城县虹桥关巡检、永宁州方山堡巡检、代州广武城巡检、五台县台怀镇巡检、石楼县典史、山阴县典史、阳高县典史、平鲁县典史、偏关县典史、大宁县典史、永和县典史、平定州柏井驿驿丞	（清）刚毅修，安颐纂：《晋政辑要》，卷三《吏制·委署三》，《续修四库全书》八八四·史部·政书类

六、苦缺制度与清末的"裁陋规、定公费"改革

苦缺相关资料除了集中出现于道光朝外，还比较集中地出现在光绪朝。究其原因，与清末实行的"裁陋规、定公费"改革密切相关。根据关晓红《晚清直省"公费"与吏治整顿》一文的研究，光绪四年（1878年），左庶子黄体芳疏请裁定陋规以整肃吏治，指陈各省藩臬司以下官员，以节寿、到任礼、季规、帮项的名目，分别给上司送礼，陋习相沿已深。"至臬司以至道府，无不仰给于此。……卑谄州县则多送见好，贪横大吏则额外诛求。善地由少而多，瘠区由无而有。属吏受黜者即以此挟制上司，以致道府表率徒有其名，控案不能提、劣员不能揭"，与吏治民生大有妨害。军兴以来，养廉减成发放，以及摊捐坐扣，"办公实有不敷"。黄体芳奏请推广一些省份划定公费的经验，提出"裁定陋规，酌定公费"的建议。"他的提议在实践层面得到有识者的响应。"①

其实，黄体芳的提议并不新鲜，他的这些想法早在嘉庆四年（1799

---

① 关晓红：《晚清直省"公费"与吏治整顿》，《历史研究》，2010年第2期。

年）就已经有人奏请过了。当时，给事中尹壮图就奏请清查各省陋规，并建议将数额二千两以上的陋规，留一半办公，其余分别帮助冲途苦缺。但考虑到裁撤陋规很可能导致地方办公经费不足，该提议被嘉庆帝否决了。黄体芳的提议其实也没有得到清廷的正式批准，而只是在实践层面得到了各省的响应。

在张振国《"肥缺"与"瘠缺"——清末广西官缺肥瘠分布及与繁简等级、选任制度之关系》一文中也提到，现在仍然保存了许多省份在光绪朝反映各地官缺肥瘠、奏请设立公费制度的档案，包括：《四川总督奎俊奏为清查川省道府厅州县各缺分别优瘠酌盈济虚事》（光绪二十五年八月初十日）（中国第一历史档案馆藏《宫中档朱批奏折》，档号：04-01-01-1032-009）、《署理盛京将军廷杰，署理奉天府府尹增锡奏为奉天正佐瘠苦各缺请准酌加津贴事》（光绪三十一年六月初六日）（中国第一历史档案馆藏《宫中档朱批奏折》，档号：04-01-13-0407-004）、《东三省总督徐世昌，奉天巡抚唐绍仪奏为酌议奉省各官养廉并酌定公费事》（光绪三十三年十二月十九日）（中国第一历史档案馆藏《军机处录副奏折》，档号：03-6670-155）、《护理云贵总督沈秉坤奏报云南酌定司道各官公费事》（宣统元年九月十八日）（中国第一历史档案馆藏《宫中档朱批奏折》，档号：04-01-35-1091-062）、《浙江巡抚增韫奏报浙省遵章酌定府厅州县公费并拟厘定经费办法事》（宣统二年八月二十一日）（中国第一历史档案馆藏《宫中档朱批奏折》，档号：04-01-35-1097-021）、《山东巡抚孙宝琦奏为酌定东省道府以下厅州县正杂各官公费等项银数事》（宣统三年六月二十九日）（中国第一历史档案馆藏《军机处录副奏折》，档号：03-7518-011）、《护理山西巡抚赵尔巽奏陈山西裁革陋规酌定公费事》（光绪二十八年十月十七日）（中国第一历史档案馆藏《宫中档朱批奏折》，档号：04-01-35-1387-018）。

从这些档案材料可知，在光绪朝，各地明确苦缺和瘠缺的原因，就是为下一步确定各地的公费银数额做准备。但是，正如关晓红在《晚清直省"公费"与吏治整顿》一文中所言，直至清季官制改革前，清廷也未曾颁布谕旨，正式推广公费定额津贴的举措，其原因正如该文所分析的：

上述变革若在全国正式展开，势必与现行体制发生严重冲突。清代官僚体制讲究内重外轻，督抚不设属官，其他各级外官也以机构简小为原则。划定公费，实际须由清廷公开承认直省公费的合法性，并正式纳入财政体制。如此则有一系列相关问题须予解决——如何对待督抚司道、府州县在幕府及候补官员中大量委用的各种行政人员，怎样合理确定直省各级官员的公费数额，兼顾由于贫富不均与物价参差所造成的区别，以及理顺成同以来财政奏销体制的上下内外关系，均成为颇为棘手的现实难题。尽管道成以来这些变化已是不争的事实，但直至清季官制改革前，清廷仍只是默许其作为体制外的辅助，始终未见其对各种名目繁多的局、处、所、房科等予以接纳。否则牵一发而动全身，设制本意尽失。因此，清廷三令五申裁革陋规，却未见颁布谕旨，正式推广上述省份公费定额津贴的举措。各省八仙过海，各显神通，直省公费只能隐性存在，并未取得规制认同的合法身份。①

这段分析其实也同样适用于苦缺制度。虽然各省在道光年间已经普遍出现了苦缺及津贴苦缺的各种措施和办法，优缺苦缺间相互调剂、以均平苦甘的做法在各省也很普遍，但这种做法并没有取得规制认同的合法身份，清廷只是默许其作为体制外的辅助。各省只能八仙过海，各显神通，解决辖境内的苦缺问题。

总之，清道光以来地方苦缺的出现，有其复杂的历史背景。首先，在经济方面，道光年间，由银贵钱贱引发的地方赋税上涨，再加上地方政府的各种盘剥，导致各地农民乃至中小土地所有者大批陷入了破产和贫困。而道光年间频发的自然灾荒，又加速了各地的土地兼并，导致大批农民失去土地，走向流亡，一些地方的财政随之陷入困境。政治方面，由于国家多事，雍正朝试图以养廉银解决公务带来的官场用度问题的方式也趋于破产。由于公务应酬频繁，所需公费繁多，导致官员养廉银不堪负累，很多地方的财政只能靠收取陋规来维持，导致地方官明目张胆贿赂公行，吏治

① 关晓红：《晚清直省"公费"与吏治整顿》，《历史研究》，2010年第2期，第70页。

窳败。光绪五年（1879年），四川总督丁宝桢曾经上奏曰：

> 查川省臬司道府，向来除养廉外，别无津贴。而养廉项下，例有扣平搭票折钱及本省应行摊捐各款，层层减折，所剩无几，从前收受节寿规礼以办公赡家，二百余年相沿未改，中外共知，实不得已。①

虽然该史料说的是四川省，其实反映的是当时的普遍情形。

清道光朝以来各省设立苦缺州县佐杂的目的，基本可以分为两种：一种是从任官角度出发考虑的，明确苦缺，是为了在优缺和苦缺间实行调剂和平衡，保证地方候补官群体在差委署缺的时候能甘苦均平，给予任苦缺者一定的补偿。比如山西省和贵州省的做法。一种是从解决地方办公经费不足的角度出发考虑，明确地方苦缺，是为了给予这些苦缺一定的津贴，以解决其办公经费不足的问题，通常的办法是"酌盈济虚"之法，即以优缺津贴苦缺。资料显示，各地的苦缺之设是动态而非静态的。在晚清社会的巨大变迁过程中，有的地方由下缺变为上缺，有的则由上缺变成下缺。总的趋势是，优缺尽变为苦缺，地方再无优缺，全是苦缺，原来的酌盈济虚之法不再可行。

总之，不管是委署地方官员，还是津贴地方苦缺，还是为地方酌定公费，都需要确认地方上的优缺和苦缺。这就是道光以来苦缺州县佐杂名单出台的现实意义。

---

① 刘锦藻编纂：《清朝续文献通考》卷141《职官二十七》，杭州：浙江古籍出版社，1988年影印版，第9016页。

第五章 清代山西贫瘠州县的生存状态 与贫困原因探析

由前文可知，山西的岢岚县、吉县、岚县、石楼县、宁乡县、山阴县、广灵县、平鲁县、宁武县、偏关县、乡宁县、大宁县、永和县、交城县、临县、和顺县、灵丘县、蒲县、保德县、离石区等地，既名列清代山西苦缺州县名单，又名列当下的贫困县名单。尽管二者的时代不同，衡量标准不同，但不可否认的是，这些地区始终处于全省州县发展的末流。那么，是什么原因造成了这些地区的长期贫困状态？这些地区在清代的生存状态究竟如何？存在哪些问题？这是本章要探讨的主题。

第一节 山西贫瘠州县的自然条件

要搞清楚山西贫瘠州县的贫困原因，首先需要考察的是，山西这些贫瘠州县的分布特点及自然条件情况。

一、清代山西苦缺州县的分布特点与自然条件

据前文可知，山西从道光二十三年（1843 年）到同治八年（1869年），一共获批 21 个苦缺州县，分别是：岢岚州、吉州、岚县、石楼县、宁乡县、山阴县、广灵县、平鲁县、宁武县、偏关县、乡宁县、大宁县、永和县、应州、交城县、临县、和顺县、灵丘县、蒲县、洪洞县、介休

县。佐贰杂职苦缺14个：岢岚州吏目、应州吏目、保德州吏目、潞城县虹桥关巡检、永宁州方山堡巡检、代州广武城巡检、五台县台怀镇巡检、石楼县典史、宁乡县典史、偏关县典史、大宁县典史、蒲县典史、永和县典史、平定州柏井驿驿丞。

观察山西这些苦缺州县的分布特点，可以发现，它们比较集中地分布在晋北和晋西一带。除了介休和洪洞两县，其余基本都地处万山之中，自然条件恶劣。也就是说，清代山西的21个苦缺州县，只有介休和洪洞两缺是由于地处冲要、差务繁多引发的办公费用不足而成为苦缺的，其余则都与其自身恶劣的自然条件相关。

众所周知，山西表里山河，全境皆在黄土高原，境内多山，气候属典型的温带大陆性气候，干旱少雨，降水又集中在夏秋两季，导致各地易旱易涝，农业生产条件恶劣。夏季易受暴雨冲刷，地表很容易成为沟壑纵横的不毛之地。各地水土流失严重，农业生态环境恶劣。而山西现在的贫困县绝大多数都地处山区，自然条件十分恶劣。在山西省各县的地方志中，这方面的记载可谓俯拾皆是。

表5-1　地方志中记载的山西部分贫瘠州县自然条件列表

州　县	自然条件	资料来源
岢岚州（岢岚县）	岚故在万山之中，民田大抵依崖傍岩，石骨峻嶒，旱易萎，涝易冻，其势然也。赋重民逋，人亡地荒，疆半鞠为茂草，而大司农之取盈如故，地方何恃以不弊……岚民死寇死岁死兵，生齿即安得不耗，奈丁男物故，数十年按籍而名，不除死者，又贻生者之戚矣，故轻去其乡以糊口于四方者盖往往而不绝也……盖岢人赋重田确，寒窭刺骨，男妇易袴，然后得出，毕生愁苦，半菽维艰虽诸上台勤勤存恤，子翼有加，而褛衿荐告，民生愈益蹙	康熙十一年《岢岚州志》卷四《田赋》
保德县	保德，作邑于山，滨河而处，高者稍晴即旱，洼者一雨即潦。至于丁徭之重，为他郡之最，又多赔累，贫富不均。嗟！此穷黎剜肉补疮，肉具尽矣	康熙四十九年《保德州志》卷四《田赋》

续表

州　县	自然条件	资料来源
榆社县	榆环境皆山，土载于石，厚不及丈，乐岁所收较他处为瘠，偶遇旱暵，土松如灰，禾苗立槁；淫雨数日，其土无根，随水流去，童石岩岩，故民之贫瘠尤甚	光绪朝《榆社县志》卷之二《丁徭》
永和县	永邑之苦，天多不时，地全无利，人事更有不可问者。盖谓气寒候迟，三春尚未播种，且时多旱魃，夏麦秋禾发不应节，或届白露而降霜，其苗萎矣，此永之天时也；抑永土无一亩平畴，多在高原峻岭之上，地硗水竭，草木不生，货财不殖，耕种惟冀天泽，十日不雨，则苗立枯槁矣，此永之地利也；永邑俗俭民愚，不谙商贾，专务农业，即时和岁丰，仅足以供国课，况值天不时而地鲜利，为永民者，其何以堪！昔遭明末寇变，丁存无几，更惟丁丑戊寅之奇荒大旱，则流亡殆尽矣	光绪朝《永和县志》卷二《田赋志》
宁乡县	宁乡县为太原属邑，僻在西南隅，四塞皆山，土硗民菲，生理寡鲜	康熙朝《宁乡县志》卷之九《艺文》
临县	谨按县境，多山少原，而民尽山居，广袤一百八十余里，按籍而稽，仅得三万四千二百三十三户，每户丁壮不过一人，而村庄已占一千一百九十九，若不问丁户，而但言村落，鲜有不惊为繁剧者。盖山僻之区，业农为本，凡有可耕之地，随在营窟而居，以便耕凿而谋衣食，故所谓十家村者，实居多数。通邑足百户者，除城镇而外，不过数村而已。境内水陆不通，天时地利阻力特甚，以致民无远志，且无论航海、渡关、经商、作工者，绝无其人。即本地城镇之坐贾行商，数十年前，皆系客民，土人安于椎鲁，不知为也。乡民非纳粮不至城市，甚有终身未见县城者	《临县志》民国六年刻本，卷六《区所谱第六》
武乡县	地隘土瘠，山高气寒，是故七月陨霜，人往往清明前后种麦豆，五六月种黍荞等。丰岁上腴亩仅一斛，斗米二百钱，其常也，中人日仅再食；岁不登，则糠榆木屑，悉以充腹，遇旱魃，长幼成群，咸戴柳枝幡幢笙鼓，迎龙神置坛场拜祈，得雨方止。秋趋各村乡，醵钱祀里社五谷之神，行报赛礼，亦有行于三四月者，谓之春祈，纳稼后，两税全输，从无逋赋	乾隆五十五年《武乡县志》卷之二《风俗》

续表

州　县	自然条件	资料来源
隰县	隰民之苦，一曰地瘠，原上之地，性少润泽，无溪涧可引，雨稍愆期，则苗立槁。平川之地，石子累累，水发又有冲啮之患。一曰气寒，节气视郡城稍迟半月，夏麦秋禾其发甚迟，或秋未半而霜降，其萎独早，故往往不及待其坚好	康熙四十八年《隰州志》卷之十三《田赋》
蒲县	蒲以弹丸小邑踞万山之中，不当大县一村落，男不商贾，女不纺织，田居山顶，民穴山腰，一岁农事率惟天泽，是望十日不雨，则苗立槁矣！且山中气寒，八月即阴霜，耕耘稍迟，大半为焉霜所侵，平属之中，瘠莫瘠于蒲矣！兼之明末以来，兵燹叠罹，饥馑频仍，地荒丁逃，司民牧者，抚字心劳，不知当何术以处此矣	《蒲县志》清乾隆十八年刊本，旧序
乡宁县	名都大邑村镇之大者，数千百户，小者亦数十户，子孙世居之，虽丁大灾大厄，不忍墟也。乡宁不然，统计合境多至千村，而百家之聚十无一二，数十家之聚十无五六，或十数家或数家，竟有一二家为一村者。凿穴而居，菽黍而食，一遇凶荒，立即废徙 乡宁僻在山溪间，厥田瘠确刚燥，独仰天泽，即雨旸时若，收获且不能比其腴区，官斯土者其念之哉！张联箕曰：鄂邑田则下下，赋则上上，终岁勤动，入不偿出，且自踏丈以来，其间地粮有偏重者，不无赔累，徒以额赋既定，吁请为难，因时补救，能无厚望欤	民国《乡宁县志》卷一《乡镇谱》，卷六《田赋考》
交城县	环交皆山也，延袤蜿蜒数百里而遥，沃壤少而瘠土多，俗俭民贫（卷二《舆地·山川》） 晋之野隶冀州，山多水少，交城尤甚，遇雨缺之年，岁收歉薄，或淫潦过多，则又横冲肆溢，淹垄亩浸村庐，莫沾其利而反受害 交邑夙称瘠土，西北皆崇山峻岭，耕其简者，强半如获石田，小民终岁勤动，犹鲜盖藏。然二百年来，从公踊跃，维正之供，罔或失时（卷六《赋役门》）	《交城县志》光绪八年刊本

州 县	自然条件	资料来源
兴县	兴邑处万山之中，西界黄河，北连沙漠，大万合查诸山，雄亘东南，地僻而道险，故唐张说讨兰也，州间道出邑之合河关，宋限契丹，明御鞑靼，为边庭要塞，实秦晋之阨隘，并北之奥区也。第以舟车不通，无富商大贾，地皆山坡石碛，民无藏盖 兴邑地硗山瘠，物产不蕃，无淫靡之物以荡人心，故俗俭而民朴，然田畴所入，亩不能以斛计，而山植水潜助粒食之不及者，无几一值，岁歉虽拾橡繰苧，犹且难之，有牧民之责者，其何以物土宜佐百姓哉	乾隆《兴县志》卷之六《物产》
和顺县	和邑踞太行之巅，地势高而气冷，民皆畸居山隈，播获外别无所事，物产之远逊他邑者，限于天、域于地、局于人，并无可贡可嘉之品，难跻大书特书之例（凡例） 按邑境皆山沟浍之间，雨集则盈，雨止则涸，无长流渠道可以灌引，盖其地寒苦，少浸以水，其田如石，是以他邑可资灌溉以人工，此地独待泽于天时，旧志云，虽有叔敖文翁之经画，宏羊充国之屯，复俱无所施。水不为利而为害，亦地势使之然也（卷一《地理》）	民国《和顺县志》
石楼县	按石楼围绕皆山，既无平土，又无河渠，无田可耕，无井可凿，民间地亩尽在高岗斜坡之间，即雨旸时若，收获止得邻封之半，不然，潦则直流而下，旱则如炙而稿。兼且时令太迟，他处桃李实而石始华，他处禾黍秀而石始播，刮暴风于盛夏，陨肃霜于新秋，万物向荣之候，一宵露结萎靡。地薄且确，不宜禾黍，仅栽杂粟，借此供赋，租不敷粮，奚堪再问小民。终岁勤劳，家无升斗之储，妇女不能纺织，布无尺寸之余，路绝崎岖，商贾不通，买卖屏迹，贸易无资，倘雨泽偶尔愆期，束手待毙而已。噫！举世之人无非爱举爱处，足衣足食，不为中泽之哀鸣。是邑也，居则土窟，食则糠秕，民安得不逃？赋安得不逋？有司征比亦安得不拙于计乎？虽有循良，亦安能挽天时以补地利哉？用一缓二之法，此地尤宜耳。按石邑幽谷深山，溪径险阻，商贾无藏于市，行旅鲜出于涂，税无溢额，由来既久，其所征解者，不过本地头畜，偶逢其会而已	雍正《石楼县志》卷二《赋役》

州 县	自然条件	资料来源
左云县	左云位于山陕黄土高原向内蒙古高原的过渡地带，地貌特征是：丘陵起伏、沟壑纵横、海拔高、坡度大，复土薄而松散，水土流失严重。受地理位置和地貌特征的制约，这里气候干燥，缺雨少树，无霜期短，风大沙多。可谓"一年一场风，从春刮到冬"。土地瘠薄而广阔的特点，形成了广种薄收的传统耕作方式。结果陷于"越垦越穷，越穷越垦"的恶性循环之中，致使水土流失愈演愈烈，全县水土流失面积达152.2万亩，占总面积的77.3%，平均每平方公里流失泥沙4240吨，使自然生态与农业生态处于极其脆弱的境地，加之旱、涝、洪、雹、风、霜等自然灾害频繁，基本上是靠天吃饭	《左云县志》概述
灵丘县	地土沙碛，阪田硗确。先秋陨霜，深春犹雪，山瘠多寒早冰，故无秋麦。农事率于清明后方兴，五月始播谷秫、荞油麦等。岁丰亩不满二斗，稍歉则籽粒半失，即举家就食邻郡。故中人日仅再食。妇女不事纺织，俗多衣皮衣，虽溽暑不少易。勤俭质朴，终岁劳苦，恒存蟋蟀之风。四时多风埃。入夏，草木始萌，七月即黄落。民间盖藏，多置窖备岁焉。士习谨愿无侈荡，佻达行，终岁皆一意农务。为本，读次之。邑人皆不事贸易工作，有一二商贾，皆阳、汾两郡人，世侨寓此，与土著相姻娅。赋税输纳，全凭天时。雨旸，时若秋获后，国课亦早完，一遇水旱，即艰难疲累，为长吏忧，以边地寒瘠，收入薄而蓄积少故也	《康熙灵丘县志》卷之一《方舆志·风俗》
岚县	岚在岩僻之区，土性硗瘠，物产凉薄，素丰之家，十不得一，地之所出，年康足供正赋，歉则逋逃比比，其或雨多浸淫，则崖塌水冲，不知其几；明季流寇骚扰，饥馑频仍，地之荒闲者益多；夫地有荒塌，籍有荒亡，而粮数如故，是以催科难而逋负多。我朝定鼎以来，寇逆荡平，烽烟休息，几及百年，而荒闲者未尽垦，流亡者未尽复，则土瘠民贫之故也。令岚者必竭力抚循而整理之，庶可至殷庶云	雍正《重修岚县志》卷之四《田赋》

续表

州　县	自然条件	资料来源
应州	土田皆沙瘠，兼之边地高寒，惟宜黍穄卢菽胡麻穬麦数种，绝无稻粱嘉谷；春夏苦风旱，秋苦霜早；又或霖潦暴涨，恒患淹没，值有年所收，亦亩以升斗计，终岁力作，止谋朝夕，罕有陈因备蓄者，虽其中不乏惰农，要亦限于地力居多。工匠拙于营造，宫室衣服器具率安朴略，其糊口四方者，以画工最伙	乾隆《应州续志》卷一《风俗》

（制表依据：各州县地方志中的记载）

上表只是山西部分贫瘠州县地方志中所载的自然条件方面的资料，从这些文字可以看出，山西的贫瘠州县在自然条件方面具有这样一些共同的特点：

1. **山多土少，土层薄且贫瘠**。中国传统社会是以农立国，所以土壤条件直接决定着这些地方是富庶的还是贫瘠的。山西的贫瘠州县一般都地处群山环抱的恶劣环境中，山多土少，土壤稀缺，土层较薄且土质瘠硗。如岢岚州的民田，大多依崖傍岩；榆环县四境皆山，土载于石，厚不及丈；临县多山少原，而民尽山居；蒲县踞万山之中，田居山顶，民穴山腰；交城县环县境皆山，沃壤少而瘠土多；兴县地处万山之中，地皆山坡石碛，地硗山瘠，物产不蕃；石楼县围绕皆山，既无平土，又无河渠，无田可耕，无井可凿，民间地亩尽在高岗斜坡之间。

2. **气候条件差，旱涝为灾**。山西属于典型的温带大陆性气候，平时比较干旱，雨水相对集中于夏秋 8、9 月份。这样的气候条件导致很多地方雨小则旱，雨大则涝，且土质疏松，水土流失严重。这方面的记载在贫瘠州县的地方志中可谓俯拾皆是，如岢岚县："岚故在万山之中，民田大抵依崖傍岩，石骨峻嶒，旱易萎，涝易冻，其势然也。"[1] 如保德县："保德作邑于山，滨河而处，高长稍晴即旱，注者一雨即潦。"[2] 如榆社县："榆

① 康熙《岢岚州志》，《中国地方志集成·山西府县志》辑17，南京：凤凰出版社，2005年，第488页。
② 康熙《保德州志》，《中国方志丛书·华北地方》第四一四号，台北：成文出版社，1976年影印本，第219页。

环境皆山，土载于石，厚不及丈，乐岁所收较他处为瘠，偶遇旱，土松如灰，禾苗立槁。淫雨数日，其土无根随水流去，童石岩岩，故民之贫瘠尤甚。"① 再如永和县："永土无一亩平畴，多在高原峻岭之上，地硗水竭，草木不生，货财不殖，耕种惟冀天泽，十日不雨，则苗立枯槁矣！"② 再如蒲县："蒲以弹丸小邑踞万山之中，不当大县一村落，男不商贾，女不纺织，田居山顶，民穴山腰，一岁农事率惟天泽，是望十日不雨，则苗立槁矣！"③ 再如交城县："环交皆山也，延袤蜿蜒数百里而遥，沃壤少而瘠土多，俗俭民贫晋之野隶冀州，山多水少，交城尤甚，遇雨缺之年，岁收歉薄，或淫潦过多，则又横冲肆溢，淹垄亩浸村庐，莫沾其利而反受害。"④ 再如石楼县："按石楼围绕皆山，既无平土，又无河渠，无田可耕，无井可凿，民间地亩尽在高岗斜坡之间，即雨旸时若，收获止得邻封之半，不然，潦则直流而下，旱则如炙而稿。"⑤ 由于山西的很多贫瘠州县地处黄土高原的崇山峻岭之上，只能靠天吃饭。

3. 山高气寒，时节滞后，物产稀缺。气候寒冷，物产不蕃是导致山西一些州县长期贫困的又一个自然原因。比如武乡县："地隘土瘠，山高气寒，是故七月阴霜，人往往清明前后种麦豆，五六月种黍荞等；丰岁上腴亩仅一醅，斗米二百钱，其常也；中人日仅再食，岁不登，则糠榆木屑，悉以充腹"⑥；再如隰县："一曰气寒，节气视郡城稍迟半月，夏麦秋禾其发

① 光绪《榆社县志》，《中国方志丛书·华北地方》第四〇三号，台北：成文出版社，1976 年影印本，第 125 页。

② 民国《永和县志》，《中国方志丛书·华北地方》第八八号，台北：成文出版社，1968 年影印本，第 136 页。

③ 乾隆《蒲县志》，《中国方志丛书·华北地方》第七十八号，台北：成文出版社，1976 年影印本，第 6 页。

④ 光绪《交城县志》，《中国方志丛书·华北地方》第三九八号，台北：成文出版社，1976 年影印本，第 139 页。

⑤ 雍正《石楼县志》，《中国地方志集成·山西府县志》辑 20，南京：凤凰出版社，2005 年，第 500 页。

⑥ 乾隆《武乡县志》，《中国方志丛书·华北地方》第七三号，台北：成文出版社，1968 年影印，第 166 页。

甚迟，或秋未半而霜降，其萎独早，故往往不及待其坚好。"①蒲县："且山中气寒，八月即陨霜，耕耘稍迟，大半为严霜所侵；平属之中，瘠莫瘠于蒲矣！"②石楼县："兼且时令太迟，他处桃李实而石始华，他处禾黍秀而石始播，刮暴风于盛夏，陨肃霜于新秋，万物向荣之候，一宵露结萎靡。地薄且确，不宜禾黍，仅裁杂粟，借此供赋，租不敷粮，奚堪再问小民。"③因为地处高原，山高气寒，这些州县的节令往往较他处晚，这导致这些地方的粮食品种少，产量低，人民生活艰难。

4. 土质疏松，水土流失严重。 众所周知，山西全省都处于黄土高原之上，黄土是一种比较贫瘠疏松的土壤。而山西的降水又相对比较集中，这就导致各地比较严重的水土流失现象。比如榆社县："榆环境皆山，土载于石，厚不及丈，乐岁所收较他处为瘠，偶遇旱，土松如灰，禾苗立槁；淫雨数日，其土无根，随水流去，童石岩岩，故民之贫瘠尤甚。"④为了保持水土，有些地方想出了积土成壤的独特办法，比如五台县："五台境内皆山，土仅十之二三，平土尤少；城南小南路小西路之间，有平土一区，东西南北皆不过十里，中间仍夹有冈阜；阁子岭之北有平土一区，东西十五里，南北不足十里；窦村岭下有平土一区，名窦村川，东西十余里，南北不足十里；大南路在滹沱河两岸，平土狭长如带，东西不足十里，南北广者二三里，狭者不及一里；南岸建安河边等村间有平土，亦皆褊狭；此外则冈阜纡蟠，田高下如阶级，近山则皆梯田矣。上下峪石多土少，民沿河砌石为池，候山水涨发，浊水入池，草根而淤，积数岁淤至五六寸即可耕种；淤至尺余，即成良田。故上下峪产粟最多，丰年溢济邻境。然隔一二十年，遇大水涨发，土皆冲刷净尽，止余粼粼白石，则砌石再淤，积

---

　　① 康熙《隰州志》，《中国方志丛书·华北地方》第四二七号，台北：成文出版社，1976年影印，第188页。

　　② 乾隆《蒲县志》，《中国方志丛书·华北地方》第四二九号，台北：成文出版社，1976年影印，第6页。

　　③ 雍正《石楼县志》，《中国地方志集成·山西府县志》辑20，南京：凤凰出版社，2005年，第500页。

　　④ 光绪《榆社县志》，《中国方志丛书·华北地方》第四〇三号，台北：成文出版社，1976年，第125页。

数年十数年而后有田，其艰难亦已甚矣！"① 资料显示，五台县的百姓为了淤出一小块田地，往往需要积数十年之功，万一遇到大水灾，所积之土壤即可被冲刷净尽，只剩下白石粼粼，只能重新砌石再淤。可见山西一些地方生存条件之恶劣艰辛。

综上所述，恶劣的自然条件是造成山西一些州县长期处于贫困状态的主要原因。

二、自然灾害

灾害频发是导致清代山西贫瘠州县无法摆脱贫困的又一重要原因。灾害史研究一直都是学术研究的热点，成果繁富，成绩斐然。根据学者研究，明清时期正处于地球整个气候变迁的特殊历史时期，16、17 世纪为称作"明清宇宙期"，1810 年到 1911 年被称为"清末宇宙期"。在这段时间，地球的气候变冷，太阳黑子活动微弱，再加上九星地心会聚力矩效应和宇宙线的作用，致使宇宙期内灾害发生的频率高、强度大、种类多，因此该时期也被称为"自然灾害群发期"。② 目前学界对山西历史上自然灾害的研究已经有很多了。第一部专著是二十世纪 80 年代末由郭雅儒主编的《山西自然灾害》，书中辑录了山西的部分自然灾害史料，并将其分类进行了简要的总结和概述。③1996 年，山西省水利厅水旱灾害委员会编写了《山西水旱灾害》一书，对新中国成立后山西省旱涝灾害的规律、特点、发生原因以及防治措施等方面进行研究。④《山西自然灾害史年表》一书是作者在大量查阅山西现存的省志、州志、府志、县志以及有关历史文献等历史资料及相关统计资料的基础上完成的。这是山

---

① 光绪《五台新志》，《中国地方志集成·山西府县志》辑 14，南京：凤凰出版社，2005 年，第 74 页。

② 邹文卿：《明清山西自然灾害及其防治技术》，博士学位论文，山西大学，2014 年。

③ 郭雅儒：《山西自然灾害》，太原：山西科学教育出版社，1989 年。

④ 山西水利厅水旱灾害编委会：《山西水旱灾害》，郑州：黄河水利出版社，1996 年。

西省第一部也是目前唯一一部较为系统的自然灾害史料专集。^①1991年，山西省地震历史资料工作组编写的《山西省地震历史资料汇编》一书，系统整理了自公元前23世纪至1986年的山西地震灾害史料，对研究历史时期山西地震灾害具有重要价值。^②以行龙教授为带头人的山西大学社会史研究中心，通过对晋水流域文献资料的阅读和实地田野调查，撰写了论著《以水为中心的晋水流域》^③，研究宋金以来晋水区域水资源日益僵乏现象、晋水流域36村的水利祭祀系统和晋水流域的"峪水为灾"。^④《环境史视野下的近代山西社会》从灾荒、水利、森林、煤炭开采等多方面开展对山西环境史的研究。^⑤光绪初年的"丁戊奇荒"是山西遭受的一次特大灾害，人口损失惨重，郝平教授从人口亡失情况、受灾时间、地域范围、受灾强度、百姓反应、粮价变动和社会应对等方面对这次灾荒进行全方位研究，发表论文20余篇，并出版专著《丁戊奇荒：光绪初年山西灾荒与救济研究》^⑥。中国中医科学院博士单联晶的博士学位论文《明清山西疫病流行规律研究》一文，通过梳理相关史料，对明清时期山西瘟疫的分布、种类、背景和原因等情况进行研究，是目前唯一一部全面系统研究明清山西瘟疫灾害的成果。^⑦

　　鉴于目前学界对山西灾害史已经有了丰硕的研究成果，本书只以永和县为例，简单概述自然灾害对山西贫瘠州县的影响。永和县地处山陕交界地，县志中记载："永之地土多在高原，永之住宅多系窑穴，衣食婚丧无不仰给于农产，真可谓土生土长，非若他邑之富庶也。水地碛薄，除产五谷外，再无出产。民间日用之物，多由他处供给，称为山西第一瘠苦之

---

① 张杰：《山西自然灾害史年表》，太原：山西省新华印刷厂，1988年。

② 山西省地震局：《山西省地震历史资料汇编》，北京：地震出版社，1991年。

③ 行龙：《以水为中心的晋水流域》，太原：山西人民出版社，2007年。

④ 山西省地震局：《山西省地震历史资料汇编》，北京：地震出版社，1991年。

⑤ 行龙：《环境史视野下的近代山西社会》，太原：山西人民出版社，2007年。

⑥ 郝平：《丁戊奇荒：光绪初年山西灾荒与救济研究》，北京：北京大学出版社，2012年。

⑦ 单联晶：《明清山西疫病流行规律研究》，博士学位论文，中国中医科学院，2013年。

区。"① 可见该县是山西一个典型的贫瘠之县。在1931年修成的《永和县志》中，《祥异考》详细所载了该县历史上发生过的重大灾患，整理列表如下：

表 5-2　永和县明代以来灾害列表

在位皇帝	时间	灾害类型与细节
明宪宗	成化二十五年	饥饿死者甚众
明武宗	正德十四年	秋夜雨雹，小者如拳，大者如杵，水深三尺，城中漂流，男女三十余口，禾稼尽灭
明世宗	嘉靖十二年	八月阴霜，害及禾稼
	嘉靖十三年	民饥死者不知其数
	嘉靖四十三年	大旱，夏麦收三分之一，秋禾收十分之二，公税不敷
明神宗	万历七、八、九年	连遭大荒，室如悬磬，野无青草，米珠薪桂，境内饿殍，他乡流离者不知其数
明怀宗	崇祯元年	春夏大旱，八月始雨
	崇祯二年	冰雹伤禾，连岁灾祲，难以为生
	崇祯五年	冬降雪一十三日，深丈许，边发营兵六百名，城内防守三月，庙宇民房高梁大栋胥作灰烬
	崇祯六、七年	大旱，民间食草饭砂，人相食，惨不堪言，莫甚于此
	崇祯九年	豺狼成群，食人甚多。知县龚之元郭外祭祷即止
	崇祯十年	夏遭冰雹大如鸡子，伤禾，年间大饥
	崇祯十二年	八月十五日阴霜伤禾，饥死人民甚众
清世祖	顺治五年	秋蝗飞蔽日，一过而谷黍无存，止留荞麦、黑豆两种。民饥而死徙者大半

---

① 民国《永和县志》，卷二《田赋志》，《中国方志丛书·华北地方》第八八号，台北：成文出版社，1968年影印本，第117页。

续表

在位皇帝	时间	灾害类型与细节
清圣祖	康熙三十四年	八月阴霜，禾稼尽杀
	康熙三十五年	连年大旱
	康熙三十六年	
	康熙三十七年	病疫逃亡几尽，知县王辅详请发翼城仓米煮粥赈济
	康熙五十九年	晋省连遭大旱，永邑更甚，米麦石至十金，盗贼遍地，饿殍盈野，性命贱如草菅，骨肉等于泥沙，颠沛流离，大为惨伤
	康熙六十年	
清高宗	乾隆十年六月	大雨，房屋倾圮甚多
	乾隆二十四年	大旱
	乾隆四十九年	大饥
清仁宗	嘉庆五年	秋禾被旱成灾，人民死亡甚众
	嘉庆二十年	九月二十日，地大震
	嘉庆二十五年	岁饥
清宣宗	道光二年	瘟疫
	道光二十四年	大旱，死人无算
	道光二十六年	夏秋大旱
清文宗	咸丰七年	蝗飞害稼
清穆宗	同治二年	狼出为患，食人无数
	同治六年	陕西捻匪扰乱沿河一带，大受惊惶，调平阳镇台何鸣皋防诸永和阴德各渡，昼夜巡查，骂不绝口，贼惧远扬，永赖安谧
	同治七年五月	瘟疫甚烈，阁底村一月内死人七十余
	同治八年	豺狼结队，伤人更甚
	同治九年夏	大水
	同治十一年冬	大雪

续表

在位皇帝	时间	灾害类型与细节
清德宗	光绪三年	荒旱异常，饥馑并臻，家无儋石，野无寸草，民苦乏食，艰辛备尝，始则出售产业，继则鬻卖妻子，草根树皮，掘剥亦尽，甚至饥民相噬，残及骨肉，僻巷无敢独行者。并有衣裳楚楚，肆行抢夺，一蹶则不复起而倒毙半途者，当道虽奏免钱粮，开放仓谷，多方赈济，而人民仍死亡枕藉，约有十之七八
	光绪四年	豺狼成群，相率噬人，村边无敢独行者
	光绪十七年	春，地震
	光绪十八年	夏旱，蝗飞蔽日，食苗殆尽。至冬无收成。甚奇寒，黄河结冰，行人往来可渡，值至次年仲春，始解
	光绪二十五年	正月十六日，大雪，沟渠约深五六尺，路径不通旬余
	光绪二十六年	春，大旱，至六月十二日，始降饱雨，晚禾歉收。七月，忽起义和拳、红灯罩等妖异，驱除洋货，洋人颇受影响。隰州、大宁、蒲县均行停考。永和无大事，故考试照旧举行。四五次后，通令一律停止
	光绪三十三年	秋，酷热非常，人民颇异
民国时期	民国三年	夏麦秋禾均歉收
	民国六年	六月，陕匪郭坚扰境，居民奔避，旋经营长谭锦军队拿获二百余名，奉令枪毙，北关堡原坡底水境遂平。八月大雨，坡水暴至城关，街道尽成泽国，损害房屋不少
	民国七年	春阴霜，杀麦
	民国八年	秋，鼠疫甚厉，死人不少
	民国九年	五月十一日，雨雹，南庄、阁底诸村，麦苗摧残无遗。十一月初七日戌时，地大震，飞沙扬石，黑气冲天，室庐为之摇动，倾塌压死人畜甚众。一连二三次，约二三十分钟。旋天鼓鸣，声音如雷，自东南至西北，真空前未有之奇事
	民国十二年	春三月，昼大风，坏墙拔树甚多
	民国十五年	春三月二十五大雨，河水暴涨，漂没猪羊无数。冬十月田间多鼠，伤禾甚厉。署内捐款过重，人民不堪其苦。上宪尚可呈请体减，当时知事不察民隐，执拗为之

（制表依据：民国二十年《永和县志》卷十四《祥异考》）

对这些记载进行整理可以看出，该县从明清到民国时期，各种灾害频繁发生，种类繁多，基本涵盖了所有可能发生的类型，包括了旱灾 15 次、涝灾 5 次、雹灾 4 次、蝗灾 3 次、霜冻灾害 4 次、雪灾 3 次、风灾 2 次、震灾 3 次、瘟疫和鼠疫 3 次、狼灾 4 次，还有没有注明原因的饥荒 3 次。这些记载在方志中的灾患，导致当地出现"性命贱如草菅，骨肉等于泥沙"①"室如悬磬，野无青草，米珠薪桂"②"民间食草饭砂，人相食"③ 的惨剧，现在读来仍然令人触目惊心。

值得注意的是，在《永和县志》记载的这么多次自然灾害中，地方政府出手干预的次数屈指可数。面对频发的自然灾害，地方官可做的事就是及时报灾、勘灾并得到政府的赈济、减征或者缓征百姓的税粮。但由于程序严格，耗时漫长，效果未必就好。如在光绪年的"丁戊奇荒"中，永和县虽然也奏免了钱粮，开放了仓谷，多方赈济，人民仍然死亡枕藉，县里百分之七八十的人被饿死，人口损失惨重。灾害发生，地方官更多的时候是靠祈求神灵的保佑来应对的。民国《永和县志》记载，永和县在崇祯九年，豺狼成群，食人甚多，知县冀之元在郭外进行祭祷，狼灾于是即止。④ 在山西很多州县的地方志中，留下了地方官员祈祷神灵以化解灾害的文字，有祭风文、祭雹文、向龙王祈雨文、牒城隍祛狼文等。在各方志的艺文志中，还有一类文体特别突出，就是各地修庙留下的各种修庙碑文。这类文体几乎占据各地方志之艺文志的半壁江山。碑文显示，各地的百姓和官员都特别热衷于此类活动，地方上只要有庙宇倾圮，就会有人出面筹集资金加以修缮。无论是百姓还是地方官，都视各路神灵为地方的保护神，无论发生什么灾难，都要去庙里求神保佑。这类文体频频记载于山西各州县的地方志中，恰恰说明当时人们面对灾害束手无策的状态。

---

① 民国《永和县志》,《中国方志丛书·华北地方》第八八号，台北：成文出版社，1968 年影印，第 500 页。

② 民国《永和县志》，同上，第 498 页。

③ 民国《永和县志》，同上，第 498 页。

④ 民国《永和县志》，同上，第 117 页。

更重要的是，在天人感应说的影响下，传统社会的官民常常把灾害发生的原因归结于政治统治方面出了问题，采取的措施常常并不对症。在雍正朝《石楼县志》里，收录有雍正十年（1732 年）五月初四日从内阁抄出的上谕，代表了当时人们对自然灾害的普遍认识水平："天心仁爱，必不作孽于人。凡祸福灾祥之来，皆由于人事之感召也，而天本无心也。即如地方志水旱灾荒，必有所自，或由于朝廷政事之缺失，或由于臣工职业之乖差，或由于有司教令之烦苛，或由于民间风俗之浇薄，数者有一于此，皆足以干天和而招沴戾。是以数年以来，每当晴雨不时，朕必虔心修省，思过省愆，切谕大小臣工，戒惧悚惕以凛天戒……"[1]统治者总是把自然灾害归咎于人事，想通过反省自身解决问题，显然这是不可能真正解决问题的。

第二节　清代山西贫瘠州县的赋税负担与摊丁入亩改革

清初的赋税征收之法悉沿明旧，人、地并征，政府对土地征收田赋（夏税秋粮），对国家的编户齐民则按时编审，按人头征收丁徭银。康熙年间对赋役制度进行改革，规定以康熙五十（1711 年）全国的丁数为准，此后达到成丁年龄的，不再承担丁徭银负担。由此，丁银税额固定，不再增减，对以后的新生人丁（即盛世滋生人丁）不再征丁银。康熙五十五年（1716 年）规定，新增人丁补足旧缺额时，一户之内，如果减少一丁，又新添一丁，以新添抵补减少；倘若减少的有二三丁，新添的不够抵补，则以亲族中丁多人户抵补；如果还不够，以同甲同里中粮多人户顶补，抵补之后的余丁才归入滋生人丁册内造报。滋生人丁、永不加赋制度施行后，就出现了新增人丁不征税，旧额人丁不减税的矛盾。而且，新增人丁很多，用谁来补充旧丁缺额，也很难做到苦乐平均。由此，在直隶、四川等省份，陆续推行了摊丁入亩的改革，以化解该矛盾。到雍正年间，开始在全国范围推行摊丁入地改革，把丁徭银摊入田亩之

---

① 雍正《石楼县志》，《中国地方志集成·山西府县志》辑 20，南京：凤凰出版社，2005 年，第 559 页。

中征收，这样，有田者有丁，无田者则无丁，对于无地穷丁，这项改革措施确实是福音善政。

但在山西省，这项改革在一些州县却迟迟无法推行，有的州县耗时竟达140多年，历经6个皇帝才最终完成。是什么原因造成了摊丁入亩在山西省的一些地方无法顺利实行呢？考察其原因可以发现，无法顺利实施摊丁的州县通常都是苦瘠州县。由于自然环境恶劣以及饥荒、战乱等原因，造成这些地方的经济结构异常脆弱，人口极易流散，人口一旦流亡，土地也随之荒芜，于是形成数量巨大的缺额丁银和荒田粮赋，丁粮无着落，只能由现丁代亡丁，以熟地代荒地，包赔累户，因而造成沉重的赋役负担。比如雍正《石楼县志》的《户口篇》中记载：

> 按石楼里无全甲，甲无全户，皆因李寇之流离，致户口之消
> 耗，是以六坊并为一坊，尚存一十二里，前明崇祯九年间，知县
> 熊时泰审编，并十二里为三里，今因之……统而记之，仅存户口
> 十分之一，良可慨也！总缘邑建于晋之西陲，地无出产，民不聊
> 生，值民之季，一遇歉岁，不南走于秦豫，即北窜于边疆，丁粮
> 无着，多至现丁代亡丁，熟地代荒地，包赔累户，俱不堪问。迨
> 康熙五十五年，梁令又将钦奉恩诏案内，永不加赋，续生人丁，
> 捏补缺额，以致各里摊赔，几至在籍者更不能安居故土，日复一
> 日，贴累无穷。[①]

虽然国家有相应的蠲免政策，但并不是上报就可以得到批准。而且地方官上报地方的荒地和逃丁，直接关乎该官员的考评，多数官员并没有勇气和胆量做这件事，只能把负担转嫁到现丁和熟地之上，造成山西百姓赋税负担沉重，出现丁倒累户、户倒累甲的局面。

一、清初山西缺额丁粮的形成

所谓"缺额丁粮"，指的是地方因人丁逃亡而产生的丁银缺口，以及

---

① 雍正《石楼县志》，《中国地方志集成·山西府县志》辑20，南京：凤凰出版社，2005年，第505页。

因土地荒芜而产生的粮税缺口。在山西的贫瘠州县，缺额丁粮的大量存在导致人民负担沉重。

1. 缺额丁银

丁银也叫丁徭银、徭里银，征收对象是年十六以上六十以下的男子丁壮，"有田则有赋，有丁则有役"，丁徭银是帝国时代国家最重要的赋税收入之一。清统治者为了保证丁银的征收，制定了一套严格的户籍管理和人丁编审制度，特编订《赋役全书》作为征收赋税的根据。清代的人丁编审之制初定三年一次，顺治十三年（1656年）改为五年一次，具体做法是每到编审之时，由里甲组织依照官府规定的所谓"四柱"格式（原额、新收、开除、实在，人丁年六十以上开除，十六以上添注），登录各编户的丁、产、课银及其五年间的变动情况，由甲而里，再上之州县，州县官造册再上之府，府再造总册上之省布政司，督抚据布政司所上之册，上达中央户部，户部最后汇疏上奏皇帝，以周知天下生民之数。

清顺治朝第一次制定《赋役全书》时，还是战火纷飞、统治未固的年代，因而无法展开实际的人口普查和编审，所以征收丁银依据的是明朝万历年间的旧额。但自明朝末年以来，兵连祸结，战乱不断，社会生产遭到严重破坏，人口在战争中死伤逃亡严重，因此，用万历年间的人丁数字作为征收丁银的凭依，就与实际情况出现了很大的出入，形成了数额巨大的缺额丁银。而山西省又是遭受明清之际战争摧残十分严重的地区，所以缺额丁银问题更加严重。下表是依据山西部分州县地方志中的记载整理出的缺额人丁表，可见当时丁数变化之大。

表5-3 清初山西部分州县缺额人丁统计表　　单位：人

州　县	万历年人丁旧额	顺治五年（1648年）编审丁额	缺额丁数
万泉县	23945	4533	19412
猗氏县	28090	4423	23667
曲沃县	49788	29384	20404
蒲县	9700	959	8741

续表

州　县	万历年人丁旧额	顺治五年（1648 年）编审丁额	缺额丁数
交城县	18660	12310	6350
岢岚县	5672	3780	1892

（制表依据：山西省图书馆地方文献室和线装文献室康熙朝地方志藏书。）

　　清政府对于该阶段形成的缺额丁银问题并非没有察觉，早在顺治四年
（1647 年）已明确规定，编审人丁凡年老、残疾并逃亡、绝户，悉行豁免。[1]
顺治十二年（1655 年）再次强调："赋役原有定额，自流贼煽乱之后，人丁
逃散，地亩荒芜，奸民乘机透漏，良善株累包赔，或有田而无粮，或有粮而
无田，或有丁而无差，或有差而无丁，甘苦不均，病民殊甚。著各布政使严
饬该道府，责令州县官查照旧册，著落里甲，逐一清厘，隐漏者自首免罪，
包赔准其控告，查确即与豁免。不许借端扰害，事毕造册报部，凭复核。"[2]
从这些史料可看出，清初的豁免政策是清晰明确的。就山西省的情况看，各
州县的地方志中也确实留下了很多豁免缺额丁银的记载。

表 5-4　清初山西部分州县豁免缺额人丁数统计表

州　县	时间	豁免缺额丁银数
汾阳县	顺治八年（1651 年）	19768 丁
曲沃县	顺治八年（1651 年）	1216 丁
平顺县	顺治八年（1651 年）	140 丁（计 36 两余）
寿阳县	顺治五年（1648 年）	1333 丁（计 141 两多）
猗氏县	顺治八年（1651 年）	7 丁（计丁银 6 两余）
临县	顺治五年（1648 年）	247 丁

---

　　① 《皇朝文献通考》，卷二十五《职役考五》，"十通本"，上海：商务印书馆，
1935 年。

　　② 《清实录·世祖实录》，卷八十八，顺治十二年正月壬子，北京：中华书局影
印本，1986 年，第 11—12 页。

州　县	时间	豁免缺额丁银数
万泉县	顺治八年（1651 年）	780 丁
岢岚县	顺治八年（1651 年）	71 丁（计 51 两）
	顺治十四年（1657 年）	406 丁（计 495 两）
定襄县	顺治八年（1651 年）	390 丁（计 66 两余）
	顺治十四年（1657 年）	731 丁（计 121 两）
蒲县	顺治八年（1651 年）	240 丁
	顺治十四年（1657 年）	394 丁

（制表依据：山西省图书馆地方文献室和线装文献室康熙朝地方志藏书。）

　　但就具体执行情况看，能享受豁免政策的州县仅是少数，被豁免的丁银数额较之实际的缺额丁银数额，也仅是象征性的，每年清出的新丁数和新增的丁银数要远远大于被豁免的数额。比如曲沃县，在顺治十四年（1657 年）豁免逃亡人丁 81 丁，而该年清出的所谓绅衿优免供丁达1849 丁，而且豁免的丁银并非永远豁除，而是要在以后用新增之丁部分或者全部补足这些已豁免的丁银；顺治八年（1651 年），曲沃县豁免伤亡人丁 1216 丁，顺治十一年（1654 年）复额；顺治十四年（1659 年）豁免逃亡人丁 81 丁，康熙元年复额。汾阳县在顺治八年（1651 年）豁免伤亡人丁 19768 丁，共计丁银 4310 两，在康熙元年（1662 年）复额银 812 两；顺治十四年（1657 年）豁免逃故人 16 丁，银 3 两 3 钱，康熙元年（1662年）复额。① 可见清初的所谓"豁免亡丁"政策在山西省是有名无实的。对于丁银缺额严重的州县，这种豁免不过是杯水车薪。要想补足这些缺额丁银，必须另想法子。

　　在山西，大量的缺额丁银主要是通过向老百姓征收"地差银"和"门差银"的方式解决的。所谓"地差银"，就是把无法征收的缺额

---

　　① 康熙《曲沃县志》抄本，康熙《汾阳县志》抄本，山西省图书馆线装书文献室藏书。

丁银摊入地亩中征收的办法。"按明季户口消耗，徭银丁不能办，遂以此丁赋加入地亩代丁与差，名曰地差。"① 根据民国《万泉县志》中的"重修万泉县志序"（写于康熙四十七年）记载：该县"户口原额二万二千九百四十五丁，明季兵荒叠告，迁涉流亡，仅存四千余丁，丁徭不敷，补以地、门两差……民则无论有丁无丁，地差均办，至门差银八百有奇，以流民之不成丁者列入各里甲版籍之末，别之曰寄庄，计粮一石，又征门银二钱"，② 可见地差银征收的对象是本地所有的民户，门差银征收的对象是寄居该地的流民。清初山西很多州县的方志里都精确记录了清初地差银的征收数额。有的虽然没有留下确切的地差银数，但原本征收的"丁徭银"名称变成了"均徭并地差银"。据康熙朝的《交城县志》记载，"旧管刊书原额人丁有 18660 丁"，应征丁银 6845 余两；顺治五年审编人丁 12310 丁（比原额减少了 6350 丁），而丁银仍照原额征收 6845 余两，征收的名目变为"均徭并地差银"，显然，此处的"地差银"就是这缺额的 6350 丁的丁银。清初山西各州县普遍都征收相当数量的地差银，人民的负担由此而加重。而且就性质上看，征收地差银就是以后清代所实施的摊丁入亩改革的先声。

对于州县基层地方官而言，大量缺额丁银的存在导致其极大的治理压力。清代以户口消长定州县吏之殿最的考成制度，迫使官员不敢如实申报逃亡人口。在清初，人口增加、丁数增加的州县，地方官会受到"议叙"嘉奖，反之则会受到处罚。康熙初年的有关规定表明，如果地方督抚如实上报人口逃缺，将被认为"抚绥无术"而受到重罚："康熙七年，议准督抚封疆大吏，该省百姓如有困苦流离失所、抛弃田地、徭赋难输、地方毫无治理者，或被部院或被科道纠参，如果情实，将该督抚革职"，③ 出于自身利益考虑，山西大多数地方官在实际操作中，都隐瞒了当地数量巨大的

---

① 同治《稷山县志》，中国方志丛书·华北地方第四二四号，台北：成文出版社，1976 年影印，第 244 页。

② 民国《万泉县志》，中国方志丛书·华北地方第四二二号，台北：成文出版社，1976 年影印，第 3 页。

③ 《清实录·圣祖实录》，卷二十六，康熙七年五月丙寅，北京：中华书局影印本，1986 年，第 361 页。

逃亡人丁数，并想出各种办法来补足缺额。山西的缺额丁银主要是通过暂时豁免缺额，以后用新增之丁补足；征收地差、门差银；增加现丁的田赋丁银负担；以富县代交贫县丁银；让富人多报丁数等方式补足的。比如曲沃县，在编审之年，大量鳏寡孤独逃亡之丁得不到豁免，县令想出了一个折中的办法，就是劝导该县的绅士阶层多报丁数，以代替穷丁。

则壤定赋，国家有不易之规；计产均徭，编氓守一成之法。凡列版图，俱属赤子，谁非王土王民？敢字外于生成。第民间户口，消长不齐，五年一编，法诚至善，而因地制宜，随时通变，犹必期于允当。余官斯土将及八载，前届丙子编审，遇有鳏寡孤独老故绝贫逃之户，无从开除，已经谕令报丁分则，除免五百余人。今岁辛巳，又值五年编审，人事一更，老故绝贫逃者，较前为多，呼吁泣诉于堂，竟至添丁鲜术，除差无路。爰于万难措施之时，筹一权宜变通之法，将曲沃中下六则，照例分定程式，逐一开明，劝谕俱各有品节限制，使为绅士者，一阅了然，心气平和。自无逾格希免，咸相安于情理法之中矣。凡进士举人出身，历登荣秩者，应优免中上则；恩拔副贡生，及一切已通仕籍文武职官，准优免中中则。由生员捐贡廪增附生，武生，例贡及候选佐杂，并一切捐衔职员，准优免中下则，监生及四合属准优免下上则，新捐入册监生吏员准优免下中则，其奉祀农官考准乐舞，准优免下下则。以上各绅士名下，除应免等则之外，凡有粮多过则者，应各平情量报一丁，名为仁里，俾无告穷民得以间除而朝廷额赋不致减缺。即使家无余丁，亦宜为子命名，衰多益寡，损富周贫，共敦恤里，惠族之谊，以体县官委曲调剂之心，不特尔等积现在之阴功，而将来延年昌后，必食报于无穷。乃开导之下，皆踊跃争报几五百丁，合里分则并查差外诡寄，免除鳏寡孤独至一千二百五十三人。此诚沃土大夫之仁风，而与应报之丁不同也。夫推己及人为恕，凡事贵乎公平，在为绅士者，固例应优免，然家道丰裕，即每年多添一丁，所费不过一金，亦应所乐从而共施。况目击一里一族之穷民，呼天而无所控诉，宁不为之赈饥而救溺耶！①

应该说，曲沃县想出的办法是高明的，其性质属于酌盈济虚，损富济贫，通过劝谕县里的官绅多报丁数的办法，免除了该县鳏寡孤独1253人的丁银。从这篇资料可以看出，富裕州县在解决丁银缺口问题时，办法比较多些。

但像曲沃县这样的富裕州县在山西毕竟是少数，更多的州县用的办法是把缺额丁银强行转嫁到了现丁身上，其代价是人民的赋税负担大大加重。②这样的办法对于经济条件好的州县，造成的困难是暂时的，因为随着人口的恢复，百姓的负担也会逐渐减轻。但是，对于贫瘠州县而言，恢复的难度要大得多。

以石楼县为例，根据雍正朝《石楼县志》的记载：

> 石邑僻处于万山，其地亩皆坐斜山陡坡平岭之上，四面俱未开阳，缺少平原坦地，止宜种植杂粮，遇旱则易致枯槁，遇涝则沉透石骨。男无资商贾，女无棉纺绩，而近川河滩，又系碴石累累，不能栽植果木。一家数口，只知力耕荒山，其民穴处，其俗朴陋，其衣服饮食淡泊，其婚丧交际节省，青菜俗呼灵芝，豆腐视为海味，皆因地薄粮重所由致也。幸值年丰，犹可支持集处，一遇荒歉，则携家远窜。官斯土者，从来钱粮不能赶副奏销，逋欠势所不免，参罚必不能辞细，阅旧志，自古皆然，于今更甚。案查石楼昔隶隰州，至明万历壬子，邑令王三益请与灵石互易，改属汾郡。其时人丁二万八千八百有奇，惨遭崇正壬申年李贼据城四十日，屠戮几尽。我圣朝定鼎之初，顺治五年编审，仅存人丁一千八百，钱粮止剩三千余两，里无全甲，甲无全户，六坊并为一坊，十二里并为三厘，户口之消耗已可知矣。顺治九年至十八年，康熙元年至十六年，招民开垦，钱粮增至一万二十九两，人丁不满三千，粮增而丁仍减者，由远方租户不愿承丁之故也。复值康熙五十九年六十等年三载大荒，人民逃亡，至今散于归化

---

① 乾隆《新修曲沃县志》卷十七《户口》,《中国地方志集成·山西府县志》辑48》，南京：凤凰出版社，2005年，第92页。

② 王丽：《试析清代山西缺额丁银问题》,《明清论丛》，第八辑。

城、偏关、陕西，遍地皆有石民，终身不愿归里，其未复业者，尚有六百八户。①

从这段史料可以看出，由于石楼县自然条件恶劣，地瘠民贫，明清之际的战乱导致的人口逃亡一直到康熙末年仍无法恢复。而那些自然条件比较好的州县，人口很快能重新聚集滋生，在编审之年，老废逃亡之丁可得减免，新增之丁可补足丁银缺额，所以百姓的丁税负担有逐渐减轻之势。但在那些自然条件极其恶劣的州县，人民负担已达极限，困苦莫支，生活极端贫困，人口增加缓慢，原有的缺额始终无法因新丁的增加而彻底抵消，新的成丁人口常常因为负担沉重而选择逃亡。原来寄籍避祸的人口也陆续离开，赋役负担不但没有减轻，反有增加的趋势，新的缺额丁银不断形成。这点可以在多部康熙、雍正朝编纂的地方志中得到印证。比如在雍正《重修岚县志》中，记录下了时任岚县知县的张解通所撰写的一篇奏疏，名为《请减岚县地丁钱粮文》，该文写道：

> 百姓者，地方之根本也；必有民而后可以办差纳粮。岚县万历初年粮只六千八百七十余两，丁止二千一百有奇，学碑为记。前官赵知县偶因一时年丰，未及远虑，将山顶退河地尽广为额粮，至一万五千八百余石，将在家老少民并寄居流来人尽编为额丁，广至一万三千六百余丁。彼时年丰世平，人或尚有余力可竭，渐次遭累，割肉医疮，已属勉强支持，迨来民髓竭尽，又遭天灾时变，人民死逃多半，现在丁地尚难供办，况以一垄之熟地赔数亩之荒粮，一户之残丁包数户之逃差，所以逃者愈逃，已逃之民望累差而魂飞远遁，不敢复业，荒者愈荒，已荒之地废耕久而荆棘丛生，无人开垦。是广粮添丁，胎祸于三十年前，流亡继则接害于二十年以后，致历年来民因赋累，官因民累，受斯地者，非死则斥，从无一官升转。其间岂尽不肖？贤良被累可知也。②

---

① 雍正《石楼县志》，《中国地方志集成·山西府县志》辑 20，南京：凤凰出版社，2005 年，第 676 页。

② 雍正《重修岚县志》，卷之十四，《请减岚县地丁钱粮文》，山西省图书馆藏书，第 39 页。

在这篇奏疏中，张解通详细描述了岚县虚丁荒粮问题形成的原因，并对其后果进行了客观分析。在官员考成制度的激励下，地方官总喜欢不切实际地广粮添丁，给该县造成巨大的丁税和粮税负担，导致已逃之民不敢复业，逃者愈逃，荒者愈荒。

2. 缺额田粮

与逃亡人丁相伴而生的是大量田地的荒芜，熟地变为荒地。然而，地虽荒，征粮如故，地方官只能把缺额荒粮加征到现存熟地中去，造成百姓负担的进一步加重，导致旧逃者不敢复业，又形成新的逃亡，于是恶性循环之势形成。富裕的州县人稠地饶，即使偶有逃亡，也易于恢复；但对贫瘠州县来说，恢复起来难度很大。土地久荒废耕，粮税无从征收，逋欠累累，催课艰难，给州县治理者带来很大的难度。相关记载在地方志中有很多，比如在雍正《重修岚县志》卷之四《田赋篇》中这样记载：

> 岚在岩僻之区，土性碗瘠，物产凉薄，素丰之家，十不得一，地之所出，年康足供正赋，歉则逋逃比比；其或雨多浸淫，则崖塌水冲，不知其几；明季流寇骚扰，饥馑频仍，地之荒闲者益多；夫地有荒塌，籍有荒亡，而粮数如故，是以催科难而逋负多。我朝定鼎以来，寇逆荡平，峰烟休息，几及百年，而荒闲者未尽垦，流亡者未尽复，则土瘠民贫之故也。令岚者必竭力抚循而整理之，庶可至殷庶云。①

在雍正《石楼县志》中也有类似记录：

> 查五方有风气不同，一省有州县各别，州县有大小不一，盖大州县人必稠，地必饶，户不累甲，甲不累里，滚单可行，纸阜可催，钱粮易于征纳，此大州县制宜之道，毋庸议外。至如卑县，山僻荒隅，地瘠民贫，并无别有出产，一年之内，全赖租粒；每岁所收之租，不足完所征之粮，以致积年拖欠，累千盈万。宽于征，则欠户优游观望，悬欠如故，州县官徒干考成，致累参罚；严于比，则花户弃产潜逃，粮无着落，一滚即止，甚至丁倒累甲累

---

① 雍正《重修岚县志》，卷之四，《田赋篇》，山西省图书馆藏书。

里，百害丛生。①

贫瘠州县由于自然条件恶劣，一遇灾荒，人口即逃亡，土地即荒芜，百姓赔累，新逃不已，导致赋税逋欠，累千盈万。清政府不得不大量蠲免荒田地粮，以减轻现丁负担，安集百姓。在雍正《重修岚县志》卷四《田赋篇》中，详实记载下了该县的土地变化情况，对这些数字进行分析，可以发现，贫瘠州县的土地一旦荒芜，恢复起来有相当的难度。据该县田赋志载：

> （岚县）原额民地共三千二百三十五顷六十八亩五分一厘四毫，共征夏秋粮一万五千八百七石五斗一升二合一勺，内本色粮七百二十七石一斗，折色粮一万五千八十石四斗一升二合一勺，坐价不等，并马草共派银一万二千一百五两六钱八分二厘二毫七丝，地亩九厘银一千三百五十二两一钱六分四厘四毫，驿站银一千二百一十三两三钱二厘二毫，通共银一万四千六百七十一两一钱四分八厘八毫七丝。顺治十四年二月，山西巡抚白具题奉旨，蠲免伤亡荒地一百一十七顷八十五亩，该粮二百七石二斗五合，每石折银八钱二厘七毫四丝四忽九纤，该银一百六十六两三钱三分，地亩九厘每亩征银四厘一毫七丝八忽九微一纤一沙五尘，该银四十九两二钱四分八厘四毫九丝九微九纤八沙，二项共免银二百一十五两五钱七分八厘四毫九丝九微九纤八沙。顺治十四年九月，山西巡抚白具题奉旨，蠲免续荒地一千二百一顷九十二亩三分五厘，该粮七千一十九石五斗九升一合四勺，每石折银八钱二厘七毫四丝四纤三尘，该银五千六百三十四两九钱七分九丝，地亩九厘每亩征银四厘一毫七丝八忽九微一纤三沙一尘，该银五百二两二钱七分三厘三毫八丝七忽二沙，二项共免银六千一百三十七两一钱八分四毫七丝七忽二沙零；实在熟地一千九百一十五顷九十一亩一分六厘四毫，该粮八千五百八十石七斗一升七合七勺，内本色粮七百二十七石一斗，折色粮

---

① 雍正《石楼县志》，《中国地方志集成·山西府县志》辑20，南京：凤凰出版社，2005年，第602页。

七千八百五十三石六斗一升七合七勺，共派银六千三百四两四钱四分五厘一毫八丝，地亩九厘银八百两六钱四分二厘五毫二丝二忽，驿站银一千二百一十三两三钱二厘二毫，共银八千三百一十八两三钱八分九厘九毫二忽。顺治十二年，清出无粮民地五十顷三十亩，共该粮六十二石八斗七升五合，共征折色银五十两四钱七分二厘四毫一丝二忽。

顺治十五年至十八年，共开垦民田荒地三十八顷九十亩五分，共开垦民田荒地三十八顷九十亩五分，共该粮一百三十二石一斗八升三合七勺五抄，各征不等，共征折色银一百一十三两九钱七分三厘五毫五丝六忽。

康熙元年至五年，共开垦民田荒地四百一十一顷二十四亩五分，共该粮一千五百七十五石一斗四升二合五勺，各征不等，共征折色银一千四百三十六两三钱六分七厘七毫二丝二忽四微八纤二沙六尘五埃。康熙十六年，清出并续查山隐漏额内有主民田荒地二百二十三顷一十三亩，共该粮五百二十四石八斗八升八合五勺四沙七撮八圭四粟，各征不等，共征折色银五百一十四两五钱九分三厘一毫四丝二忽二微四纤四沙九尘七渺五埃七漠。

雍正六年，首报开垦民田荒地二十顷三亩，各征不等，该征本色粮一十二石一斗七升九合三勺五抄六撮五圭七粒二粟，折色粮二十八石三升三合一勺九抄九撮九圭五粒，并地亩九厘银、驿站银共征折色银三十五两二钱四厘六毫八丝三忽一微六纤五沙一尘四渺六埃五漠。

原额屯田太原右卫坐落本县屯地二百六十八顷二亩四分一厘，共征折色粮四百五十三石二斗三升六合七勺四抄九撮，共征银二百两六分四厘二丝四忽七微，内除旧荒地七十八顷五十三亩五厘，停征两一百三十二石七斗七升一合七勺四抄九撮，该银三十九两八钱三分一厘五毫二丝四忽七微。

顺治九年十月，巡按御史刘具题奉旨，蠲免荒地一百六十六顷四亩三分六厘，该粮二百八十石八斗七合一勺八抄七圭五粒，每石折银四钱九分三厘三忽五微，共银一百三十八两四钱三分八厘九毫八丝，实在屯熟地二十三顷四十五亩，共征折色粮三十九石六斗五升七合八勺一抄九撮二圭五粒，共折征银二十一两七钱九分三厘五毫二丝。

顺治十三年至十八年，共开垦屯田荒地一十四顷五十亩六分五厘三毫九丝五忽，共该粮二十二石七斗三升一合九勺九抄五撮，各征不等，共征折色银一十二两一钱七分六厘一毫三丝二微九纤九沙三尘。

康熙元年至五年，共开垦屯田荒地八十八顷四十二亩，共该粮一百一石六斗一升九合一勺二抄五撮一粒六粟，各征不等，共征折色银五十五两五钱六分一厘七毫八丝七忽四微四纤九沙二尘一渺三埃。

康熙十六年，清出隐漏额内无主荒屯田共一十一顷二十亩，共该粮一十二石八斗四升八勺五抄一撮五圭二粒，各征不等，共征折色银六两三钱三分五毫八丝四忽七微四纤二沙三厘四渺三漠。

原额更名田晋府下地九十五顷三亩四分七厘三毫二丝，每亩征租银一分二厘七丝六微七纤四沙，共征银一百一十四两七钱一分三厘三毫五丝一忽五微。

以上民田屯田更名田实在熟地二千八百九十二顷一十三亩二分九厘一毫一丝五忽，各征不等，共征折色银一万六百七十九两五钱七分六厘七毫九丝一忽八微八纤三沙五尘七渺九埃五漠。[①]

雍正《重修岚县志》中所记载的该县土地赋税的变化情况，可以比较典型地代表山西贫瘠州县在清初土地赋税变化的一般规律。从上述资料可以看出，岚县的土地蠲免和荒地开垦基本是同步进行的，两次大的蠲免荒地行动均发生在顺治十四年，一共蠲免荒地1319余顷。（这次蠲免源于山西巡抚白如梅的"请蠲荒地逃丁钱粮疏"得到批准，在光绪《左云县志》卷四艺文志的奏疏中完整保存了该奏疏的原文。）然后，经过顺治、康熙和雍正三朝的不断努力，岚县荒芜的土地又陆续得到开垦，分六次共清出

---

① 雍正《重修岚县志》，卷十四，《请减岚县地丁钱粮文》，山西省图书馆藏书，第41页。

土地 742 余顷。尽管如此，一直到雍正时期，岚县的可耕田地总数仍然没能恢复到明代晚期的水平。

面对不断形成的人丁逃亡和土地荒芜，以现丁包赔逃丁、以熟地代缴荒地之粮成为地方上通常采取的应对措施。但这样的办法无疑就是剜肉补疮，只能造成更加严重的人丁逃亡，形成更多的荒地，造成官民两累。为此，山西的地方官只能不断上疏，请求中央能豁免地方的缺额钱粮，在山西的地方志中，记录下了众多的地方官请豁荒田的奏疏。

比如在光绪《左云县志》中，就保留下了顺治七年（1650 年）宣大总督佟养量免起科请豁荒二疏和顺治十四年（1657 年）山西巡抚白如梅所上的请豁荒奏疏。（根据清会典记载，顺治初年设宣大总督，驻大同镇。顺治十三年裁宣大总督，设山西总督，以宣府归顺天巡抚管理。）

总督佟公养量免起科请豁荒二疏

顺治七年九月初八日，准司农议，以各卫所屯田地俱照州县民田征粮则例一体起科，题奉旨依行，钦此。备咨到部院，该本部院看得：云镇地处极边，山高风猛，种迟霜早，南边桃李开谢，北边萌芽才生，则天时不若也；腹里地膏每亩收田二三石，所谓寸金寸地，北方土壤砂积，每亩地价不过三二钱，遇雨旸时若之际，收三四斗者，便称有年，则地利不若也；况值逆闯变后，继以天灾叠至，复罹姜祸，兵戈扰攘，边方之苦，不为当事者确知。诸王公大人所亲历而目睹者，然再与腹里州县同科，窃恐加多而并废，其少取盈而反致其亏。夫有人斯有财，益下即所以益上也。岁即复部，免厥加额。又据大同府知府胡文烨详查，所属自多事于姜逆，人民新经死亡，共遗抛荒地一万三千四百九十九顷零，岁该地粮银二万七千八百三十四两零，本部院念其地粮无出，考成不免累官，敲追反滋虐民，事关国本，贻害匪轻，于顺治七年十二月十五日缮疏力请，荷蒙圣旨，蠲豁前赋，以二年后起科，劝谕有司，宣布皇上德意，广示招徕。①

---

① 光绪《左云县志》，《中国地方志集成·山西府县志》辑 10，南京：凤凰出版社，2005 年，第 212 页。

这是清政权建立之初由山西最高行政长官所上的请豁荒粮疏。这篇奏疏强调的重点是，山西北部地区土地贫瘠，气候寒冷，与腹里州县差距很大，不宜同科起征赋税，而且屡经兵燹，人民逃亡，导致大量土地抛荒。得到的批示是豁免前赋，两年后再起科。但是，显然，两年的时间不足以恢复山西的元气。所以，到顺治十四年（1657年），山西巡抚白如梅再次请蠲荒地逃丁钱粮：

巡抚白公如梅请蠲荒地逃丁钱粮疏

为晋省荒亡有据、钱粮追征无由、再恳睿慈敕部酌议、急施调剂之术、以援残黎之厄事。窃惟地赋丁粮，乃军国急需，凡属臣工，孰敢怠荒？但赋由地输，粮由丁纳，如地土荒芜，则赋税自缺，人丁逃亡，则钱粮自减。然地土荒芜正由人丁逃亡，无人耕种故也。倘地土已荒而责令熟地照额摊赔，人丁已逃而责令现丁代为包纳，不但群黎之皮骨不足以代荒亡者之敲扑，将来必致现丁亦逃、熟地亦荒。国课愈致匮绌矣！此不易之理也，故屡奉严禁，不许以熟地包荒以存代亡，仰简皇上洞悉民隐，深知包荒代亡之厉政有损于国计民生也。臣查晋省州县多处山谷之中，民鲜素封，地多沙碛，南逼诸河，有浸塌之虞，北邻沙漠，有风霾之患，素称疲敝省；年来兵火频仍，又兼灾祲屡见，小民叠遭荼毒杀戮，他徙及饥困死亡者，十去其六七，仅存三四分之残黎。人丁既少，地土自荒，地土既荒，均徭自缺，故前抚臣陈应泰仰遵清理之恩谕，檄行确查，清出荒地亡丁，既会疏具题请豁，非不知有亏国赋，实出于情势之不得已也。奉旨饬部议覆，而部臣以不能裕国，议令照旧征收。残黎闻之，哀声遍野。臣莅任之初，据各州县申诉，情甚迫切，案积如山。继而各处群黎，扶老携幼，泣诉盈庭，咸称有一亩熟地，责令包赔三四亩之荒赋，一人现存，责令代纳三四丁之亡粮，奄奄残喘，自顾不瞻，焉能包赔？大悖不许包荒代亡之旨，将地丁逐一清理，俟题报之日，以凭议覆奉有依据之旨备行到臣，仰见我皇上轸念民瘼至意，三晋士民无不惧欢欣望更生之有日矣。但彼时在省无可专诿之道臣，且晋省地方辽阔，未便止令一道臣周流履勘，致稽时日，似不若即令本营各道躬亲确察，查核庶无遗漏，臣随同司道确商明白，檄行通省守巡兵备九道使履亩亲查，仍责右布政使潘朝选董理，总核，去后今据各道闻报查出民屯土田荒芜共地三万八千五百一十八顷八十八亩，逃故人丁四万七千二百五十八丁半委属真荒亡，毫无假饰，俱取印结存案总由字，姜逆摧残之后，被杀被掳，户口业已萧条，又连年灾祲饥毙逃窜过半，所遗荒地亡丁银粮，至今虚悬，既不可就仅存皮骨之子遗敲扑，包赔违严禁，而国赋久亏，兵饷迭欠，总在此荒亡无可征输之内。地方官无点金之术，惟俯首以受参罚，士民惧包赔之累，惟褊负而思他逃，此非盛世所宜有也。为今之计，惟有急请除豁，庶熟者不致复荒，逃者望风归业，将来可以渐次招垦，以期地方改观，生齿复聚也。既经司道确查，明白前来，臣复加复核无异，其荒地亡丁、应豁钱粮均徭数目文册，咨送户部查核，外臣谨激切具题，伏乞皇上轸念三晋叠罹灾困之遗黎，将实荒亡地丁银粮敕部作述议覆蠲豁施行。[①]

在这篇奏疏中，详细描述了贫瘠州县百姓在听说请豁免荒亡丁粮的奏疏没有被批准后的反应，"残黎闻之，哀声遍野""继而各处群黎，扶老携幼，泣诉盈庭"，贫瘠州县的百姓不得不自发去衙门门口喊冤。在奏疏中也透露出，其实当时清廷明令禁止地方包荒代亡，但如果豁免荒亡丁粮的奏疏得不到批准，禁止包荒代亡的旨意就成了一纸空文。大量虚额丁粮的存在，导致官民两累，地方官"惟俯首以受参罚，士民惧包赔之累，惟褊负而思他逃"。因此，白如梅急切地请求豁免荒亡丁粮，以期熟地不至于复荒，逃亡者能够返乡归业，生齿复聚。该奏疏得到了批准，大量荒地亡丁得到豁免，地方负担得以减轻。

如果说这两篇请豁荒疏文是站在封疆大吏的角度写的，言辞相对还比较委婉，那么，作为州县父母官撰写的豁荒文本，其所描述的贫瘠州县的官民处境则更加凄惨。在《雍正重修岚县志》中，收录有岚县知县张解通

---

① 光绪《左云县志》，《中国地方志集成·山西府县志》辑 10，南京：凤凰出版社，2005 年，第 212 页。

起草的《请减岚县地丁钱粮文》，这篇长达二千五百字的疏文，更加详尽地描述了地方因地丁钱粮赔累引发的种种问题，读来令人触目惊心：

卑职前岁六月终到任，目睹民生此地，犹如鬼门地狱；官遭此地者，不啻陷阱火坑。自知苦海难脱，即查审荒残丁地，申文报上。蒙前任都老爷责令西粮厅并保德、岢岚二州官复行踏报，已行会题除。卑职到任后，陆续招抚过复，业民旧有差名顶其原额者，梁守知、杜训等共五百六十名；新入册兴差者，刘禄、康祖太等二百九十九丁；其余老少民王屋等一百七十名，各携家口，令抚养俟壮入丁；此外，尚缺额丁银二千三百三两六钱；开垦过间荒可种地一百三十三顷八十五亩，共粮银八百三十两，照耕当年纳税；又死绝无人地三百八十余顷，俟三年纳税；外余者确查，得死绝无人、退山还林、崖塌水冲荒地一千四百四十二顷一十四亩三分，该粮银六千五百四十二两零，皆系额解丁粮，如著现在之民包丁，成熟之地赔荒，即重刑鞭朴小民，徒为杖下之鬼，诚无益于国课毫末矣！然民非抵死抗粮，官非疏玩怠征，但念无罪而就死地，上台或亦闻之恻然也！是岚民人逃地荒之苦又莫苦于此矣！……

前官三十年来每岁征银多不过三千两，少不过千五六百两，解案可查。卑职十一年下半年到任，征银四千余两，十二年征银七千余两，并本色以及现追站银近万两，此从来未有事也。但中有丁地荒绝势难足额者，将欲令成熟之地赔荒粮，恐逼逃而成熟亦荒，欲令现在之丁二包赔逃丁，恐苦累而现丁亦逃，抚民反以驱民，县事愈废，是岚民断甲绝都遗累之苦，又莫苦于此矣！缘此事关封疆安危，情切万民摄生死，卑职不敢讳，陈伏乞天台逐款照详施行。①

这篇奏疏以精确的数字告诉我们一个事实，在清王朝统治初年，百姓负担在日益加重，导致地方人丁逃亡不断，土地荒芜。地方官只能令现丁熟地包丁赔荒，导致百姓完全没有活路。县官也因为不能足额完成赋税征

---

① 雍正《重修岚县志》抄本，山西省图书馆线装书文献室藏书，卷之十四，第39页。

收而身陷绝境。

二、从"滋生人丁，永不加赋"到摊丁入亩改革

康熙五十一年（1712 年），康熙帝诏告全国：

> 今海宇承平已久，户口日繁，若按见在人丁加征钱粮，实有
> 不可。人丁虽增，地亩并未加广，应令直省督抚，将见今钱粮册
> 内有名丁数，勿增勿减，永为定额，其自后所生人丁，不必征收
> 钱粮，编审时，止将增出实数察明，另造清册题报。①

这就是清王朝著名的"盛世滋生人丁，永不加赋"的政策，各地丁银
额随之固定下来。随着丁银定额，以往的户口编审制度和征收丁银制度也
随之发生重大调整：原来的编审制度是六十以上开除，十六以上添注，丁
增而赋增，各地所征的丁银数不固定。而康熙五十一年（1712 年）丁银定
额后，规定"盛世滋生人丁，永不加赋"，这里有个很明显的矛盾之处是：
如果旧时人丁逐渐老死，新增之丁又不交丁银，时间长了岂不是无丁银可
征了吗？这当然是不可能的，也非该政策出台的本意。丁银定额后，旧丁
亡，新丁添，该怎么解决征收丁银的问题呢？康熙五十五年（1716 年）户
部议定：编审人丁时，如有缺额，"一户之内开除与新增互抵，不足以亲
族丁多者抵补，又不足以同甲粮多者顶补"。问题是，这样的规定在实际
操作中难度很大。"自康熙五十年定丁额之后，滋生者皆无赋之丁。凡旧
时额丁之开除既难，必本户适有新增可补，则转移除补易至不公。惟均之
于田，可以无额外之多取，而催科易集"。② 正是由于丁银定额后转移除补
易至不公，所以各地开始实行摊丁入亩改革。由于摊丁入亩既可保证国家
丁银的征收，又可贯彻康熙帝"盛世滋生人丁，永不加赋"政策，使"保
甲无藏匿，里户不逃亡，贫穷无敲扑"，所以公私称便。四川和广东二省
在康熙末年已率先实施了摊丁入亩，雍正初年，改革在全国迅速展开。实
行摊丁入亩后，地方不再依人征收丁银，"夫徭口赋一切取之田亩"，于是

---

① 《清实录·圣祖实录》，卷二四九，康熙五十一年二月壬午，第 469 页。
② （清）王庆云：《石渠余纪》，卷三《纪丁额》，北京：北京古籍出版社，2001
年，第 120 页。

编审人口失去了意义。乾隆年间各省陆续停止了人口编审制度，人民的人身依附关系进一步松弛，百姓得以休养生息。

几千年来，中国封建社会对农业人口征收赋税一直是按土地与人丁双重标准征收，清雍正年间，开始施行摊丁入亩之制，即将丁银摊入田赋中征收，把人头税并入土地税。这项改革废除了实施千余年的人头税，减轻了人民的负担，改变了以往征收赋税标准的二重性，简化了税收手续，保证了封建国家的赋税收入，使得"保甲无藏匿，里户不逃亡，贫穷免敲扑"，可谓一举多得，是利国利民的大好事。

三、山西省实行摊丁入亩改革的历史进程

清代的摊丁入亩改革萌芽于康熙朝晚年，正式开始于雍正朝，在乾隆年间已基本普及到了全国，而山西省的摊丁入亩改革进程较之他省稍迟，正式开始于乾隆元年（1736 年），直到光绪十年（1874 年），山西屯留县才最后将丁银全部摊入地粮征收，前后耗时达 140 余年，历经六任皇帝，耗时之长，为中国赋税史所仅见。现将山西摊丁入亩的历史进程进行简单梳理。

山西省实施摊丁入亩改革的历史进程大致可以分为三个阶段：

1. 乾隆朝大规模推行阶段

山西省的摊丁入亩改革正式开始于乾隆元年（1736 年）。这一年，将临汾县、霍州、介休县、高平县、荣河县、虞乡县、定襄县、安邑县、垣曲县、太平县、凤台县、永济县、猗氏县、忻州、解州、芮城县共 16 州县的丁徭银全部归入地粮内征收；将祁县、陵川县、静乐县、文水县、阳城县、大宁县、朔州、沁州共 8 州县的部分丁银酌情归入地粮征收，剩余的丁银仍然按丁征纳；平遥县共有八千一百五十五余两丁银，归入地粮内征收了两千六百六十一余两，其余的仍然按丁征纳。可以看出，在山西率先实现了摊丁入亩的州县，都是农业条件比较好的州县，粮多丁少，易于摊入。

乾隆十年（1745 年）九月，山西巡抚阿里衮上疏，请求在山西继续推行摊丁入亩改革，得到批准：

又议准山西巡抚阿里衮议覆、前任河东盐政吉庆条奏晋省丁
银分别摊征减征一摺。查各属丁粮分办，贫民偏累尚多，请将太

原、徐沟、清源、襄陵、洪洞、赵城、汾西、浮山、岳阳、灵石、汾阳、孝义、临晋、万泉、左云、平陆、闻喜、乡宁等十八县丁银，全数摊入地粮；交城、曲沃、翼城、长治、长子、屯留、襄垣、潞城、黎城、壶关、平顺、广灵、大同、乐平、夏县等十五县丁银，一半摊入地粮；宁乡、繁峙二县，照下则征收，余银摊入地粮。吉州无业穷丁摊入地粮。其浑源、和顺二州县，摊入地亩三分之一；河曲县摊入地亩十分之一；至阳曲、太原、榆次、祁县、徐沟、清源、文水、大同等八州县屯丁徭银，亦全数摊入屯地，此外各州县照旧分办。①

山西摊丁入亩的标准是："每粮一石，合摊丁银一分八厘至二钱二分二厘；赋银一两，合摊丁银一钱四分七厘九豪至三钱三分八厘不等"。②之所以有这样的差别，主要在于各州县原来的丁银数额存在比较大的差别。乾隆十年，（1745 年）交城、屯留、壶关、夏县、河曲等 15 州县将二分之一的丁银摊入地亩中征收；宁乡、繁峙二县的半数丁银按照丁则征纳，剩余的丁银归入地粮征收；浑源、和顺二县各把本县三分之一的丁银摊入地亩内征收；吉州摊入地粮中征收的只是没有本业的穷丁的丁银；其他州县由于其他多种原因，仍延续旧的编审制度，实行地丁分征。

乾隆二十三年（1758 年），经山西巡抚塔永宁疏奏，山西的太谷县、临县、石楼县、五台县、崞县实现了丁银全部摊入地粮征收；永宁州、沁州、代州，每丁分别征纳三钱、一钱、一钱三分三厘，其余丁银均摊入地粮内征收；榆次县将丁徭银的三分之一摊入地粮征收；沁源县与武乡县各将丁银的十分之五摊归地粮；静乐县把丁银的十分之三摊归地粮内征收；朔州、隰州、永和三州县，仍依照旧制，按丁征收；其中隰州、永和县按照下下则征收，唯余朔州按照中下则征收部分丁徭银；在保德州，所有丁银都按照下下则征收，余额摊入地粮征收。

乾隆三十一年（1766 年），已实现丁银部分摊丁的交城县、文水县和

① 《清实录·高宗实录》，第二四九卷，乾隆十年九月乙酉，第 205 页。
② （清）王庆云：《石渠余纪》，卷三《纪丁随地起》，北京：北京古籍出版社，2001 年，第 122 页。

河津县将剩余丁银全部归入地亩中征收；稷山县将优免丁和屯丁的丁徭银摊入地亩之中；大宁县将一千两丁银摊入地粮内征收；蒲县的丁银由以前的均匀摊派改为按下下则征收，其余州县仍旧丁粮分办。

乾隆三十八年（1773年），浑源州完成了摊丁入亩的改革。次年，榆次县也完成了摊丁入亩改革。

乾隆五十六年（1791年），曲沃、天镇、朔州的丁银额亦全部摊归地粮中征收；同年，蠲免了石楼县、蒲县、永和县的虚额丁银共一千五百三十七两有余。

乾隆五十八年（1793年），大同县的折色银全部归入地粮内征收，标准是每一两中摊入折色银一钱一分七厘；怀仁县按丁则征纳的丁银额与尖丁银分别摊入地粮与屯粮之中，卫丁银摊归屯地。

表5-5　乾隆朝实施摊丁入亩的山西州县列表

时间	全部摊入州县	部分或减则或减少摊入州县
乾隆元年	临汾县、介休县、安邑县、荣河县、虞乡县、定襄县、垣曲县、霍州、太平县、高平县、凤台县、永济县、忻州、猗氏县、解州、芮城县	祁县、陵川县、静乐县、文水县、阳城县、大宁县、朔州、沁州、平遥县
乾隆十年	太原、洪洞、赵城、汾西、汾阳、万泉、平陆、徐沟、清源、浮山、岳阳、孝义、临晋、闻喜、左云、灵石、乡宁、襄陵	交城、屯留、壶关、夏县、河曲、浑源、和顺、宁乡、吉州、曲沃、黎城、翼城、长治、潞城、襄垣、广灵、大同、平顺、乐平、长子、繁峙
乾隆二十三年	太谷、临县、石楼、五台、崞县	永宁、沁州、代州、榆次、沁源、武乡、静乐、朔州、隰州、永和、保德
乾隆三十一年	交城、文水、河津	稷山、大宁、蒲县
乾隆三十八年至五十九年	浑源、榆次、曲沃、天镇、朔州、大同、怀仁	
总计	48	

2.嘉庆、道光朝继续推行

嘉庆、道光两朝，山西省的摊丁入亩改革继续推进。嘉庆元年（1796年），山西省襄垣县、陵川县、静乐县、阳城县、沁水县将之前剩余的丁银全部摊入地粮中征收；同时，山阴县的丁徭银也全部实现了摊入。嘉庆十八年（1813年），山西蒲县的丁徭银实现了全部摊派。

表5-6　嘉庆、道光朝完成摊丁入亩的山西州县列表

时间	州县
嘉庆元年至十八年	襄垣、陵川、静乐、阳城、沁水、山阴、蒲县
道光二年	盂县、平定
道光三年	稷山、岚县、绛县、黎城、广灵、霍邱、绛州
道光四年	祁县、长治、潞城、沁源、繁峙、长子、宁乡、武乡、代州、阳曲、阳高
道光五年	应州、和顺、翼城、隰州、大宁
道光六年	沁州
道光八年	永宁
道光十二年	寿阳
道光十七年	平鲁

从道光二年（1822年）至道光十七年（1837年），山西省在乾隆、嘉庆两朝推行摊丁入亩的基础上，又一次对改革进行了大规模的完善，使那些之前已经实行过豁免、分摊或按照丁则征收丁徭银的州县实现了摊丁入亩，这样在道光朝共有29个州县完成了摊丁入亩的改革。经过嘉庆、道光两朝的继续推行，山西省完成摊丁入亩改革的州县有84个，占山西总州县的五分之四以上。

3.光绪朝最终完成

1840年鸦片战争爆发，闭关锁国的清政府被迫向全世界敞开大门，西方势力纷纷入侵，国内农民起义不断爆发，清政府内忧外患，山西的摊丁入亩改革无人过问，一度中断。直至光绪初年，随着山西"丁戊奇荒"的

爆发，人口锐减，土地荒芜，为了恢复农业生产和社会秩序，经山西巡抚曾国荃的奏请，山西未行摊丁入亩改革的 16 州县（吉州、屯留、壶关、兴县、宁武、神池、偏关、永和、岢岚、五寨、辽州、榆社、保德、河曲、夏县、右玉）在缺额丁银全部豁免后，将剩余丁银全部摊入地粮内征收。此次改革，在光绪五六年内全部完成。

表 5-7　山西最后完成摊丁入亩的部分州县情况列表

州县	完成时间及情况	资料来源
永和县	光绪五年，额征地丁共银两千一百五十九两七钱六分六厘九毫，按光绪三、四两年连遭大祲，所有田地荒芜居多，奉文蠲免地丁银两千零三十两六钱八分五厘一毫，实征银如上数。自此将人丁徭银一律免除，地丁徭银归入地粮，人民称便	民国《永和县志》卷二《田赋志》，《中国方志丛书·华北地方》第八八号，台北：成文出版社，1968 年影印，第 138 页
榆社县	光绪五年清出逃绝缺额三千二百九十四丁，应征银一千四百一两二钱三分一厘九毫，蒙巡抚湘乡威毅伯曾公奏请永远豁免，自光绪五年上忙为始。其现存实丁五千八十九丁，除颜料各色外，岁应征正耗银八百六十一两五钱二分二厘二毫八丝三忽，奉文匀摊入地粮并征，亦自光绪五年上忙为始……榆民始庆更生，脱此巨累	光绪《榆社县志》卷二《田赋志·丁徭》，《中国方志丛书》华北地方·第四〇三号，台北：成文出版社，1976 年影印，第 121—125 页
兴县	光绪五年奉，曾爵抚札饬兴县知县，张（知县）将现征徭银归入地粮一千五百四十六两零，余徭银六百八十两零尽行豁免	光绪《兴县续志》，上卷《户口》，《中国地方志集成·山西府县志》辑 23，南京：凤凰出版社，2005 年，第 156 页

州县	完成时间及情况	资料来源
辽州	自雍正十年历至光绪二年，册报户一万七千一百二十七，口七万六千二百零一……至三年四年迭遭大祲，民不聊生……虽活民无算，莫济其艰，户口卒减过半。除死亡外，现存户三千八百五十二，口二万七千零七十九。若照常征收，遗黎锉骨难赔……光绪六年正月，奉上谕恩准豁免土著供丁下中、下下等丁一万一千九百二十三丁……除豁免外，实存人丁三千零六十三丁，共征正银九百八十两五钱五分五厘八毫四丝一忽，耗银一百二十七两四钱七分二厘二毫五丝九忽，现奉旨摊入地粮内征输	雍正《辽州志》卷之三《户口·续编》，《中国方志丛书·华北地方》第四〇七号，台北：成文出版社，1976 年影印，第 261—264 页
神池县	行差人四千四十丁，均徭银一千二两五钱零，于光绪六年恩诏，永远豁免无着丁徭银一百三十六两九钱五分外，尚余银八百六十两零，奉文并归地粮，随折色银两征收起运	光绪《神池县志》卷四《田赋》，《中国地方志集成·山西府县志》辑 17，南京：凤凰出版社，2005 年，第 410 页
岢岚州	光绪六年，蒙爵抚宪曾具题，奉诏豁免丁八百四十三，丁银八百九十五两二钱七分二厘，自兹以后，岢民之丁徭遂无矣	光绪《岢岚州志》卷五《赋役志》，《中国地方志集成·山西府县志》辑 17，南京：凤凰出版社，2005 年，第 582 页
夏县	光绪五年抚院曾具题，六年正月日奉旨，着将查明夏县缺额丁粮银三千二百四十四两五钱四分，自光绪五年上忙起永远豁除。下余丁粮银三千八百六十七两八钱八分七厘，按地亩上中下三等摊入地粮征收，永除丁倒累户、户倒累甲之弊，民皆便之	光绪《夏县志》卷四《赋役志·丁徭》，《中国地方志集成·山西府县志》辑 65，南京：凤凰出版社，2005 年，第 61 页
屯留县	光绪四年大祲后，民人逃绝。编审男妇大名，口三万零三百七十一名口；男女小名，口二万一千二百九十四名口。其应征行差丁粮，实在七千六百九十八丁，每年应征正耗丁银一千三百九十一两零二分三厘九毫，于光绪六年奉文，全数归入地亩征收	光绪《屯留县志》第三卷《田赋》，《中国地方志集成·山西府县志》辑 43，南京：凤凰出版社，2005 年，第 378 页

从上表内容可以看到，光绪"丁戊奇荒"对山西民生造成了巨大的冲击，人民逃亡极其严重，若照旧征收丁徭银，已经不大现实。因此，时任山西巡抚的曾国荃条奏请求豁免荒地和逃丁，很快得到清廷批准，并迅速在全省开展查报荒地的行动。从光绪五年（1879 年）开始，永和、榆社、兴县等县的缺额丁徭银得以豁免或全部归入地粮；至光绪六年（1880 年）初，辽州、神池、岢岚、夏县等也都遵奉上谕，或豁免全部丁徭银，或将丁银全部摊入地亩。山西省终于全部实现了摊丁入亩改革。

四、山西省实行摊丁入亩改革耗时长的原因

是什么原因造成摊丁入亩改革在山西省实施难、费时长的呢？考察山西省摊丁入亩的整个历程，就可以发现，无法顺利实现摊丁入亩的州县基本都是贫瘠州县。而造成这些州县贫瘠的一个重要原因就在于，它们的赋税负担太过沉重，有大量的缺额田粮和缺额丁银都摊在熟地和现丁身上，百姓不堪重负。

据前文可知，清王朝也在不断豁免地方上的荒粮亡丁；但是，在施行豁免政策的同时，地方官又在不断清出新的熟地和人丁。豁免地方钱粮只是暂时的权宜之计，地方官的最终目标还是要恢复原来的国赋数额。

清历代统治者都强调，清代施行轻徭薄赋的政策，但考察清代百姓的真实赋税负担，较之明代，不但没有减轻，反有加重之势。据康熙朝《宁乡县志》卷五《赋役志》的记载：

> 宁邑疲敝，大约坐户口之销耗；户口销耗，大约坐兵荒之流离。前明崇祯年间王加印等作乱，国朝顺治六年刘定国作乱，徙者甚众，是以归并一十三都为四都，是户口销耗已过半矣！康熙三十四、五、六年，霜旱叠荒，及疫疠死徙者更众，是以村落二百，存者止九十有六，是户口消耗又强半矣！考万历三十三年，口四千四百四十有三，差银二千零八十二两有奇，大略计之，是每丁输银不足五钱也；今口二千七百六十有一，差银二千一百三十四两有奇，大略计之，是每丁输银九钱有余也，较前已加倍矣！不特此也，明季纪纲宽弛，有司怠缓隐漏数多，每丁虽名五钱，公摊不

过二三钱而已；今法令修明，宿弊一清，会计之人不啻再倍矣。是现丁代亡丁包赔也，户口销耗则土田荒芜，由此推之，熟地代荒地包赔，不问可知矣！向非上宪以仁民之心行宽恤之政，俾属吏委曲招徕抚字，则上而国课下而民瘼，忧曷有艾乎？①

这段资料提供的数据是耐人寻味的。根据该史料，宁乡县经过明清易代，百姓的丁徭银负担非但没有减轻，还翻了好几倍。因为清朝政治清明，法令修明，原来的税收宿弊得到清除，百姓的赋税负担更为沉重，遭受了更加严酷的盘剥。一个强大的帝国，同时也意味着对百姓更加残酷的剥削和压迫，这点是毋庸置疑的。

乾隆八年（1743 年），山西巡抚刘于义奏称：

晋省粮轻丁重，非如江浙等省丁轻粮重、易于均摊者可比。若将丁银归入地亩，竟有原额粮银一两，今每两加至三、四钱者。查晋省每年钱粮，奏销以前全完，从未见有以丁银拖欠、完纳不清申请者。且通省地土肥瘠不同，如平阳之吉、隰等州，太原之岢岚州并大同、宁朔所属各州县，地土实系瘠薄，诚恐一例归并，倘年岁稍歉，即钱粮逋负；况晋省逐末者多，力田者少，丁粮归并，亦恐重累力耕之民。②

这份奏折强调，山西不可全部实行摊丁入亩，有如下几个理由：（1）丁银过重；（2）土地极其瘠薄；（3）山西做买卖的人多，耕田的人少，丁归地亩，恐累力耕之民。乾隆帝认为很有道理，于乾隆十年（1745 年），户部议准，山西一些地方仍然地丁分征。

然而，继续地丁分征也就意味着要继续实行人口的定期编审，这样做仍然存在很多问题。山西省的人口编审制度在清代持续的时间最长，弊端暴露得也最充分。在丁银定额之前，清代对人口进行五年一次的编审制度，在编审的时候，可根据人口变动情况进行开除和添加。

---

① 康熙《宁乡县志》，《中国地方志集成·山西府县志》辑 31，南京：凤凰出版社，2005 年，第 290 页。

② 《清实录·高宗实录》，卷一九三，乾隆八年五月辛亥，北京：中华书局影印本，1986 年，第 484–485 页。

在乾隆朝《新修曲沃县志》中，记载了丁银定额前地方官对人口进行编审的情况：

> 升富擦贫民，前官编审勤，数十年，怎是原人？祖上门徭谁为顶？名虽易，户犹存。财旺发儿孙，教他丁则分，旧家差，都撰新身，老故绝贫逃尽免，几千口，感皇恩。

> 审除仍报原户，历来通弊，惟于编审之时，先令分丁分则，计丁安项，以故二十一年，审编丁徭如故。而四都贫户，得蒙开除者凡五百丁。愿后来官斯土者，广而行之，庶几国计民生，均有裨益。知县张坊乾隆乙亥编审

> 盖沃之户口，视明初所存仅半云。或曰，自崇祯间灾祲始也，或曰，肩摩袂接，七十里不足以容之。遂有轻去其乡者。或曰，漏者众，隐者亦众，三者余亦疑之，乃余亦尝两编沃民矣！校登而稽，上下参伍不同，要于前数，尚未之有逮。夫袭伪增之，故智以邀赏，余何敢！然尺组是绾，曾不问生齿之登耗，何以称司牧哉！知县潘锦原序①

从这一记载可知，在原来五年一次的人口编审制度下，曲沃县升富擦贫，很多老故绝贫逃亡之民得以开除；但原制度也存在申报人口仍沿用原来户名的弊端。

由于丁银定额后，新的编审制度要求地方上的缺额丁银"一户之内开除与新添互抵，不足以亲族丁多者抵补，又不足以同甲粮多者顶补"，而不再像以前根据实际情况进行开除和添加，造成了山西严重的丁银赔累问题。据《和顺县志》记载，该县丁银定额后，"升富察贫例不行，遂至丁倒累户，户倒累甲"。② 山西那些自然条件极差、丁银负担沉重、人丁经常逃亡的州县，丁银缺额逐年累积，造成一丁常需包赔十几丁的丁银，"滋生人丁，永不加赋"政策在这些地方完全成了一句空话。以山西榆社县

---

① 乾隆《新修曲沃县志》，《中国地方志集成·山西府县志》辑48，南京：凤凰出版社，2005年。第92页。

② 《和顺县志》，《中国方志丛书·华北地方》第四〇八号，台北：成文出版社，1976年影印，第204页。

为例，"……旧额之丁，现无一存，按甲按户，凭空追呼，所谓丁倒累户，户倒累甲，大为民病，盖已二三百年于兹矣"。① 又比如山西隰州："隰民之苦一曰地瘠……一曰包粮，或有逃亡故绝，则以地归之同族同里，得地之人不能兼顾，则弃地不耕而完荒地之粮，甚有粮存而地不可考者。其包赔之苦更甚矣！一曰弃肥留瘦，饶裕之家有瘠地，则有腴地，以腴补瘠，尤可相抵，及其贫乏，鬻腴而留瘠，瘠地之租无几，其苦与无地有粮等；一曰丁多人少，一里之内，甲户人众而册上之丁少，则众人共纳一丁；乙户人少而册上之丁多，则一人独纳数丁。晋省丁银最重，以一人完一丁鳏独已经不能支，况以一人而兼数丁耶。一曰包绝，丁甲内有逃故者，则同甲之人包之，通计三十里，每里每甲必有包赔之丁。盖明末寇变，丁存无几，而请免者仅五百余丁。近者乙亥地震，丁丑戊寅，荒役流移在外者不可胜计，编审之年因缺额太多，不便开除，此丁之所以有包赔也。"② 以往论及康熙朝"盛世滋生人丁，永不加赋"之法时，往往只注意到它的积极面，其实该政策只对实行了摊丁入亩改革的地方有效，对那些丁额沉重、无法实行摊丁的州县来说则完全是一句空话。

不断产生的缺额丁银引起老百姓的包赔之苦，包赔又引起在籍人丁的进一步逃亡，逃亡导致更多的包赔，结果造成在籍之丁日少，丁银日重。丁银沉重便无法实施摊丁入亩改革，只能实行地丁分征。地丁分征又带来编审滋扰、私派杂征、民以诡寄避役等众多弊病，进一步造成在籍之丁的逃亡。如此恶性循环，使得清廷也深感无奈。"赋重无过江苏，土薄无过贵州，皆丁粮合办，何独异于山西？夫有地而稍增其额，即虑逃亡，若无地而按征，其丁逃亡，不更甚乎？乾隆二十三年查办祁县、寿阳各有穷丁三千余人，其去乾隆八年仅十余年，岢岚州逃亡六百余丁，五寨县逃亡二百余丁，所谓民情相安，特虚语耳"。③ 以上史料说明，丁银定额后，不

① 光绪《榆社县志》，《中国地方志集成·山西府县志》辑18，南京：凤凰出版社，2005年，第517页。

② 《隰州志》，《中国方志丛书·华北地方》第四二七号，台北：成文出版社，1976年影印，第190页。

③ （清）王庆云：《石渠余纪》，卷三《纪丁随地起》，北京：北京古籍出版社，2001年，第122页。

合理的编审制度在不断造成新的丁银缺额。

由于户口增加和土地开垦数额关乎地方官的考成和政绩，所以地方官有上报垦田亩数和户口增数的现实需要，导致地方的丁粮负担日益沉重。在雍正《重修岚县志》中记载道：

> 一百姓者，地方之根本也；必有民而后可以办差纳粮。岚县万历初年粮只六千八百七十余两，丁止二千一百有奇，学碑为记。前官赵知县偶因一时年丰，未及远虑，将山顶退河地尽广为额粮，至一万五千八百余石，将在家老少民并寄居流来人尽编为额丁，广至一万三千六百余丁，彼时年丰世平，人或尚有余力可竭，渐次遭累，割肉医疮，已属勉强支持，迨来民髓竭尽又遭天灾时变，人民死逃多半，现在丁地尚难供办，况以一垄之熟地赔数亩之荒粮，一户之残丁包数户之逃差，所以逃者愈逃，已逃之民望累差而魂飞远遁，不敢复业，荒者愈荒，已荒之地废耕久而荆棘丛生，无人开垦，是广粮添丁，胎祸于三十年前，流亡继则接害于二十年以后，致历年来民因赋累，官因民累，受斯地者，非死则斥，从无一官升转。[1]

丰收之年，岚县赵姓知县把山顶退河地全部报为熟田，导致岚县的税粮增加至一万五千八百余石；又把年老、年少者及寄居在该地的人全部编为额丁（负担徭银的成丁），导致额丁增加至一万三千六百余丁。在丰收太平之年，地方还勉强可以支撑。但随着天灾不断，人民逃亡过半，导致地方赔累日甚一日，结果逃者愈逃，已逃之民不敢复业。因此，广粮添丁对地方百姓而言是最大的灾难。百姓因赋税负担太重而困苦不堪，地方官因赋税逋欠而受到牵连，担任贫瘠州县的官员，非死即斥，没有一人能够升官。

由于一些州县经常性地出现丁银缺额现象，当地百姓又贫苦至极，无力承担，地方上就想出了各种办法来抵补缺额丁银。比如右玉县是以"商捐铜本生息银两"归补丁银的缺口；平鲁县是以"通省正印养廉"银按年摊捐归补。[2] 但是这样的解决办法毕竟是拆东墙补西墙，不能解决根本问题。实行摊丁入亩成为解决山西缺额丁银问题的唯一途径。

---

①

② 雍正朝《山西通志》，卷三九《田赋》，北京：中华书局，2006 年。

第五章　清代山西贫瘠州县的生存状态与贫困原因探析

乾隆三十年（1765 年），山西道御史戈涛上疏乾隆帝，要求在山西其他未实行摊丁入亩的州县继续完成摊丁入亩变革。在其奏疏中，戈涛提出："查赋额之重，无过江苏，而江苏则丁归地粮；地土之薄，无过贵州，而贵州亦丁粮合办，何独异于山西？夫有地而稍增其额，即虑逃亡，若无地而按征其丁，逃亡不更甚乎？"①

戈涛的《请丁银仍归地粮疏》全文如下：

> 窃臣任山西道御史，于该省事务，时加体察，窃见丁银归入地粮征收一案，各省遵循已久，该省独未尽行。伏思丁粮合办，在无地有丁者，既免追呼之扰，即有丁有地者，亦省输纳之烦，吏胥不能藉编审为奸，小民亦不至以勾稽为累，其法简约均平，天下称便，何以该省独有未宜？臣谨就其节次改归成案，推原始末，考较得失，敬为我皇上陈之。

> 查丁归地粮，自雍正九年试办之后，至乾隆元年，抚臣觉罗石麟奏请改归者十八州县；乾隆八年，因盐臣吉庆条奏，议请改归者十八州县；乾隆二十三年，因御史姚成烈条奏，又议请改归者五州县。计三次改归共四十一州县，其余则或请将丁银一半及三分之一归入地粮；或请将丁银统按下下则征收，而以余额归入地粮；或请将无业穷丁尽行删除，而以其应征银两均匀摊入地粮。如此所云调剂办理者三十七州县。此外二十六州县，则仍丁粮分征。此历年查办之大较也。夫以天下通行之良法，而办理独多参差，揆诸画一之道，已有未协，且其所谓不可归办者，或以晋省赋额本重，加丁则未免过多，或以各属地土瘠薄，并征则虑有逃亡；又以为俯从舆论，则民情相安，可以经久，且以为间有逃缺，而编审既届，可以擦除。此数说者，臣皆不能无疑。查赋额之重无过江苏，而江苏则丁归地粮；地土之薄无过贵州，而贵州亦丁粮合办，何独异于山西？夫有地而稍增其额，即虑逃亡，若无地而按征其丁，逃亡不更甚乎？此尤其易明者也。

---

① （清）汪庆云：《石渠余纪》，卷三《纪丁随地起》，北京：北京古籍出版社，2000 年，第 124 页。

臣窃求其主于分办之说，盖谓晋民多出贸易，故不欲宽其丁赋而重地征，若然，则是欲征有力之丁银，因以遍征无力，殊失持平之义，况无地之民，宽裕者终少，拮据者实多。观于乾隆元年及二十三年查办案中，所称祁县、寿阳，各有无力穷丁三千七百余人，其他固可概见矣。至于待编审为擦补，正前抚臣所谓调剂之一法，而实则弊有不可胜言者。何者？在各次办理之时，皆谓轻重适均，民无不便，及至后次查办，便已多有逃亡，即如二十三年所办，其去乾隆八年仅十余年，而岢岚州则逃亡六百三十余丁，五寨县则逃亡二百五十余丁，苟属民情所安，何以逃亡至是？是则所谓俯顺舆情，可以经久，特虚语耳。然而州县动以舆情为请者，一由绅衿富户之畏摊丁赋，一由经承里胥之贪存编审也。盖分征而不免逃亡，必藉编审为擦补，而吏胥经手，因缘为奸，增新丁则放富升贫，除故丁则移甲换乙，百弊丛生，莫可究诘，然则五年编审，特为若辈舞文渔利之期，而百姓之拖赔包纳于未擦补之前者，固无论矣。臣所谓调剂之终不能无弊者此也。

夫古今立政，固欲顺民之情，而至于民情所同，则又权其轻重，贫民之不欲输丁，与地户之不愿增额，情同也，而轻重大异。历任抚臣固皆从民情起见，然而富民之情易达，贫民之情难诉。臣愚以为，与其有业之欲，何若纾无业之岷？与其从佣工负贩者而按征其丁，何若于资生有藉者而稍益其额？与其作逃亡故绝，而始为之擦补，何若摊丁归地，而使之不至逃亡？且夫理有可信，则事无可疑，就三次办理而论，前之所谓难行者，后既多有改归，则知后之所谓难归者，原尽属可行，臣请敕下山西抚臣，悉心筹办，将从前丁地分征各州县，一体查核归并，即或地有不齐，亦只就一县中分等摊入，毋复瞻顾旧案，琐屑参差，如此，则丁户不至逃亡，吏胥无由滋弊，良法美政，归于大同，而无业贫民，永沐皇仁于无既矣！①

在这篇奏文中，戈涛大致回顾了山西省实施摊丁入亩的前期历程，对

---

① 郑天挺：《明清史资料》下，天津：天津人民出版社，1981年，第471页。

于无法实现摊丁入亩州县所提的理由，戈涛表达了强烈的质疑："查赋额之重无过江苏，而江苏则丁归地粮；地土之薄无过贵州，而贵州亦丁粮合办，何独异于山西？"他提出，如果地丁分办真的有利于安定百姓的话，为什么还会有那么多新的逃亡人丁出现？接着，戈涛分析了地方州县之所以不愿意实行摊丁的根本原因，一是由于绅衿富户畏摊丁赋，不愿执行；一是由于州县里胥贪存编审，以便于弄权渔利。最后，戈涛恳请乾隆帝下旨山西抚臣，将从前丁地分征各州县，一体查核归并。

然而，山西彻底解决地丁分征和人口编审制度的弊端，让所有的州县都实行摊丁入亩改革，已经是光绪六年（1880年）的事了。这距离戈涛的上疏已经又过去了110年的时间。光绪初年，在山西、河南、陕西等省发生"丁戊奇荒"，山西作为重灾区，人口损失惨重，土地大量荒芜，新生出大量的荒地和缺额丁银。时任山西巡抚的曾国荃上疏中央，要求彻查山西的荒地逃丁数量，并永远豁免坍荒粮米，在山西彻底实现丁归地粮。该奏疏得到清廷批准，并正式下谕，要求在山西全境实行摊丁入亩。在光绪《左云县志》的《艺文志》中，收录了清廷的这条上谕：

敕永远豁免通省州县坍荒无折粮豆米谷谕

爵抚部院曾札开，于光绪六年正月二十日缮具清单，恭具奏遵旨，查明山西各州县未摊丁粮分别归并减豁，并坍荒无著之银米豆谷，恳恩永远豁免，以广皇仁而苏民困一折，兹于二月初四日承准，军机大臣奉旨，另有旨，钦此。同日随折奉到。

光绪六年正月二十七日，内阁奉上谕，前因山西荒地甚多，并丁粮未归入地粮之处，谕令曾详查筹办，并准将缺额之丁、无丁之粮核实酌减，以恤民艰。兹据该抚奏称，查明各州县未摊丁粮，请分别归并减豁，并坍荒无著之银米豆谷，恳恩永远豁免，开单呈览等语。山西辽州等州县丁粮或全未摊，并谨摊数成，并有无丁可征者，丁倒累户，户倒累甲，闾阎殊形困苦，至水冲沙压、石积盐碱老荒田地，耕种既不能施，粮赋自无从出，加恩著照所请，所有辽州、夏县、屯留、壶关、宁武、神池、五寨、榆社、偏关、保德、永和、岢岚、河曲、兴县、吉州、右玉等十六州县缺额丁粮，暨汾阳、河津、临汾、凤台等四县缺额屯丁，共银二万一千三百七十三两零，又太谷、忻州、代州、洪洞、浮山、永济、荣河、虞乡、临晋、万泉、平陆、芮城、稷山、河津、长治、壶关、高平、阳城、辽州、偏关、和顺、榆社、怀仁、繁峙、山阴、兴县、临县、右玉、太原、翼城、太平、夏县、隰州、曲沃、蒲县、介休、沁州、沁源、武乡、陵川、沁水、应州、定襄、左云、乡宁、岳阳、岢岚、平鲁、宁远清水河、朔平府朔州、凤台、襄陵、阳曲、临汾等五十三厅州县坍荒无著地粮，共银四万五千三百五十六两零，米豆四千二百二十七石零，谷一千十石零九十束零，均著自光绪五年上忙起，永远豁免，该抚即刊刻滕黄，并将单内所开各州县地丁钱粮，豁免数目、详细刊刻，编行晓瑜，务使实惠均霑，毋任吏胥舞弊，用副轸念民依至意，余着照所议办理，该部知道单二件并发，钦此。[1]

谕旨下达至地方后，山西各州县纷纷派人测量荒地数量并上报至省，在很多县志中都记录下了这次豁免丁粮的数额，比如光绪《左云县志》卷三记载，该县自光绪五年（1879 年）上忙起永远豁免了以下地粮数额，包括：左云县水泉儿等一十三村坍荒地六十二顷八十五亩，每年应征粮七十七两六钱九分，米豆三十九石三斗三升，谷一十石七斗八升四合，草九十束九分。[2] 在光绪《兴县续志》里，详细记载了该县从清康熙五十一年（1712 年）"滋生人丁，永不加赋"改革到光绪五年（1879 年）该县最后施行"摊丁入亩，豁免钱粮"的赋税制度变革轨迹：

旧志载，康熙五十二年以后，所增户口奉特诏，止造盛世滋生册，永不加赋。雍正四年，编审兴县实在行差人丁共六千贰佰贰拾肆丁，征徭银肆千肆百五十二两五钱二分壹厘六埃二漠。迨至道光五年，奉上宪，将徭丁一半归入地粮，徭银止征贰千贰百

① 光绪《左云县志》，《中国地方志集成·山西府县志》辑 10，南京：凤凰出版社，2005 年，第 218 页。

② 光绪《兴县续志》，《中国地方志集成·山西府县志》辑 23，南京：凤凰出版社，2005 年，第 156 页。

贰拾陆钱陆分伍毫叁埃壹漠。光绪五年，奉曾爵抚札饬，兴县知
县张将现征徭银归入地粮壹千五佰肆拾陆两零，余徭银陆佰捌拾
两零尽行豁免，今奉札遵行。①

据光绪朝《山西通志》记载，豁免缺额丁银在山西较早的记载是
乾隆十一年（1746 年），汾州和临县各豁免丁徭银 948 两；嘉庆二十四
年（1819 年），保德豁免 965 丁，银 717 两；道光五年（1825 年），豁免
左云县丁徭银 368 两。但这些豁免只是零星的偶尔实行的，光绪五至六
年（1879—1880 年）豁免的规模要大很多。仅光绪五年（1879 年）这
一年内，就有偏关县豁免荒地九百一十三顷九十七亩，共银一百八十八
两六钱八分，豁免丁徭银四百三十六两三钱八分一厘，豁免虚额人丁
二千二百八十丁，归入地粮；辽州豁免荒地七十七顷五十四亩，共银
六百八十九两五钱一厘，豁免丁徭银三千八百一十九两九钱二分八厘，豁
免虚额人丁一万一千九百二十五丁，余银九百八十五钱五分五厘归入地
粮征收；潞安府豁免地九十六顷九十七亩，银八百二十两，豁免丁徭银
二千五百九十八两一钱七分，余银三千八百六十五两七钱五分九厘归入地
粮征收。山西的许多州县都是在豁免了大量的荒芜土地和缺额人丁后才实
现了摊丁入亩的。经过这次大规模的豁免，原来缺额丁银严重的州县终于
解决了摊丁入亩的主要绊脚石，最终实现了摊丁入亩。丁银从此不再按人
征收，无地穷丁不用再为了交丁银而逃亡异乡，人民所受骚扰明显减少，
人身相对获得了自由，缺额丁银问题也终于得到解决。

山西还有一些州县一直无法实现摊丁入亩的根本原因是丁银负担过
于沉重。为此，山西政府采取了先减则征收，余银摊入地亩的办法，就是
按照最下则的丁银征收丁税，其余丁银摊入地亩中征收。如乾隆二十三年
（1758 年），保德州以下下则征丁，余归地粮。朔州丁粮均照中下、下下则
分别贫富均纳。乾隆三十一年（1766 年），蒲县丁银均匀摊派，改为下下
则征收。对个别特殊困难的县，干脆把丁银全部豁免了，比如右玉县。更
多的州县是通过分期摊入的办法逐步实现摊丁入亩的。

---

① 光绪《兴县续志》，《中国地方志集成·山西府县志》辑 23，南京：凤凰出版
社，2005 年，第 156 页。

第三节　明清以来山西贫瘠州县的兵匪之患

盗匪横行、兵燹屡兴是导致明清以来山西一些州县陷入贫瘠之境的又一大原因，比较典型的是山西沿黄河一线的诸州县。

一、踏冰而来：山西沿黄诸州县的兵匪之患

在山西的 35 个国家级贫困县和 22 个省级贫困县中，有近一半的贫困县分布在沿黄河一线，其中国家级贫困县有偏关县、河曲县、保德县、兴县、临县、石楼县、永和县、大宁县、吉县、平陆县十个；省级贫困县有乡宁县、万荣县、临猗县、夏县、垣曲县和陵川县六个。众所周知，黄河乃山西与陕西、河南两省的界河，如果从历史角度观察黄河在三省交流交往中的作用，可以看到：黄河如同一把双刃剑，既可以作为天堑阻断来犯之敌，保护沿岸百姓的安危，又可以在冬季结冰后一变成为通衢大道，为前来侵犯的胡虏匪患提供便利。黄河结冰后，会在一些地段形成所谓"冰桥"，防守难度颇大。为了防范敌人在冬季踏冰桥而来，山西临河各州县往往设重兵加以防范。

光绪五年（1879 年）的《吉县志》记载："冰桥沿黄河一带，七郎窝为老桥，每岁小雪，流渐结冻，大雪前后，冰合为桥，惊蛰前后，解冰开合。则人马往来，平如坦途，故为州之要津。"[①]民国六年（1917 年）的《乡宁县志》这样记载："黄河龙尾碛一带冰桥，每岁自小雪后至惊蛰，河冰冻合一二十里之远，如履坦途，西通韩城宜川，最难防守。"[②]同年出版的《临县志》也有类似记载："临为晋西僻邑，似无兵事可志。然秦赵相攻，蔺皋狼为必争之地；典午以来，羌胡割据，石赵纷争，官司守御之

---

① 光绪《吉县志》，《中国方志丛书·华北地方》第四一九号，台北：成文出版社，1976 年影印，第 36 页。

② 民国《乡宁县志》，《中国方志丛书·华北地方》第八十一号，台北：成文出版社，1968 年影印，第 209 页。

策，人民流离之状，书缺有间，不可得而详明。明末西贼破城，清初平寇犯境，洎乎咸同，陕匪甘回，肆其猖獗，河西数十郡县，烽火相望，议战议守，几费经营。民国肇造，沿河会匪，屡肆劫掠，临兴一河之隔，危如累卵，幸防御有方，获免蹂躏。虽然，厝火积薪，未然斯惧，殷鉴不远，来轸方遒。"① 这段史料给我们大致勾描了历史上山西临河郡县所遭逢的兵事匪患。战国时期，秦赵相攻，西晋灭亡，五胡侵扰，战乱纷纷，前赵后赵相互攻伐不断，人民流离失所。明清之际，战乱纷扰。到咸丰同治时期，陕匪甘回起义，沿黄数十郡县，陷入战火动乱。民国建立，沿河有会匪的骚扰。可以这么说，战乱一直伴随着山西沿黄各州县。民国二十二年（1933 年）修成的《永和县志》也记载："永地僻处边陲，西临陕省，接近延绥，为盗匪入晋之道，若防之稍懈，地方不靖，而民即受莫大之害焉。在昔即视为盗贼出入要口，故设两营分防县城与永和关，是以不能无备也。今设巡警，又添驻陆军，干城已具，腹心可恃，虽值变乱之际，吾民庶得安息无忧矣。"② 永和县作为山西典型的沿黄贫瘠荒僻之邑，在清代，为了防患盗匪，设立了两个营的兵力分驻县城和永和关。进入民国，设立有巡警和陆军，用以保护百姓的安危。这些史料证明，由于地理位置的原因，山西的很多贫困县常常遭受兵匪之患。

二、由边陲重镇到荒僻小邑——晋西北贫困县历史地位的变迁

明清易代，晋西北边境需要应对的敌患发生了重大改变。在明代，山西沿黄州县需要防范的主要敌人是所谓"胡虏"之患，即蒙古人的骚扰掳掠；而清代是异族政权，满蒙建立了稳固的政治联盟，山西北部和西部沿黄诸州县逐渐由边陲重镇沦为荒僻小邑，在军事上和政治上都不再具有如明代那样的重要性，导致这些地方的河防兵力布置发生重大变化，驻兵人

---

① 民国《临县志》，《中国方志丛书·华北地方》第七十二号，台北：成文出版社，1976 年影印，第 317 页。

② 民国《永和县志》，中国方志丛书·华北地方·第八十八号，台北：成文出版社，1968 年影印，第 196 页。

数锐减，防守武器和军事布置多被废弃。

明代为了防范虏患，在山西的北部和西部大力进行军事建置和部署，在《宁武府志》中记载如下：

> 自古边郡皆宿重兵，明既以偏关、宁武为巨镇，镇之以总兵，专握兵事，其属有参将、游击、守备、协守、都指挥，随地量设，以司职守。其兵则太原卫、镇西二卫所之军，各有总旗，有小旗、有操军、有番上、有召募、有改拨、有常备、有修守民兵，以时教阅。其操练也，有步有骑。考其初时，兵事犹少，故武官员数有定，若军伍之籍，不过三千五百人。自宪宗而后，虏患江炽，尤甚于正德、嘉靖之世，于是增筑城堡，如神池利民、八角、阳方口、盘道梁、草垛、木泉、老营、马站等参游守备以次加设，其余土堡亦置，防守皆戍以兵。其土堡之制，依山阴为之中，积矢石备器械。官有廨宇，士有营舍，草场仓厫咸具。时总兵王玺、李瑾、巡抚丛兰、陈天祥、任洛陈讲兵备，张凤翙等既先后筑边墙，总督余子俊又言，御边设备，莫如多建墩台烽堠，每城二里，须墩一座，以十人守之，墩设二悬楼，以施炮石，非但瞭望得真，炮石亦可四击。至翁万达，益事添置，偏、宁二关之地，墩堠纵横，多至数百。而方嘉靖中曾铣巡抚三关，岁造甲胄四万有奇，其械有大刀、小刀、腰刀、斩马长枪、铁枪、头枪、钻牛头、义吕公、义钩镰、双头棍、铁蒺藜、长牌、圆牌、弓矢弩之属。①

这段史料对于明代在山西西北一线所进行的军事部署有一个简明扼要的叙述，从中可知，明代从宪宗开始，虏患渐炽；到正德、嘉靖之世，达到顶峰，山西北部、西部诸州县开始大规模增筑城堡边墙、墩台烽堠及甲胄武器，以至于这些地区墩堠纵横，官兵密布，武器山积。然而，到了清代，形势骤变，战争不再，所有的这些军事建置屡经裁汰，尽遭废弃。只留下少量兵力，用来防备民间盗贼的骚扰。这方面的变化在县志中多有记载：

如乾隆《宁武府志》记载：

---

① 乾隆《宁武府志》，《中国地方志集成·山西府县志》辑11，南京：凤凰出版社，2005年，第76页。

今之营制，守兵分汛，程以期日，相为代更，盖世方清，宁无举烽传警、乘障保险之役，故其为守不过如汉时游徼，候盗贼而已。[1]
同治《河曲县志》记载：

河保营，古灰沟营，即今县治，明宣德间建，周围五百五十步，东西二门，成化间都御史李侃置恒美仓于内，设守备一员，军八百名。每冬冰结，调偏关老营兵万余为之御冻；后改参将，募兵三千，展筑南城，驻军戍守，悉罢御冻诸军。城恒巩固，商贾云集，民居官廨比栉，崇墉巍然，重镇西域，每市于此，盖西北要害云。

国初，本路设参将一员，战兵守兵各五百名，马三百匹；今制参将一员，守备一员，干总二员，把总二员，外委三员，额外外委二员，马兵五十名，战兵一百八十名，守兵一百六十五名，马二十四匹。

楼子营：县东北二十里，明宣德间建，周围四百六十步，万历间修，设守备一员，军六百名，武宗曾驻跸于此。国初设守备一员，守兵二百名，马两匹；今制把总一员，外委一员，马兵四名，战兵十四名，守兵二十九名，马两匹。

河曲营，即旧县城，在今治东南七十里，原设操守，后改防守，设军三百五十名，后减至一百名，马三匹；今制把总一员，马兵五名，战兵十五名，守兵三十九名，马两匹。

河会营，即路泽营，县东南二十七里，设守备一员，军五百名，明万历间，总督萧大亨议以每年冰结于河会，额设客兵二千驻守，十一月至二月始毕。国初设守备一员，兵二百名，马两匹；今制把总一员，外委一员，马兵三名，战兵三名，守兵三十八名，马三匹。[2]

这段史料有两处都提到，黄河结冰后，需要额外增加兵力以"御冻"。河保营每冬结冰后，要调偏关老营兵万余人为之御冻，这个数字简直惊人。后来虽然悉罢"御冻诸军"，改设参将，仍需募兵三千驻军戍守，说

---

[1]　乾隆《宁武府志》，《中国地方志集成·山西府县志》辑11，南京：凤凰出版社，2005年，第80页。

[2]　同治《河曲县志》，《中国地方志集成·山西府县志》辑16，南京：凤凰出版社，2005年，第66页。

明其战略地位之重要。河会营在明代设有守备一员，军五百名，明万历间，应总督萧大亨之议，每年黄河结冰后，额设客兵二千驻守，十一月至二月始毕。在一县境内，竟需要有这么多军队来驻守"御冻"，可见当时敌人之强大，防范形势之严峻。那么，当时需要应对的敌人到底是些什么人呢？在明代，鞑靼、瓦剌人入居河套，被称为"套虏"，他们正是当时山西沿黄州县需要重点防范的敌人："按河曲逼临草地，患在肘腋之下，先朝守御，于斯较严"。① 明清易代后，形势发生巨变，这些地方丧失了原来的军事地位，于是不再需要有这样大的兵力镇守了，由此导致兵力大量裁减，武器设备也多遭废弃。

在《保德州志》卷二《形胜·墩寨篇》，记载了保德几个寨的武器装备变动情况：

陈家寨：在城东十里义合都五甲。明季设盏口炮二位，快枪六杆，钩头铳十杆，手把铳一十二杆，铁子一千五百个，今俱废。

秦峁寨：在城东二十里宣化坊二甲。明季设盏口炮二位，快枪一十二杆，手把铳一十二杆，钩头铳八杆，铁子一千五百个，今俱废。

花园寨：在城西南二十里静乐都九甲。明季设盏口炮二位，快枪一十四杆，手把铳四杆，钩头铳八杆，铁子一千五百个备用，米四石九斗六升，煤足用，今俱废。

庙沟寨：在城东南五十里义合都十甲。明季设盏口炮一位，快枪一十二杆，手把铳四杆，铁子一千五百个备用，米九石六斗一升，煤足用，今俱废。

新畦寨：在城东南五十里静乐都十甲。明季设盏口炮二位，手把铳一十二杆，快枪一十五杆，钩头铳七杆，铁子一千五百个备用，米六石五斗八升，煤足用，今俱废。

铲铲垵寨：在城西南五十里静乐都十甲。明季设盏口炮二位，快枪十杆，钩头铳六杆，手把铳十杆，铁子一千五百个备用，米三石七斗二升，煤足用，今俱废。

① 同治《河曲县志》，《中国地方志集成·山西府县志》辑16，南京：凤凰出版社，2005年，第67页。

第五章　清代山西贫瘠州县的生存状态与贫困原因探析

> 丛林沟寨：在城东六十里义合都三甲。明季设快枪一十五杆，手把铳五杆，弓箭十副，铁子一千五百个备用，米三石一斗四升，煤足用，今俱废。①

这组数字说明，明清易代后，原来设在保德州的军事设施和武器全部被废弃了。

晋西北的很多贫瘠州县，在明代为卫所，到清代才改成州县。卫所就军事职能而言，自明中期起就已经严重削弱，通过招募和选拔建立起来的兵制逐渐成为明朝的主要军事支柱。清朝接管以后，卫所的军事性质基本消失，但作为一种同州县类似的地理单位却继续存在了很长时间。清初采取的取消都司、卫所官世袭制，裁并都司卫所，改军土为屯丁等措施，大大加速了卫所的民化过程。但直到雍正年间才把卫所大规模地改为或归并府州县。就山西的情况看，雍正三年（1725年）五月，在山西北部原来的卫所辖地设立了朔平、宁武二府，朔平府治在右玉，宁武府治在原宁武千户所。"改右玉卫为右玉县，左云卫为左云县，平鲁卫为平鲁县（今右玉县西南平鲁城），并割大同府属之朔州、马邑县，俱属朔平府管辖；改宁武所为宁武县，神池堡为神池县，偏关所为偏关县，五寨堡为五寨县，俱隶宁武府管辖；改天镇卫为天镇县，阳高卫为阳高县，移原驻阳高通判驻府城，俱隶大同府管辖。改宁化所为巡检司，隶宁武县管辖。朔平、宁武各设知府一员，宁武府设同知一员，右玉等九县设知县九员，典史九员；宁武设巡检一员；裁太原府中路、西路同知二员，右玉等卫守备十员、宁左等所千总十三员。从原任山西巡抚诺敏等也请。"②在这以前，雍正二年（1724年）八月诺敏就曾上疏建议："山西掌印都司一官，专司监催屯粮兼辖卫所。今卫所现在议裁，钱粮刑名原系藩（布政使）、臬（按察使）二司兼理，请将该都司及都司首领、经历一并裁汰，"得到朝廷同意。③这

---

① 乾隆《保德州志》，《中国地方志集成·山西府县志》辑15，南京：凤凰出版社，2005年，第429页。

② 《清实录·世宗实录》，卷三十二，雍正三年五月甲子，北京：中华书局影印本，1986年，第375—376页。

③ 《清实录·世宗实录》，卷二十三，雍正二年八月丁酉，北京：中华书局影印本，1986年，第495页。

样，山西省明代遗留下来的都司、卫、所就全部纳入了行政系统。

总之，随着明清易代，政治军事形势发生巨变，山西的一些州县由原来的边陲重地变为荒僻小邑，不再受到重视。军人大量减少，军事设施被减或被裁，原来围绕军事形成的产业链随之断裂凋零。

改为普通州县后，各县的人口增殖，大量荒地开垦为耕地，导致原来的植被进一步被破坏，水土流失严重，环境日渐荒凉。比如阳高县，"地逼边陲，历代为攻战驻戍之地，故生产开发比较晚，明后期才由军事基地转为民屯。这里以农为主，以种植业为主，千百年来，在稀稀疏疏的村落，在坡坡洼洼的田间，农民辛勤耕作，向往着自足的田园生活，明之前的阳高遍地织棉飞花，山川林莽交接，洼地水丰草密，间有天夫牧歌，环境十分优美。明始，大规模战争，筑长城，修兵营，屯兵屯田，至清中叶，境内三分之一的面积为耕地，但同时带来的是植被迅速退化，水土大量流失，仅在200年间，阳高便成了'高土黄沙满目，低地碱卤难耕'的荒凉地方。恶劣的自然环境，落后的生产方式和封闭的思想意识，严重束缚着生产的发展。"①

山西沿黄州县除了需要应对胡虏之患外，还需要应对土匪的骚扰。这方面的记载在方志中也有很多。如在山西沿黄的多个县志中，都记载了明朝王嘉胤（应）之乱给地方带来的破坏和动乱。《河曲县志》记载，在崇祯元年（1628年），陕西"黄甫川贼王嘉应、吴廷贵踏冰掠河曲乡村，署县张天德严于捕逐，斩贼百人，盗少止。会迁垣曲令去，嗣署县张文宪贿释贼党王从化，贼遂蔓。三年十月，新令高修甫至，乱民王可贵引贼入城，二十八日，王嘉应陷城。十一月，山西总兵王国梁击贼于河曲，发西洋炮，炮炸，兵自乱，贼乘之，大溃。部议设一大将，兼统山陕协讨，乃令杜文焕为提督，偕曹文诏驰至河曲，绝饷道以困之。四年四月，曹文诏等克河曲，斩贼一千五百余级，夺获兵械、旗帜无算，骡马数千头，总督魏云中、参政周鸿图锢城竭水，贼渴甚，乃降。太原令崔从教司饷，贼平，署河曲事，因念贼病渴溃城，贼亦以渴制我，遂建议筑南关水城。"②

---

① 郭海主编：《阳高县志》，中国工人出版社，1993年出版，第3页。

② 同治《河曲县志》，《中国地方志集成·山西府县志》辑16，南京：凤凰出版社，2005年，第66页。

从这段资料可知，平息土匪王嘉应之乱十分不易，朝廷再三调兵遣将，与土匪反复较量，最后以锢城竭水之法才迫使土匪投降。

山西的很多贫瘠州县都地处万山之中，极易成为土匪啸聚之地。土匪横行，则必导致百姓流亡，农田不治。在光绪朝《交城县志》中，录有赵吉士的《守险分治永靖交山议》一文，论及山西的这一形势：

> 闻治民犹治田也，治田者不去其蟊贼，则虽终岁勤劬而其田必荒。去盗犹去痛也。去痛者，不消之未行，则虽有万金良药，而其痛必溃。切晋省全疆环亘恒霍太行之麓，地少山多，而交城、静乐一带，丛峰遽谷，尤盗贼啸聚之薮，自古至今，久居横行而未能绝其根株者，盖亦有故矣！①

山西表里山河，高山深谷纵横，极易成为盗匪聚集之地。不剿平土匪，百姓再辛劳也是白搭。赵吉士把治理土匪比喻成治理痈疽一样，必须消弭于未形之时，一旦病成，定会引发溃烂。

三、兵匪之患对山西贫瘠州县的影响

匪患对地方社会到底会带来怎样的危害与影响？在康熙朝《保德州志》卷十《艺文上》中，收录了一篇《奉使危疆直述见闻疏》的文字，详细描述了崇祯九年（1636年）兵燹之后保德州地方的惨状：

> 臣奉命谕祭代藩，于去岁二月十八日，陛辞就道，时兵燹之后，驿舍多墟，臣与二三朴夫，每向残村投止，磷火乞炊。宣府城旷人涣，糈薄马稀，桑乾土木，处处可虞。至臣乡大同府，则斗米五钱，宗呼兵哗，鬻女易子者，趾错不忍视。人心汹汹，真有旦夕不保之惧。蒙皇上发饷源源，军心欢动，但有银无米，有马无糗。往者，大同歉则太原输，今太原八年汤火，河曲保德盖巨寇王嘉胤首难地，民徙亡十七，兼之七八年两蹂躏最惨，兵括靡遗，道无行人，城如荒野。即臣乡保德，弹丸一州，编户五里，

---

①　光绪《交城县志》，《中国方志丛书·华北地方》第三九八号，台北：成文出版社，1976 年影印，第 767 页。

与陕西府谷县止隔一河，受寇害良久。今以现在两千余丁，追征
逃故八千之徭租，民安得不尽！以是类推，睿照如镜，乃恩诏特
蠲，屡旨令灾民务沾实惠，此真固本除凶之上策。①

文中记载，由于战乱，导致地方粮价飞涨，百姓卖儿鬻女，虽有国家
发来的源源兵饷，却苦于无米可买。由于土匪王嘉胤之乱，导致河曲、保
德地方多数百姓迁徙流亡，道路无人，城如荒野。丁逃地荒而税收不减，
百姓无法生存。

在雍正《重修岚县志》中，记载了顺治十三年（1656 年）岚县知县张
解通撰写的《请减岚县地丁钱粮文》一文，上面也叙述了岚县遭受兵匪之
患后的惨状：

一县制者，国家供赋之地也，均令名曰县，而穷僻褊小之县
与富饶宽大之县不同，久残积苦之县与初残乍累之县不同。今以
山西通省府州县计之，太原府已不等与平汾潞泽各处，以一府所
属计之，而西五州县又为三晋边塞苦地，以西五州兴、曲、保、
岢、岚较之，彼四处地广赋轻，每处粮多则五六千两，少则三四
千两，岚县地窄赋重，而粮独一万五千八百余两，均徭在外志书
可查。且昔罗闯逆盘踞以为省城平汾出没之路，往来焚杀不绝，
受害独重。接续本地土贼高九英结聚亡命数千叛乱三载，以本地
之贼搜劫本县之民，贫富悉知，席卷一空。蒙抚院统调三边大兵，
剿围半载，势始荡平。嗣后残黎惊魂稍定，未逾二载，姜逆突变，
山寇横起，复遭交城接界贼日攘门庭，朝抢暮劫，遗黎从此杀害，
斯一往无余耳！是岚民粮重贼伤之苦莫若于此矣！②

从这两段材料可知，兵匪之患对地方的影响是多方面的，其损害是多
项叠加的，它可以直接导致人民的大量逃亡，村落荒弃，土地因无人耕种而
变荒芜，随之而来的是粮食短缺，粮价飞涨，人民无法生存，只能卖儿鬻
女，或转死沟渠。由于人丁逃亡，导致地方人口锐减和田地荒芜，原来的丁

---

① 康熙《保德州志》，《中国方志丛书·华北地方》第四一四号，台北：成文出
版社，1976 年影印，第 491 页。
② 雍正《重修岚县志》，卷十四，山西省图书馆藏书，第 39 页。

税负担只能由现丁来承担，原来的粮税负担只能由现存的田地摊赔，战乱之后，人民的负担会更加沉重，无力承担只能流亡他乡，导致地方进一步的窳败和残破，恢复起来非常困难。这就形成了地方的恶性循环状态。山西的沿黄州县由于长期处于战乱的阴影之下，造成这些地区进一步贫瘠化。

第四节 山西贫瘠州县的民风民俗与百姓的谋生之道

自古以来，山西就被认为是儒家心目中的圣君——陶唐氏尧的都城所在地，因此，山西百姓具有平和质朴、不尚奢华、深思尚俭的独特民风。民风简朴、具陶唐氏遗风的记载几乎遍布于山西明清以来各州县的方志之中，这几乎是山西人对久远历史的集体记忆。但这种俭朴之风与陶唐氏究竟有多大关系，却是无法考证的事情。正如道光朝《大同县志》的作者黎中辅所言，"'唐俗勤俭'一语，晋人作志者皆引之。不知今日而犹上溯十五国之风，何异言山者必曰导自昆仑乎？"①山西贫瘠州县的民风民俗，往往具有自身的鲜明特点。

一、山西贫瘠州县民风民俗的一般特征

表5-8 山西贫瘠州县地方志中记载的民风民俗史料列表

州县	民风民俗
广灵县	广邑旧志称，士有武健之习，民尚雀角之争，礼义夺于凶荒，疾病惑于巫鬼。又好气轻生，喜斗健讼，以聚众之钱告官告吏为"办公事"，由今观之，殆不诬也。夫地瘠民贫，既不免唐魏之俭嗇，使其克敦古处循理守法，何虑边荒之不如邹鲁乎？如仍旧习而不改，难望风俗之日上矣②

---

① （清）黎中辅纂，许殿玺校注：《大同县志》（道光朝），太原：山西人民出版社，1992年，第2页。

② 乾隆《广灵县志》，《中国方志丛书·华北地方》第四一一号，台北：成文出版社，1968年，第97页。

续表

州县	民风民俗
永和县	永邑俗俭民愚，不谙商贾，专务农业，即时和岁丰，仅足以供国课，况值天不时而地鲜利，为永民者，其何以堪！昔遭明末寇变，丁存无几，更惟丁丑戊寅之奇荒大旱，则流亡殆尽矣①
隰州	十五国风，晋最俭，隰之俭尤甚；晋最朴，隰之朴尤甚。奢侈荡佚僭踰之弊，可不必虑。惟是贾生所谓借父耰鉏，虑有德色；母取箕帚，立而晬语。抱哺其子，与公并倨，妇姑不相说，反唇而相稽，隰往往不免。旧府志云，民性质直劲勇，能守而鲜乱，乡多庞眉之老，旧志云，人不事商贾，勤于耕牧，简于日用，妇事蚕而不能织纺，婚姻死葬，邻佑相助②
武乡县	土瘠民贫，逐末者少，人安朴鲁，无田者率以庸作食力，无人敢涉江湖、操奇赢、游都市。邑本环山，舟车不通，无百货可以懋迁，其当行、酒行、大铺行，胥太谷平遥邻邑人为之，本籍挑贩不过砍柴、卖炭、抱布、贸丝而已③
平陆县	邑于深岩邃谷之间，俗朴而事简，守土者称易治，惟是地虽僻而比连豫省，往往事端滋蔓，丑民狃于安闲，稍有措置，便苦烦扰，治之者斯为似易而实难④
	土矜礼让而无斗狠，羞狭邪而畏讼庭；农终岁勤勤，四体憔悴无产……偿贡之余，所盈无几，岁食糠秕，衣短褐……工无绝艺，俟诸来者，商邑多，土著无服贾，钱行质库皆蒲绛解泽人，今因灾祲，当商皆歇业矣⑤

① 民国《永和县志》，《中国方志丛书·华北地方》第八十八号，台北：成文出版社，1968年，第 136 页。

② 康熙《隰州志》，《中国方志丛书·华北地方》第四二七号，台北：成文出版社，1968年，第 194 页。

③ 乾隆《武乡县志》，《中国方志丛书·华北地方》第七三号，台北：成文出版社，1968年，第 166 页。

④ 民国《平陆县志》，《中国方志丛书·华北地方》第四二五号，台北：成文出版社，1968年，第 17 页。

⑤ 光绪《平陆县续志》，《中国方志丛书·华北地方》第四二六号，台北：成文出版社，1968年，第 40 页。

续表

州县	民风民俗
五台	晋俗之俭，自古而然。太原、汾州数大县，以商贾致富，颇有流于奢靡、变其本俗者。余则俭啬，仍有唐魏之风。五台地本贫瘠，其俗之俭为尤甚。种山田数十亩，秋获幸遇丰年，仓箱皆满，必预计日，完粮须粜若干，留种若干，某谷可食至明年几月，某谷有余可粜，某谷仅敷食，某谷不足，妇女皆能核计，数米而炊，无敢浪费者，古谓唐魏之民思深，信矣！东北路地广人稀，啖糠者少，南路地狭人满，丰年亦杂糠秕，故谚称大有之年曰，精米活谷，谓不食糟糠也。麦珍如珠，祭先供客，婚丧不用。无故而食白面，人以为不祥；稻米则供客。或病人煮粥，偶一见之。家腌萝藏蔓荆一瓮以御冬。春夏多食野菜，以葱韭豆腐鸡卵为甘旨，莏薯为珍味，贫家终年不见肉，至度岁乃割片肉为水角，衣用直隶平山所坚厚之布，农人夏一夹，冬一袄一裤，商贾隆冬走山谷，布袄之外，袭老羊皮马褂。士类一绵布袍，一绵马褂，无衣裘衣帛者。近年风俗稍变，富家或衣茧绸，然亦甚少。妇女勤苦尤甚，富家亦自任炊爨，两餐皆手自操作，春碾碓磨，闲雇人为之，中人之家皆自任，朝暮无暇晷，偶暇，乃从事缝纫浣污，补绽不弃寸缕，然头足修整，不似佣媪之蓬头垢面。非新嫁娘不衣帛，首饰以银为极贵，近年间有镀金，黄金软翠真珠，富家亦无有。嫁娶不尚妆奁，富家间有绮纨数袭、簪珥数事，所费不溢百金。中人之家，一袄一裙而已。故贫家亦从无溺女之事。父母翁姑之丧，缟素足三年，不解二十七月之制。丧祭斩齐绖杖献食，遵用文公家礼。娶妻必亲迎，礼颇郑重。俗重廉耻，略知礼让，携幼女蓺缕乞食，不肯卖为婢妾，故买妾必于数百里外，本土即重价不能得。或车或骑，过村墟必下，曾为达官，无敢违此例者。夜有探肤一呼，即四邻皆应声升屋，犹有守望相助之意；因富者不敢卑视贫人，贫者无幸灾乐祸之心也。其人真率朴讷，无机心，狭小卞急，无恢阔容人之量。士子多寒俭，藏书不盈一箧，讲章帖括之外、鲜藏歷代史书者。五台之在三晋，最为贫瘠，而其风俗远过于太原汾州诸大县；所以然者，正以其贫也。向使台民亦贸迁远方，如诸大县力能致富，则风气之变亦已久矣！传曰，沃土之民不材。又曰，劳则思善，逸则思淫，其信然乎[①]

---

① 《五台新志》卷二风俗，《中国地方志集成·山西府县志》辑14，南京：凤凰出版社，2005年，第81页。

续表

州县	民风民俗
兴县	诗十五国惟唐风近古，蟋蟀山枢，思奢俭之中，怀生死之虑，与古唐地故，其民朴直而勤俭，士闭户自守，耻于干谒，农夫力穑，崇岭峻阪，无不耕植，工无奇技淫巧；地僻不通舟车，无富商大贾，梭布粟麦，列肆负贩，是以俗不奢靡，事节俭，务盖藏，无绮丽之服，士大夫乡处者，徙走过从，不解乘车张盖；妇女亲操井臼，虽富家巨室，缝纫炊爨，不自暇逸，苦志守节者，比屋多有，所谓思深哉。其有陶唐氏之遗乎？非虚语也①
宁乡县	士瘠民劳，俗尚敦朴，士崇礼节，有陶唐氏遗风。婚礼问名、纳彩、亲迎，衣冠世族犹仿佛前古，市井细民嫁娶而论财；近年亦颇波流而下，然金珠锦绣，上不至僭拟卿士，下不至破产称贷，固缘土瘠民贫，俗尚敦朴，遗风犹未泯也②
永宁州	州境昔战国赵地，北通云中，西界大河，隔岸即陕西之北山，万山丛薄，故气候常寒多暖少，习俗俭朴，民多质鲁，勤于农业，拙于服贾，衣冠文物，饶有古风，旧志谓近亦稍侈，然以视平介，犹霄壤焉③
平顺县	其俗朴直而少文饰，俭啬而不奢华，勤于农桑，短于商贾，石厚土薄，地瘠人穷，宜黍谷菽不宜麦稻，喜雨水不喜亢阳，婚姻丧葬交相为助，士习文武，民乐输供④
吉县	僻处万山，土瘠民贫，俗尚勤俭，不事商贾，士习淳朴，俗鲜告讦（第257页）⑤

① 乾隆《兴县志》卷之七风俗，《中国地方志集成·山西府县志》辑23，南京凤凰出版社，2005年，第33页。

② 康熙《宁乡县志》，《中国地方志集成·山西府县志》辑31，南京凤凰出版社，2005年，第267页。

③ 光绪《永宁州志》，《山西省图书馆线装文献馆藏书》，第42页。

④ 康熙《平顺县志》，《山西省图书馆线装文献馆藏书》，卷之二，第13页。

⑤ 光绪《吉县志》，《中国方志丛书·华北地方》第四一九号，台北：成文出版社，1968年，第257页。

州县	民风民俗
和顺县	和顺属晋，古唐尧旧封，其民俭鲁，风犹近古焉。土人耕读相半，安分自守，宁拘鲜通，无武断之习，有古处之风。民人居万山中，商贾不通，逐末者十之一二，耕凿者十之八九，糠韭自安，有余之家亦不离是，间有游手游食者，人咸訾骂焉，通志云风淳俗厚，和顺之名，良不诬也①
应州	应州居雁门之外，俗尚质朴，不染奢华，犹有陶唐之遗。士子谨愿者多，振拔者少，无毁方跃冶之习，亦少通经学古之彦，入学后半事农末，以资生计，即有穷年孳矻祈株守时艺，见闻固陋，无所谓赅博淹洽者；盖囿于风气，特达殊难。土田皆沙瘠，兼之边地高寒，惟宜黍稷卢菽胡麻穬麦数种，绝无稻粱嘉谷；春夏苦风旱，秋苦霜早，又或霖潦暴涨，恒患淹没，值有年所收，亦亩以升斗计，终岁力作，止谋朝夕，罕有陈因备蓄者，虽其中不乏惰农，要亦限于地力居多。工匠拙于营造，宫室衣服器具率安朴略，其糊口四方者，以画工最伙②
大宁县	宁民质性刚劲，朴鲁少文，男务农圃而不习工贾，女操织纫而弗事铅华，士子仅守章句，仕宦多尚清节，勤俭自守，安土重迁，蹶蹶然有陶唐蟋蟀之遗风焉③

① 民国《和顺县志》，《中国方志丛书·华北地方》第四〇八号，台北：成文出版社，1968年，第446页。

② 乾隆《应州续志》卷一风俗，《中国地方志集成·山西府县志》辑29，南京：凤凰出版社，2005年，第426页。

③ 光绪《大宁县志》，《山西省图书馆线装文献馆藏书》，卷之一，第13页。

续表

州县	民风民俗
昔阳县	旧志云其俗淳厚勤俭，力田而少文，人业耕耘，鲜事织纴，男子不远游，妇女不交易，士夫不衣文绣，不乘舆马，盖古陶唐氏之遗风乎。祝志云秉性躁劲，赋气果决。……其最瘠苦者乐平，而风俗亦较朴素，乡大夫及诸生犹多自好，未尝以事干县庭。则庶几其近古欤！其闾间勤苦务本，习尚节俭，日用饮食多饘鬻粥，虽糟糠不弃，衣惟布褐，即妇女之服纨绮，亦不概见。此其俗习固无奢侈之虞。以故生其地者，厚重寡欲，其人往往多寿，虽禀质使然，要亦风气之淳慤所致哉^①
岢岚州	岢岚依山土薄，人有朴直遗风，服勤茹淡，多质少文，婚不侈，男女异途，妇人归宁过市，多蝇蝇独行。乡井务稼穑不牵车牛以远游，妇子亦任耕耘未谙纺绩为何物，父子率析爨而居，亲友速锥刀之讼，疾病则延巫觋，丧葬崇尚浮屠^②

依据上表所列史料归纳，山西贫瘠州县在民风民俗方面存在如下几个特点：

1. 勤劳俭朴，安分自守；

2. 专务农业，不谙商贾；

3. 质直劲勇，少知进取；

4. 心胸狭窄，好气轻生。

由于生活环境严酷，谋生手段单一，造成了贫瘠州县的极端贫困，因而也养成了贫瘠州县百姓生活上极其节俭悭吝的风气，衣食住行，样样都极其简陋。正如《临县志》所述："营窟陶穴，古风犹存，间有建筑厅房者，只备晏会积储而已；农民衣惟粗布，食多小米，甚有家本小康，破衣衲袄而不耻，糠秕藜藿而自甘"，^③百姓生活节俭到病态的地步。在光绪九年（1883年）成书的《五台新志》中，对于该县之俭啬，有一个十分详细的描述，读

---

① 民国《昔阳县志》，《中国地方志集成·山西府县志》辑18，南京：凤凰出版社，2005年，第12页。

② 康熙《岢岚州志》，《中国地方志集成·山西府县志》辑17，南京：凤凰出版社，2005年，第486页。

③ 民国《临县志》，《中国方志丛书·华北地方》第七十二号，台北：成文出版社，1976年影印，第339页。

来令人触目惊心：丰收之年，虽然粮食装满了粮仓谷箱，妇女仍然会按日精确计算，上交国税需要卖多少粮食，需要留出多少粮食作为种子，哪种谷物可以吃到第二年的什么时候，每天数着米粒数做饭，丝毫不敢浪费。县东北方向由于地广人稀，吃糠的人比较少，县南由于地狭人满，丰收之年百姓也需杂食糠秕；麦子如珠宝般珍贵，只能在祭祀先祖、招待客人及婚丧嫁娶的时候食用。无缘无故吃白面，被人视为不祥之事；稻米则用来招待客人或者给病人熬粥，而能只偶一见。到了冬天，家家腌一瓮萝卜蔓荆咸菜来过冬。春夏两季则多以野菜当食物，以葱、韭菜、豆腐、鸡蛋等物为美味，以蘑菇、红薯等做珍馐，贫穷之家终年不吃肉，到过年的时候才舍得割一片肉做水饺；日常穿的衣服是用直隶平山所产的坚厚土布制成的，农人夏天一夹袄，冬天只穿一袄一裤，生意人隆冬走山谷，布袄之外，再袭一身老羊皮马褂。读书人穿一件绵布袍，一件绵马褂，没有穿皮衣绸缎者。近年风俗稍有改变，富有的人家开始有人穿丝绸衣服，然而也很少。妇女尤其勤苦，富裕人家亦自己做饭，一日两餐，都是亲手操作，舂碾碓磨粮食等重活，才偶尔雇人，普通人家都是自己亲自干，早晚不得闲，偶尔有闲暇的时候，就缝缝补补洗洗涮涮，破衣服都补缀好，不肯浪费一丝一缕；只是打扮得干净整齐，不像佣人那样蓬头垢面。非新嫁娘不穿丝绵，首饰以银为最贵重，近年偶有镀金首饰，黄金翡翠珍珠等物，富有之家也没有。嫁娶不流行妆奁嫁妆，富家偶有绣花衣服数件、头簪耳环数事，花费不超过百金。普通人家，只有一件上衣、一条裙子而已。①

由于自然条件极端恶劣，导致百姓的生活异常艰困。根据《五台新志》卷二风俗中，附录有一篇《啗穅词》，形象生动地反映了该地的日常饮食情况：

> 晋俗俭啬，石岭关以北，寒瘠尤甚，丰年亦杂穅秕，司牧者
> 宜念之也。

> 富食米，贫啗穅，细穅犹自可，粗穅索索刷我肠。初碾者爲
> 粗穅，再碾者爲细穅，八斗穅一斗粟，俗称爲八兑一，却似搏来

① 《五台新志》，《中国地方志集成·山西府县志》辑14，南京：凤凰出版社，2005年，第81页。

沙一掬，亦知下咽甚艰难，且用疗饥充我腹。今年都道秋收好，囷有余粮园有枣，一半穄秕一半米，妇子欣欣同一饱；昨行都会官衙头，粒米如珠流水沟，对之垂涎长叹息，安得淘洗持作粥！①

相较国内其他贫瘠省份百姓的民风，山西的百姓特别驯良，民风近古，这点是需要特别强调的。正如《和顺县志》所记载："和顺属晋，古唐尧旧封，其民俭鲁，风犹近古焉。土人耕读相半，安分自守，宁拘鲜通，无武断之习，有古处之风。民人居万山中，商贾不通，逐末者十之一二，耕凿者十之八九，糠韭自安，有余之家亦不离是，间有游手游食者，人咸訾骂焉，通志云风淳俗厚，和顺之名，良不诬也。"②山西贫瘠州县的百姓虽然贫困，但却能自安自守，民间绝无游手好闲之人。也正因如此，他们特别容易成为被忽视的人群，他们的利益也特别容易受到侵害。这点从宣统三年（1911年）护理山西巡抚布政使王庆平的一份奏折中可以看出：

> 晋省每年收入地丁厘税一切正杂各款仅银四百五六十万两，五六年前尚可周转，自豫备立宪，各项新政经费数万至数十万不等，已觉腾挪乏术；驯至京协各款，积欠一百五十余万。乃近阅逐年筹备清单，其中各级审判需费最巨，如一律成立，常年需费一百六七十万两，至地方自治又二三十万，此外不列清单内之新军实业等项，又皆事烦费巨。晋省地瘠民贫，农家常有通岁无米盐入口者，今以举办新政按亩加捐一再不已，甚且抽及日用琐屑之物，烟酒牲畜各大宗而外，几于无物不捐；晋俗虽号驯良，然荒歉连年，南路会匪，口外马贼，潜滋窃发，若再诛求不已，激而生变，恐利未集而害先形也。拟请饬内阁通盘筹画，或照部臣疆臣原议，酌分缓急就款办事，或按宣统四年试办全国豫算办法，酌盈剂虚，量事拨济。③

---

① 《五台新志》，《中国地方志集成·山西府县志》辑14，南京：凤凰出版社，2005年，第62页。

② 民国《和顺县志》，《中国方志丛书·华北地方》第四〇八号，台北：成文出版社，1976年影印，第446页。

③ （清）刘锦藻：《皇朝续文献通考》，卷七十二，《国运考十·会计》，"十通本"，上海：商务印书馆，1935年。

从以上奏文可知，在清末举办新政时期，为了筹集新政资金，赋税征收按亩加捐，一再不已，百姓负担日益沉重，日用琐屑之物、烟酒牲畜各大宗，几乎无物不捐。王庆平担心，如果这样诛求不已，恐生民变，因此请求酌分缓急就款办事，或者按照来年的全国预算法，酌盈剂虚。由此可知，贫困地区的经济陷入破产境地，也是清王朝走向灭亡的重要原因。

二、山西贫瘠州县百姓的谋生之路

山西贫瘠州县百姓的谋生之路甚是狭窄，这点在山西各个贫瘠州县的方志中都有类似的记载：境内舟车不通，故无富商大贾；百姓不谙商贾，专务农业。如乾隆朝《武乡县志》，记载该地"土瘠民贫，逐末者少，人安朴鲁，无田者率以庸作食力，无人敢涉江湖、操奇赢、游都市。邑本环山，舟车不通，无百货可以懋迁，其当行、酒行、大铺行，胥太谷平遥邻邑人为之，本籍挑贩不过砍柴卖炭抱布贸丝而已。"① 再如《临县志》记载，"境内水陆不通，天时地利阻力特甚，以致民无远志，且无论航海、渡关、经商、作工者，绝无其人；即本地城镇之坐贾行商，数十年前，皆系客民，土人安于稚鲁，不知为也。乡民非纳粮不至城市，甚有终身未见县城者。"② 由于环境极端恶劣，这些地方的百姓完全丧失了改善自身生活条件的意志，他们安于鲁拙，不知进取，导致当地可以挣钱的行业尽被外乡人把持，本地人则安于贫困。

众所周知，山西是煤炭大省，那些拥有丰富煤炭资源的州县，百姓的生存状态是否会好一些呢？回答仍然是否定的。在光绪朝的《五台新志》中，录有一篇退密斋诗钞《驮炭道》，其文如下：

> 原序：炭，石炭也，似煤而有烟。太原以南，煤炭兼产；关北则有炭而无煤。五台南界产炭，山路高险，俗称驮炭道。民间农隙，皆以驮炭为业。余所居之东冶镇，其聚处也，自幼目睹艰辛，杂方言作驮炭道。

---

① 乾隆《武乡县志》，《中国方志丛书·华北地方》第七三号，台北：成文出版社，1968 年影印，第 166 页。

② 民国《临县志》，《中国方志丛书·华北地方》第七十二号，台北：成文出版社，1968 年影印，第 34 页。

隔巷相呼犬惊扰，夜半驱驴驮炭道。驴行黑暗铎丁东，比到窑头天未晓。驮炭道，十八盘，羊肠蟠绕出云端，寒风塞口不得语，启明十丈光团圈。窑盘已见人如蚁，烧得干粮饮滚水。两囊盛满捆驴鞍，背负一囊高累累。驮炭道，何难行，归时不似来时轻，人步伛偻驴步碎，石头路滑时欲倾。日将亭午望街头，汗和尘土面交流。忽闻炭价今朝减，不觉心内怀烦忧。价减一时犹自可，大雪封山愁杀我。①

从这段材料可以看出，那些有煤炭资源的州县，百姓固然可以驮炭为业，但由于道路艰险，技术落后，以此为业，十分辛苦。不但煤炭的价格涨落不可预知，气候严寒，大雪封山后，就没有办法再做下去了。

有些地方的贫困则源于社会历史环境的变迁。比如偏关县，根据县志可知，偏关县百姓原本是懂得种桑养蚕之术的，但明代由于该地多次遭遇"鲁患"（北元蒙古人势力），原住居民全部流亡他乡，屯驻该地的都是"盘马弯弓"的军人，导致桑蚕之术失传。明清易代，蒙古内隶华夏，偏关由卫变为县，原来的镇戍之兵尽数解甲归田，编为民籍，成为普通民户；然而，这些人游惰之习相沿，但顾眼前温饱，不知种桑养蚕之利。他们因陋就简，完全靠农业为生。只是由于该县地旷人稀，人均占有的土地面积比较大，才不至于吃不饱饭。偏关县的情况可以代表这类由卫所演变而来的州县的一般情况。民风闭塞，因陋就简，不思进取，但顾眼前，这是导致山西一些州县长期处于贫困状态的主观因素。

光绪"丁戊奇荒"发生后，山西人口死亡过半，这种严重局面的出现仍然与山西贫瘠州县的百姓谋生之路狭窄，见利忘义，只顾眼前，不顾长远的民风相关。为了眼前之利，山西很多州县大面积种植罂粟。在光绪六年（1880 年）刊行的《广灵县补志》中，全文收录了山西巡抚曾国荃请求朝廷申明栽种罂粟旧禁以裕民食的原奏和朝廷批复的上谕。上谕曰：

照得光绪四年二月初四日内阁奉上谕，阎曾奏申明栽种罂粟旧禁一折，民间栽种罂粟，大妨农食，屡经严行禁止，无如积习

---

① 光绪《五台新志》卷二《风俗》，《中国地方志集成·山西府县志》辑 14，南京：凤凰出版社，2005 年，第 80—81 页。

相沿，每贪利而忘害，如山西省地半硗瘠，产粮本不见多，又不按亩力耕，私栽罂粟，民间既少存粮，一遇荒歉，尽为饿殍。该省此次惨罹旱灾，创巨痛深，当知变计，嗣后务须尽力农作，期于谷产充盈，凶荒有备。阎曾现已出示晓谕，所有栽种罂粟者，责成族长、甲长□令拔除，改种五谷，如花户人等不遵禀官，究治知情徇隐者罪之，州县官吏私征罂粟亩税，立予参撤。各节均着照所议行，并着各省按照此次章程一体严行查禁，庶几兴利除害，阎闾共乐丰登，毋再蹈从前覆辙。此通谕知之，钦此。①

从该上谕可知，光绪"丁戊奇荒"在山西之所以造成严重后果，与山西民间大量种植罂粟、不尽力农作有直接关系。

随着清王朝覆灭，中华民国建立，国民政府着手改善民生，推动各地的产业发展。这在民国时期所修各地的地方志中得到了体现，很多地方志中出现生业略这一新条目，介绍当地产业的发展情况。在民国《平顺县志》卷三《生业略》中，有如下记录：

生业略者，所以察人民之勤惰奢俭与夫生活之状况也。平顺人民崇俭务本，为旧志所载，而生业不详。世界进化，觇一方之荣瘁，率以生业之有无多寡以断。迩来政府提倡实业，铲除游民，本大学生众为疾之义，促人民熙皞乐利之休，厚生之道，其在是欤，述生业略。

平顺僻处山陬，地瘠民贫，男耕女织，克勤克俭，全县男丁四万七千四百三十有奇，为士者百分之三，为农者百分之九十，为工者百分之二，为商者百分之二，为医卜星相僧尼道士者，其数最少。女子则主中馈勤缝纫，秋夏禾熟，助男收获，此生业之大略也。

自厉行六政②以来，种桑养蚕，逐渐仿办植棉织布，尽力推

---

① 光绪《广灵县补志》，《中国方志丛书·华北地方》第四一二号，台北：成文出版社，1976年影印，第66—67页。

② "六政"指的是民国初年，阎锡山担任山西省省长时候所推行的、有利于推动山西社会经济发展的政事，指水利、蚕桑、种树、禁烟、剪发、天足六事。前三种为兴利之举，后三种为除弊之举。这些措施涉及山西的社会发展、民生建设和人才培养，是一次乡村社会改造运动和思想解放运动，推动了山西社会的进步，为山西的发展注入了新活力。

行；当春夏之交，河流左右，宅畔门前，碧阴密布，赤花乱飞，种树亦著成效。惟世界开通销费，与生业比进，后之人为疾用舒，谨守勤俭旧惯，毋为时尚所牵，则幸甚焉。

士 敦实行、尚气节，因地方艰苦，生活不易，多兼营农商医卜，世誉守业。

农 以种植五谷为大宗，山地最多，平地次之，水地更少。据最近调查，全县有地一千五百五十二顷五十六亩八分六厘。近虽改种桑棉，然收入尚少。民国八年，已设立农桑分局，籍资提出续设农会，各村皆催办苗圃，改良布种之法，然一般普通农民之习惯，似觉种桑植棉终不如五谷之有利，亦气候使然也。

工 在本地工作者类木石陶铁油画及打造铜锡银器之小营业，其业铜炉房锡蜡铺者，实攫平津之霸权，而省垣晋府店之铜业，平人亦占多数。县西北各村，每年赴汾西一带做工者甚多，一年所得工资二三十元至百数十元不等。但拘守旧规，不能与现代商人竞胜。①

从平顺县的情况看，随着民国建立，山西省政府推行"六政三事"，鼓励百姓种树养蚕，改善民生。这些措施在平顺县也初见成效。但囿于固习，这些改革推行的难度很大，百姓还是愿意按照原来的方式生产和生活。无论农商，因拘守旧规，发展滞后，因而不能与现代商人竞胜。

在民国《临县志》中，也记载了该县在民国初年所发生的一系列变化：

要之，县境所辖，地瘠户疏，农为本业，故出境土物，除米豆油麻外，别无特产；猪羊皆农家所蓄，以取粪田肥料；虽有瓷铁矿产，亦土法冶造，粗劣异常，仅供农家之用；至烟草消耗之品，三交烟房又作辍无常，其产出确数原无一定，兹约略谱出，足征进化之不易，望有力者渐为扩充也。

农桑纪略：民国四年，知事俞受彤奉令创设农桑分局，暂赁

---

① 民国《平顺县志》，《中国地方志集成·山西府县志》辑42，南京：凤凰出版社，2005年，第36页。

南关民房为局址，内设局员一名，技士一名，局丁三名，并租南关旧武营水地十亩为试验场。五年，知事胡宗虞大加扩充，又租霍茶亭前学校水地十二亩。六年，又租南关寺地十六亩民地三亩为桑园，两载以来，提倡植树分布栽桑（上年种桑四十万株，本年发出桑苗二十余万，三十六所按户分栽），颇有成绩可纪焉。

工业纪略：民国五年，郭绅佐唐等自筹款项，创立公益工艺局，内设经理二名，技士一名，机织科工徒十六名，所织布匹以赛银绸、小提花、电光、爱国、斜纹、柳条等布为大宗，而被褥线单亦居多数；以土人之制造供土人之取求，亦足为抵制外货之一端云。

谨按执技事人，成器物以利用者，工也。故泰西工厂发达而物阜民康，盖工艺品为商战之利器，富国之术具焉。临僻在晋西，交通不便，故无制造大厂足争胜于一时，所有造作率皆本土日用之物，如胡公村之风匣，白家庄之扇车，曹家峁之柳器，东峪沟之绳索，通工易事，仅资糊口，而武家沟之铜器、榆树村刘王沟之麻纸、三交镇之水烟、冯家会之粉条，虽亦出境行销，而成本无几，技术粗陋，终难望企业之发达也。

商业纪略：谨案迁有无而化居者，商也。自海禁大开，中外之商战益剧，于是乎，有学校以教育之，有商会以联络之，有兵以保护之，有法以劝惩之，必使商人具完全知识同立于不败之地。临邑山岭崎岖，通商不便，固非名都大埠得以便交易而广招徕，治城虽在适中之地，无银行钱店为金融机关，不过梭布米面小小经营供四民之取求而已。就合邑城镇之商业较，碛口为县南门户，东北接县川，东南达离石，西南通陕甘，西北连河套，水陆交通颇称繁盛，城内与三交远不逮也。白文、招贤、南沟又其次者，而兔儿坂、曲峪镇、丛罗峪、安家庄、青凉寺、梁家会等处，均在县境西鄙，山场野市，商业之零落不待言矣。他如城庄安业歧道，枣圪塔等处，或附庸于治城，或统辖于各镇，市集且不恒有，何论会场。以上所举皆就现时言之，盖我邑地瘠民贫，商业发达尚需宽以时日焉。①

由这段史料可知，到了民国时期，在临县也推行了一些促进生产发展和社会进步的新措施，如设立了农桑分局、工艺局等新机构，但由于临县地瘠民贫，一无本钱，二无技术，三无人才，原来的各项基础都很薄弱，所有这些措施均难以在短期内见效，只能寄希望于未来有力者进行推广。这也是为什么即使改朝换代、形势发生变化，贫瘠州县仍然不能摆脱贫困的根本原因。

三、山西贫瘠州县民风民俗的变化

1. 由俭入奢

山西贫瘠州县俭啬悭吝的民风民俗也并非一成不变，很多地方的风俗会随着时代和社会环境的变迁而发生变化，临县和偏关县的风俗变迁即可证明。

偏关县在明代为偏头关，是山西著名的三关之一。原来的偏关百姓皆穴居土屋，犹有上古淳朴之气；明王朝建立之后，元朝残余势力及北方蒙古族仍不断骚扰边关，明太祖设九边重镇严加防范，设40万大军驻守长城一线，偏关成为当时的军防重地，不断增兵益将，军人络绎于道，营帐星罗棋布，大量财富因而聚集于此，随之出现了发达的商业贸易，很多人因而致富，地方风尚也随之改变，人们的起居服器开始讲究起来，竞尚奢华。但明清易代，形势发生巨大变化，偏关的军事重镇地位丧失，兵将逐渐裁汰，繁盛的商业贸易也随之走向衰落，关民只能出口外谋生，寄籍他所，不再返回故里。

临县原来的民风朴直勤俭，境内舟车不通，无富商大贾，也从无银行、钱铺、绸缎颜料各行业，因此俗戒奢靡，务节俭，谨盖藏。随着清王朝的灭亡，民国的到来，县里受教育的人变多，各自行业开始出现，市场变得繁华，风气也逐渐侈靡。妇女衣饰开始讲究，与之前的风气大不一样。

---

① 民国《临县志》，《中国方志丛书·华北地方》第七十二号，台北：成文出版社，1968年影印，第165页—第168页。

表5-9　偏关、临县二县风俗变迁列表

县	原来的风俗	改变后的风俗	改变的原因	史料来源
偏关县	……关民大都褊隘嗜利，而一种刚毅之气，实为西北冠冕。视生命如鸿毛，经沟渎于一旦，比比皆是。其同忠臣孝子，义夫烈妇，往往接踵而出，皆此独得之劲气有以成也。其他村落人家，则皆穴居土室，犹有上古之遗风焉 清雍正三年，改设县治后，贤令尹亦有提倡纺织者，然可暂而不可久，盖本地木棉，必购诸天保定至偏关，路遥千里，非自价值必昂，即输运亦多未便，此无源之水，所以立涸也。欲兴纺织，必劝民间讲求种棉，棉兴而后纺织可久也。西北蚕桑之利，三代以来亦云盛矣！邪地苦寒宜蚕，何独于偏而有不宜故？盖自有明以来，数被鲁患，土著流亡殆尽，屯戍者皆盘马弯弓之士，遂失其传。明时戍兵大都解甲归农，蒙古内衰，华夷相安，而游情相沿，因陋就简，致可惜也！今关民虽十室九空，莫大之利，而犹不致流亡成堕者，大抵一夫犹有百壤可耕，尚足支持终岁耳	关地开辟较迟，民间犹有淳朴之气，迨有明中叶益兵增将，络绎于道，饷用既饶，商贸因此致富者甚多，市易繁盛，竞尚华靡，起居服器，一变之。自清人主中夏，兵将逐渐裁汰，市易顿衰，逐利之民多出口谋生他所，不再回里者。惟关城民居颇壮观，瞻大半仿官署而为之，盖工料廉而经营易也	有明中叶益兵增将，络绎于道，营帐星罗棋布，饷用既饶，市易繁盛，商贸因此致富者甚多	道光《偏关志》（道光朝刊，民国四年铅印本）P75-78

续表

县	原来的风俗	改变后的风俗	改变的原因	史料来源
临县	临古西河属县，崇山四塞，故其民朴直勤俭，囿于简陋，恪守师承，少知进取。……工无精巧技艺，金石土木各工，本土人居多数，亦惟供本土人指使。境内舟车不通，故无富商大贾。校布粟麦，列肆交易，从无银行、钱铺。颜料绸缎之服者，务节俭，谨盖藏。有为奢绮丽之服者，人必诮之而笑之。……士大夫乡处者，率皆策养往来，虽富家巨室，勤畜马乘，妇女必亲操井臼，思饮馔，而外从事缝纫，城南目习陶织，深忠远，尚有陶唐民遗风。然直不好义，城俭不中礼，鲁人争鄙，恒晞讥于大雅。住屋中旧多缙绅，市井商贾亦半衣长服，营窑陶穴，多系瓦房，在乡村则筑房为多。古风犹存，间有建筑厅房者，只备宴会积储而已。农民衣惟粗布，食多小米，甚有家不小康，破衣树袄而不耻，襁褓蒌蒿而自甘，其俭啬之习由来远矣。惟山谷小民，椎鲁自安，罔识大体，睡眦之忿，辄至斗殴涉讼，以罹刑辟，此其弊之不易救者也	近日学校林立，受教育者实繁，有徒农夫尽力田亩，崇岭峻阪，地无旷土，惟墙下路旁，鲜知种植树木。迩年知事奉令晓谕，人民渐知森林之益，锐意栽培。今则洋绸羽缎，充列市场，商学各界，渐形侈靡，妇女衣饰，曛事增华，大非古处矣	学校林立，受教育者实繁 知事奉令晓谕，人民渐知森林之益	《临县志》（民国六年刊本，）《礼俗》P346

时代和条件发生变化后，偏关县和临县风俗也随之发生变化，可见尚俭悭吝之风并非晋人与生俱来、不可变更的习尚。就偏关县看，民风之所以能保持淳朴，源自原来相对封闭贫困的状态。一旦条件发生变化，人民变得富裕，就开始竞尚奢华。尚俭之风犹如密封于地下的文物，一旦暴露在空气中，马上就会凋零为尘土。而临县习俗变化的原因主要是民国建立后，学校林立，受教育的人越来越多，民智渐开，谋生手段变多。这两个县并非个案，其他贫瘠州县的民风也随着时代的变化而发生改变。

2. 由谨懦变强悍

在清代，山西民风素有驯良谨懦之称，境内一向安定，为盗者甚少。然而，自同治朝在山西设立河防军以来，情况发生了改变。光绪八年（1882 年），时任山西巡抚的张之洞（张之洞抚晋共两年三个月，时在 1882 年至 1884 年）在讨论山西弭盗问题时，曾经回顾了山西民风的改变：

> 窃维晋省二十年前，稀有盗案，非无盗也，本省民情谨弱，不能为盗。曩年殷盛之时，聚落稠密，屋宇坚完，游民颇少，村规甚严，流亡亦不容栖止，匪踪更无敢窝留，外来之盗既无，引线又无窝家，自然无从托足。自同治年间，设防河之军，客勇数十营，纷纭累年而后罢，以后屡驻大枝，营勇遣者不尽还乡，于是晋有游勇，边外七厅土地荒阔，亡命潜踪。自新疆用兵，大军出塞入塞，皆以归绥为转输屯驻之场，莠民萃焉，于是晋有马贼，自丁戊荐饥，户口大减，墟落萧条，村规稍弛，贫民诱于小利，渐有勾贼窝匪之事，此孽一开，趋之若鹜，于是晋有外来纠夥劫盗，比年日益横肆。光绪五年，通省劫案凡四十九起，六年，劫案凡二十九起，七年，劫案凡五十七起，本年十一月以前，劫案凡二十九起，最甚者莫如去年三月，蒲县黑龙关有盗匪直入汛署，劫夺获犯，戕杀把总王标一案，今年十月，泰义县有盗匪多人，白昼入城，开放洋枪，劫夺钱铺，夺门逃逸一案；解州有盗匪十三人，踰城而入，开放洋枪，劫夺钱铺，旋于五日内，连劫陕豫境内拒伤弁兵一案，各盗大率皆直东豫三省界上游匪，平日冒充卖布卖带小贩，分股入境，混匿城市，伺便而发。盖直豫兵

力较壮，未能大逞，稔知晋省兵单而民懦，辗转招引，踵接而来，此据各盗供词与诸路采访一一相同。①

在这篇奏疏中，张之洞回顾了山西在繁盛之时："聚落稠密，屋宇坚完，游民颇少，村规甚严，流亡亦不容栖止，匪踪更无敢窝留"。然而，自从同治年设立河防之军，成立客勇数十营，之后撤销，很多营勇滞留在晋省，在边外七厅亡命潜踪，成为马贼。新疆用兵，以山西的归绥为转输屯驻之场，导致莠民集中，于是山西有了马贼。丁戊奇荒后，山西户口大减，村落萧条，村规废弛，贫民诱于小利，逐渐有了勾结盗匪之事。之后，山西匪患日益肆虐，有明火执仗，光天化日之下行凶之事。而盗匪最盛的地区，正是山西最贫瘠的西部和北部贫瘠州县。

四、山西贫瘠州县的士风士习

中国传统社会亦称作"四民"社会，士、农、工、商各司其职，而士为四民之首，在地方社会地位最高，作用和影响也最大，基层社会的士风士习对地方社会具有强烈的示范作用，往往是地方风尚的风向标。作为读书人，他们也是地方社会之希望所在。在各州县的地方志中，都记录着当地科举入仕者的姓名，作为地方的荣耀。根据各州县地方志的记载可知，贫瘠州县的士人虽然也知读书，但是，由于生存条件过于恶劣，很少有人能够在科举之路上坚持走到底。这些读书人往往在考取了秀才这类低级科举功名后，就不再往下走了，这导致贫瘠州县取得科举高级功名者的人数寥寥。

表 5-10　山西部分贫瘠州县士风士习资料列表

州县	士风士气	资料来源
宁武府	俗既尚武轻诗书，故由科第入仕者常少，士人既列诸生，足以持门户，往往意满，转去逐什一，自豪乡里，无复修业求进	乾隆《宁武府志》，卷之九《风俗》，第14页

---

① 《皇朝经世文统编》，卷四十二，内政部十六，弭盗。

州县	士风士气	资料来源
岢岚州	士亦知读书，而甘于暴弃，一衿已青即隳，乃业微，特富家缘于父兄姑息而然，寒畯子弟间有可造，亦因忧贫而无志攻书，此科目所以寥寥也。然则狂澜既倒，谁作中流砥柱？是在良师益友贤父兄相与挽其颓风耳	光绪《岢岚州志》卷之十《风土志》，第13页
平陆县	士矜礼让而无斗狠，羞狭邪而畏讼庭	光绪《平陆县续志》卷之上《舆地类·风俗》，第40页
吉县	士习淳朴，俗鲜告讦	光绪朝《吉县志》卷六《风俗》，第257页
宁乡县	士瘠民劳，俗尚敦朴，士崇礼节，有陶唐氏遗风	康熙《宁乡县志》卷二《风俗》
兴县	士闭户自守，耻于干谒……士大夫乡处者，徒走过从，不解乘车张盖	乾隆《兴县志》卷之七《风俗》，第33页
五台县	士子多寒俭，藏书不盈一箧，讲章帖括之外、鲜藏历代史书者	《五台新志》卷二《风俗》，第62页
应县	士子谨愿者多，振拔者少，无毁方跃冶之习，亦少通经学古之彦，入学后半事农末，以资生计，即有穷年孳矻祈株守时艺，见闻固陋，无所谓赅博淹洽者	乾隆《应州续志》

从山西各贫瘠州县士风士习列表可知，贫瘠州县的读书人多是半耕半读，以资生计。由于条件简陋，士人多寒俭，风气淳朴，清净自守，德行高洁，耻于干谒，敬畏王法，甘于闭户自守。同时，因条件所限，他们也往往眼界狭窄，孤陋寡闻，上进心不足。

贫瘠州县的读书人不能通过科举入仕成为达官显宦所造成的负面影响不容小觑。它不单单是个人前途问题，更直接影响到地方社会的发展。地方人才凋零，会导致地方的绅士阶层不能正常发育形成。这样，地方上一旦有事发生，也就没有了可以出面担当的人，也就缺失了可以为地方利益代言的人。没了地方精英阶层，即使社会形势发生变化，贫瘠州县也无法抓住发展的机遇。

五、山西贫瘠州县的陋风陋俗

山西贫瘠州县的民风固然淳朴驯良、朴直勤俭，但也有很多陋风陋俗，影响地方的发展。在各州县的地方志中，也记载了不少反映贫瘠州县陋风陋俗的告示。归纳起来，大致有以下几个方面。

（一）气量狭窄，风气劲悍，动则轻生

极端贫困的生活造成贫瘠州县的百姓往往性格躁激，戾气充斥，常常为小事自杀轻生。为此，一些地方不得不出安民告示，以加强对百姓的教育和训诫。在雍正《石楼县志》中，收录有一篇《轻生示》，为知县袁学谟所发，其文曰：

为严禁轻生以重民命事：照得天道好生，民命至重，乃有无知愚氓，罔惜身躯，或因口角微嫌，或因睚眦小忿，则寻自尽，或投崖，或吊颈而死者，比比皆然。原其意拼一死可以图赖他人，殊不知自尽无抵命之条，人未尝坑害，而已死不可复生。抛其父母，弃其儿女，永绝夫妇之好，举家号恸，惨目伤心，即死而有知，追悔何及！此皆愚夫愚妇一时短见，不思本身关系甚重，父母生我，则我之一身为父母所倚重，我生儿女，则我之一身又为儿女所仰靠，轻生自尽，老年父母何人奉养？幼儿小女何人抚育？人虽至愚，莫不有爱父母怜儿之心，何其忍于抛弃若此乎？至于微嫌小隙，愤恨而死，男为顽蠢，妇为泼悍，不孝不义，非节非烈，枉死不得善名，徒贻人讪笑，由此思之，其亦可猛省矣！合出示严禁为此示，仰阖邑居民人等知悉。嗣后无论男妇，各将身命自重保全，父母子女慎勿因一时嫌隙，短见轻生，倘有投崖服毒悬梁自缢者，除不准理外，如系父死，究子；子死，惩父；夫死，究妇；妇死，处夫，以为平日不能劝解者戒。此本县体皇上好生之心，不啻谆谆申饬，勿视泛常，各宜家喻户晓，务

使周知。恪遵勿违，特示。①

为了防止百姓轻生，知县袁学谟在示文中摆事实、讲道理，告诫百姓轻生之不可取，可谓苦口婆心。甚至以父死究子、子死惩父、夫死究妇、妇死处夫这样极端的方式对百姓轻生进行干预，说明这种情况在当地非常严重。

在乾隆十九年（1754年）《广灵县志》卷六《政令》中，也有一篇《禁轻生示》，其文曰：

> 广邑地居边界，风气悍劲，无论男妇，多贼性决躁，每以纤芥反唇□□细故，动则轻生，或系项自缢，或……未及一载，种种见告，闻之酸鼻，言之伤心不忍。……尔等无知愚民，辄谓一死可以□忿于人，孰知徒自送其性命，无益于事。或抛撇父母，或丢下幼子，或负结发之委，或□□年之婿；死者入于冥冥，不可复生……惜其死况，闻佛家之言，悬梁投水而殒命者，阴府不收，不脱轮回，不享祭祀，是生不得为长年之人，死作无所依归之鬼，岂不可怜，岂不自误？②

这篇告示的口吻、劝导方式与前文大同小异，异曲同工，更劝诫百姓，轻生之人不能入轮回，不能享祭祀，而且也不能因此而造成仇人的丝毫损失，是毫无价值的。

道光《偏关县志》也记载，关民"大都褊隘嗜利，而一种刚毅之气，实为西北冠冕。视生命如鸿毛，经沟渎于一旦，比比皆是。"③

贫瘠州县之所以会形成漠视生命、动则轻生的民风，一是与该地极端贫困的生存状态有直接关系，再就是这些地方原来多地处边界，居民多是军人出身，地方尚武轻文，民风刚健，宁折不弯。这点在其他资料中也有反映，在《清高宗实录》191卷中，记载了巡视河东盐政吉庆的上奏，认为

---

① 雍正《石楼县志》，《中国地方志集成·山西府县志》辑20，南京：凤凰出版社，2005年，第666页。

② 乾隆《广灵县志》，《中国方志丛书·华北地方》第四——号，台北：成文出版社，1968年，第150—151页。

③ 道光《偏关志》，《中国方志丛书·华北地方》第七十八号，台北：成文出版社，1968年，第75页。

"晋省民情褊急，易起忿争，责成地方州县，宣讲圣谕外，仍谆切化导；于准理词讼时，聚集多人，尤宜就事开示，以感动其心，庶人知自惩。"①

（二）重利轻义，锱铢必较，喜斗健讼

由于地处贫瘠，谋生之路狭窄，导致地方节俭之风和重利之习，为了金钱，百姓不惜反复涉讼。乾隆《宁武府志》卷九《风俗》记载："郡即边鄙僻处，少大姓富家，产千金以上，便号为魁雄；乃嗜利孳孳，较锱铢尤甚。其以财争者，虽至微细，必讼诸官。官府每受牒，十八九率钱利事，屡讼不厌焉。"②地方百姓的民事纠纷十有八九都是经济纠纷，为财而讼，而且屡讼不厌。

总之，山西之所以会形成尚俭之俗，其实很显然，就是因为地瘠民贫，很多地方的自然条件太过恶劣，物产匮乏，导致人们谋生手段单一，观念封闭落后，不思进取，只能靠节衣缩食求得基本的生存。山西虽然也有很多富人，明清时期，晋商威名远播，富甲一方，此人所共知；但晋商一般都出现在自然条件相对好些的平川地区（如太谷、平遥、祁县等地），人们外出谋生相对比较容易。而山西的贫瘠州县往往地处万山之中，交通不便，人烟稀少，商贾不通，人们的谋生手段单一，在此情形下，只能靠缩减个人日常开销求得基本生存。因为生存质量很低，造成贫瘠州县百姓朴直勤俭、固陋闭塞、少知进取的独特风俗。这也是导致这些州县长期无法走出贫困的重要内因。

第五节　山西贫瘠州县地方官的心态与治理思路

从前面的论述可知，山西省的多数贫瘠州县为仅占一字或一字不占的部选简缺，这导致这些州县在资金和人才配置方面均处于劣势，官员一般

---

① 《清实录·高宗实录》，卷一九一，乾隆八年闰四月壬午。
② 乾隆《宁武府志》，《中国地方志集成·山西府县志》辑11，南京：凤凰出版社，2005年，第133页。

都是由吏部掣签月选出的科举出身的文人。由于自然条件恶劣，官员的收入和待遇都很差，导致官员往往不安心也不甘心在这些地方做官，真正关心民生疾苦、有思想有作为的名宦循吏少之又少。在民国《偏关志》序言中，留下了一位官员对此局面的不满与慨叹：

> 夫自古严疆边邑之民，质直果敢，厥有常德，而触法抵禁斗暴劫夺之俗，时亦与之为缘。得一儒吏驯其犷悍，而导以夷易，则文教可兴也，乃置吏者往往反是。而世之号为才吏者，亦往往不肯稍就。惟左迁及疲老或初从政者，始低首降心以往。报最不得预，禄入不能以自给，视事未逾月又戚戚焉，以不得去为忧，欲其知民生疾苦、风俗移易以及阨塞户口之要，其曷可得？均之邑也，均之民也，而以边僻之故，更数百年不见有才智之士而为吏者。①

此序写于1915年，作者是时任雁门道尹的山东聊城人邹道沂。虽然这段文字写在清亡之后，但邹道沂在清末曾任巡警道一职，作为亡清故吏，对于前朝的利弊应该是深有体会的。这段材料透露出的信息表明，肯到贫瘠州县为官者，多是降官、衰老者或是没有太多经验的年轻官员，而且官员所得俸禄不足以自养，这导致这些人到任后往往不安心工作。这种局面长期存在，导致偏关地方百余年来竟无一有智之士。人才匮乏也是导致贫瘠州县一直无法摆脱贫困状态的重要原因。而且，根据清代的近地回避原则，这些官员十有八九都是外乡人，其中有很多是南方人。那么，这些文人来到贫瘠州县后，通常是怎样一种心理呢？他们对治理贫瘠州县又有怎样的想法？他们的治理思路是怎样的？从各州县地方志的相关记载中，可以多少看出一些端倪。

一、清代山西贫瘠州县官员的心态

首先，很多官员踏上贫瘠州县后的第一反应是失望与慨叹。

---

① 民国《偏关志》序，《中国方志丛书·华北地方》第七十八号，台北：成文出版社，1976年影印。

王士仪，于康熙四十九年（1710年）担任永和县知县。他赐进士及第，前翰林院庶吉士出身，是一名科举高第的典型文人。在他来永和县任职前，对于永和所属的古平阳还是有一定了解的，在他为《永和县志》写下的序言中这样谈及他上任前的想法："平阳，古文献名邦也。纪传创自龙门，纲目开于涑水，其为天下京国，史记之宗也。余前滥列词林，校书中秘，高山仰止，心向往之；内戍夏，改授兹邑，备官大贤之乡，以为河山如故，文献其有未坠者，而初愿惬焉。"他认为，平阳是古文献中留有记录的天下名邦，出过司马迁、司马光这样的大贤之才，能够来这里做官，他充满了向往与自豪之情。他本以为这里山河如故，文献不坠。然而，当他踏上永和县的土地时，所有的美妙幻想即破灭："及岁暮莅永，但见土洞凝烟，荒山霁雪，向之兴致消然而已……"面对地方的极端贫困，心怀儒家治国济世理想的文人只剩下吃惊、怜悯与慨叹。①

康熙三十二年（1693年），奉命担任平顺县知县的杜之昂来到该县，"入其邑，见其城堞弹丸，居民不满数家；其土地皆石田硗确，无沟塍阡陌，人民类穴居岩壑间。其山厚无泉，石多土少，官民皆蓄池水以供爨，否则取汲于数里之外；日用蔬菹之细，非市于郡城不能有。邑而若此，其荒僻之亦已甚矣！……余自莅任以来，蒿目儆心兢兢焉，求所以拯凋而起弊者，亦日异而月不同……盖事莫重于国赋民命，而治莫先于人心风俗……"②面对平顺县荒僻残破之情境，杜之昂感慨万千，兢兢业业以求治理之术。

乾隆二十八年（1763年），兴县知县蓝山在乾隆《兴县志》序言中写道：

> 兴邑处万山之中，西界黄河，北连沙漠，大万合查诸山，雄亘东南，地僻而道险，故唐张说讨兰也，州间道出邑之合河关；宋限契丹，明御鞑靼，为边庭要塞，实秦晋之阨隘，并北之奥区也。第以舟车不通，无富商大贾，地皆山坡石碛，民无藏盖。赖

① 民国《永和县志》，《中国方志丛书·华北地方》第八十八号，台北：成文出版社，1968年，第25页。

② 康熙《平顺县志》，头序，岩窟景钞本，第2页。

国家承平百余年，屡世圣人，爱养休息，生齿既繁，土皆垦僻，关人安于业，俗渐华奢。岢代以西，号称蕃庶；近自戊寅、己卯之后，连遭荒歉，人民多已逃散去城，十里之外，土田多已荒闲，余适承乏兹土，见其景象萧条，殊不如前，所云未尝不掩卷而叹！夫已弊而冒盛名，则事废而民逾累，且民以政养，政以时立，士君子躬膺民社，当此颠连，迫切之时，而拯救无术，则所学谓何矣！①

在这篇序言中，蓝山首先阐述了该县的地理形势，接着追溯了该县在历史上的重要军事地位。并今昔比对，得出"殊不如前"的结论。从这段文献我们可以发现一个重要事实，就是随着清王朝统治趋于稳定，经过康雍乾三世的发展，岚县百姓逐步安居乐业，地方开始繁华。但是，随着地方连遭天灾荒歉，人民再次走上了流亡之路，繁华不再，景象萧条，地方再次陷入极其残破的局面，官员只能徒呼奈何。由于地方自然条件差，百姓谋生手段少，风气闭塞，导致贫瘠州县的经济结构相对脆弱，百姓基本无力抵御灾害。

雍正八年（1730 年），赐进士出身的海宁人沈贤鹤来岚县担任知县，他在《重修岚县志序》中追述了他初入岚县时的印象：

事岁在乙酉，余由乐亭补授岚邑。自会城入天门，陟两岭过汾而西达岚境，冈峦嵯峨，石径荦确，悬崖鸟道，肩舆几不能容；俯瞰深谷，惴惴不敢凝视。昔人云蜀道难，不谓晋境崎岖尤觉过之。抵县郊，见县城堞倾圮，井闾荒凉，士民迎接者，乔野朴陋，无冠裳文物之态；既而入署，索阅邑乘欲按借以察土俗民情，而断简残编，缺略失次。噫！县志所系者钜矣！顾可令其佚失不修哉？第笔墨之争，非余今日之急务，盖一行作吏簿书鞅掌未遑，重以土瘠民贫，遹负陈因，考成严迫，方思所以宽民，又恐无以报催科，蒿目焦心，展转中夜。②

---

① 乾隆《兴县志》，《中国地方志集成·山西府县志》辑 23，南京凤凰出版社，2005 年，第 7—9 页。

② 雍正《重修岚县志》，序，山西省图书馆线装书库藏书，第 5 页。

从这段序言中可以看出，沈贤鹤对于岚县道路之难、交通之险印象极为深刻，甚至认为比入蜀之道更难！在文中，沈贤鹤提到了作为一个贫瘠州县的父母官所面临的两难抉择：是以国为先还是以民为先？是要做济世安民、救苍生于水火的清官，还是要做奉公守法、先完成国课的干吏？这真是一个两难的选择。作为身怀儒家济世安民政治理想的儒生，到苦瘠州县任职，他们往往会处于一种严重的"角色冲突"的心理煎熬之下。由于只有先完成征收赋税的任务，才能保证其考成合格，不被处罚。而贫瘠州县往往自然条件恶劣，天灾人祸一旦发生，就会引发百姓流亡四方，人逃而地荒，丁徭银和土地税银都需要现丁熟地包赔，人民负担骤然加重，旧逃不能归来，又引发新的逃亡。把农民附着在土地上是传统社会保证统治秩序和社会安定的首要因素。不管什么朝代，安集百姓对地方官而言都是重中之重。对这些来贫瘠州县任职的官员来说，包赔丁银和荒粮不但导致百姓负担沉重，也令这些地方官因为无法征收到足额的赋税而处境艰难，甚至有因完不成赋税征收任务抑郁而终者。

在雍正《重修岚县志》卷之十四中记载了岚县知县张解通的《请减岚县地丁钱粮文》，这篇奏文记录了这些官员最真实的生存状态，读来令人感叹：

> 历年来民因赋累，官因民累，受斯地者，非死则斥，从无一官升转。其间岂尽不肖？贤良被累可知也。卑职上首知县孙世魁，因除荒而未蒙题蠲，征粮而拖欠难追，少年之人立为郁死冤鬼！职此故耳。卑职前岁六月终到任，目睹民生此地，犹如鬼门地狱，官遭此地者，不啻陷阱火坑①。

在这篇奏文中，作者用犀利的笔触描述了岚县官民交困的惨象：由于赋税沉重，百姓逃亡不已，民因赋累，官因民累，由于无法收足赋税，导致在该县任职者，无一人可得善终升转。文中列举他的前任官孙世魁，就是因为报蠲荒地没有得到批准，导致无法足额征收赋税，最终抑郁成疾，一命呜呼。张解通直言，到贫瘠州县任职的官员，其处境宛如陷火坑、下地狱。

---

① 雍正《重修岚县志》，卷之十四，山西省图书馆线装书库藏书，第42页。

第五章　清代山西贫瘠州县的生存状态与贫困原因探析

在贫瘠州县任职的官员，有时候连基本的薪酬待遇也得不到保障。在康熙《岢岚州志》艺文志中，收录有一篇官员写的名为《早起自嘲》的五言诗：

早起自嘲

难续还家梦，

低回谢布衾。

曙光澄客虑，

夜气见天心。

五斗腰空折，

三竿懒不侵。

鸡声频入耳，

只此故山音。①

（岢岚以岁祲停征，薄俸亦无由可领。）

诗中这位日上三竿还没有起床的父母官大人，因为地方荒歉，连微薄的俸禄也无处可领。他思念着远方的家乡，无心睡眠，读来令人感伤。

还有一篇是名叫李鸣世的郡丞写的七言诗，叫做《天旱浚河》，诗云：

天旱浚河

一点浮云万壑风，

云消可奈火当空。

黄沙赤地谁蠲税？

枵腹愁肠且赴工。

举境似狂喧旱魃，

群望何济说天聋。

桑林引，惟虔祷，

拭目甘霖报岁丰。②

---

　　① 康熙《岢岚州志》，《中国地方志集成·山西府县志》辑 17，南京：凤凰出版社，2005 年，第 522 页。

　　② 康熙《岢岚州志》，《中国地方志集成·山西府县志》辑 17，南京：凤凰出版社，2005 年，第 526 页。

　　因为地方大旱，这位郡丞不得不头顶着大太阳、饿着肚子、愁肠满怀地赶赴工地去监督浚河工程。从这些诗篇中不难发现，贫瘠州县的治理难度是很大的。然而，如岚县、岢岚县这样的贫瘠州县，在清代地方"冲繁疲难"等级划分制度下，却仅是一字不占的部选简缺。明明是治理难度很大的州县，却为什么不能在"冲繁疲难"分等体系中获得重视？这一现象说明，以"冲繁疲难"四字为地方官缺划分等级的做法，有其不合理、不科学的地方，起码是有缺陷的。在这样的标准下，很多像岚县这样僻陋荒远的州县，完全处于被忽视的地位。因而，可以这么说，清代的"冲繁疲难"地方官缺分级制度，是一种忽略了贫困因素的制度设计。虽然四字中的"疲"字考察的是地方的经济状况，但只要赋税不逋欠，就不能算疲。由于山西各州县确定冲繁疲难等级的最后时间是乾隆六年（1741年），这恰好处于康乾盛世的鼎盛时期，清王朝经过百余年的和平发展，各地土地开辟，人口增殖，经济形势普遍向好，在清初有逋欠的府州县，到了这个逋欠问题基本不存在了，因此，很多原来被定为"疲"的府州县，也摘掉了"疲"的帽子，在山西省，最后取消了"疲"字评价的府州县官缺包括：

　　大同府知府——驻扎大同县，界连蒙古为口外，四达通衢，管辖九属，事务纷繁，实为难理，向因赋多逋欠，原拟兼四最要缺，自积欠豁免，节年全完，改为冲繁难要缺，由部请旨简用。

　　怀仁县知县——地当孔道，向因赋多逋欠，原拟冲疲中缺，自积欠豁免，节年全完，改为专冲简缺，归部铨选。

　　应州知州——临边孔道，事简民淳，向因积欠难清，原拟冲疲中缺，自豁免后，节年全完，改为专冲简缺，归部铨选。

　　朔平府知府——驻扎右玉县，逼近边墙，为口外冲途，管辖三厅五州县，旗民杂处，归化绥远城口外人命盗案，俱由该府审转。前因地瘠民贫，原拟冲繁疲要缺，嗣查该府属额赋清完，实不为疲。

　　朔州知州——地当孔道，逋赋不清，原拟冲疲中缺，嗣查该州积欠全完，实不为疲，惟系塘站要路，往来住宿，差务颇多，治理非易。

平鲁县知县——地当孔道，向因逋赋颇多，拟为冲疲中缺，嗣查该县钱粮已无拖欠，改为专冲简缺，归部铨选，兼理归并平鲁、井坪二站马匹，赋少事简。①

而且，清代"冲繁疲难"四字分等制中的"疲"字，考察的是该地粮税是否有逋欠。山西的很多贫瘠州县，由于民风淳朴，百姓驯良，虽然长期包荒代亡，饱受缺额银粮的赔累，负担沉重，却没有人起来反抗，总是尽力全额完成税额。于是，这些县在"冲繁疲难"体制下，就连"疲"字也不占了，就成了一字不占的最低等级州县。在风调雨顺、统治安定时期，贫瘠州县还能勉强完成税额。但一旦发生天灾人祸，原来人口逃亡、土地荒芜的问题就会重新显现。到苦瘠州县任职的官员，就会再次面临与清初官员相似的处境。但州县的等级在乾隆初年确定之后，大部分就没有再发生改变了。到了道光后期，一些贫瘠州县的地方财政陷于破产，经济陷入绝境，不得不出台苦缺制度，给予贫瘠州县一定的津贴，并减免一些负担，以维持这些地方政事的正常运转。这就是清代苦缺制度出台的根本原因。

二、清代山西苦瘠州县的治理难点

山西的苦瘠州县在治理过程中有哪些难点呢？根据前文所述，大致可以归纳为以下几点。

1.逃丁荒粮，赔累不已

这是贫瘠州县治理的第一大难题。综前所述，由于这些地方的自然条件恶劣，土地贫瘠，造成地方经济结构极其脆弱，一旦发生天灾人祸，人口就会大量逃亡，造成地方大量的缺额丁银和粮税，导致丁倒累户、户倒累甲的状况发生。在山西省贫瘠州县的地方志中，留下了很多官员撰写的请求朝廷蠲免逃亡丁银和荒粮的奏疏。比较典型的有收录在光绪《永宁州志》卷二十六中的、由康熙朝第一廉吏于成龙撰写的《请蠲宣属冲压地

---

① （清）海宁辑：《晋政辑要》，卷一《官缺繁简》，《官箴书集成》第 5 册，合肥：黄山书社，1997 年，第 413–435 页。

粮疏》：

请豁水冲沙压地粮以广皇仁、以苏民累事。该臣看得，宣府所属西城与怀安、蔚州等卫，边隅土瘠，逼近浑干等河，有水冲沙压地亩，小民包粮为累。经前抚臣金世德于康熙十四年十月内具疏请豁，部覆以历年钱粮，俱系报完，不系未完拖欠，仍令照旧征收在案。但查粮从地出，地既积荒，而历年钱粮仍报在全完者，是皆小民竭尽膏脂以包赔者也。自部覆之，又历五六年矣，除稍有可垦者已陆续劝民垦种外，其实实冲压不毛之地，人力有所难施，茕茕小民，包粮年久，困苦益深，渐至征比不前，催呼莫应。在地方各官，莫不以考成关切而无术弥补，屡以未完开报矣。前抚臣稔知其累，第以时值军需孔亟，数年来，未得即为覆请。故于优枕弥留之际，犹惓惓以此为未了之余衷而遗疏乞蠲，仰邀圣德也。臣履任后，广咨民瘼，复检阅旧案，乃知宣属穷黎之累，害莫过于包纳荒粮，是以檄行查勘。兹据守道参议董秉忠详称，口北道李如桂公同厅卫各官逐处勘明，怀安卫实有水冲沙压地一百九十一顷二十一亩零，蔚州卫实有水冲沙压地三百一十八顷二十三亩令，西城实有水冲沙压地三百四十三顷六十亩零，又东城地方亦有水冲沙压之地，缘从前犹望水退沙消勉力垦种以完正赋，是以十四年未经开报，乃年来冲压益甚，耕耨无期，故官民激切呼吁，亦经口北道亲诣勘明，实有荒沙地九百五十五顷二十九亩零，取有该道厅卫印结，并造册呈送前来。

臣思民之有地，原籍所产以资生，今地荒而粮存，不特无以资生，而且以为害也。边徼穷黎，绵力几何矣？堪永远包赔此数？处之荒粮一日不除，则数处之民生一日不遂，虽目今师旅未息，需饷尚殷，但逆氛殄灭殆尽，唯遗黔滇余孽指日荡平，此后军需似无虞于不足，而合计四处荒地，本色粮不过三千余石，银仅一千余两，免之则涓滴之损，无关于国计，而数千余户贫民得免包赔，实受惠于无穷，仰祈皇上特沛洪恩，准与豁免，俟水干沙退之日，劝垦输粮，庶荒边僻壤之民，永苏其累，顶感皇仁于生生世世矣，既据该道呈详前来，除册结送部外，理合俱题。①

这篇由于成龙撰写的请求蠲免水冲沙压地粮的文字很具有典型性，可以代表当时州县请求蠲免荒粮的一般情况。从这篇史料可以看出，请求蠲免荒地荒粮在当时是一件很有难度的事情。在于成龙上疏之前，山西巡抚金世德已经在康熙十四年（1675 年）十月的时候具疏请蠲，结果遭到户部拒绝，理由是该县历年的钱粮一直以来都是全额完缴的，没有过拖欠，所以要求仍照旧额征收。作为父母官的于成龙，为百姓据理力争，在奏文中说明之所以历年钱粮能够全额完成，全都是百姓竭尽膏脂包赔的结果。之所以第一次蠲免荒粮的请求被拒后，又经过了五六年的时间才再次申报，是因为考虑到当时军事形势严峻，国家对军粮的需求很大，所以没有马上再次复请蠲免。前巡抚金世德深知当地百姓负担沉重，这成了他的一块心病，直至弥留之际，仍然念念不忘，遗疏乞蠲。

2. 地方辽阔，难于控驭

很多贫瘠州县地方官所面临的又一大难题是：地方过于辽阔，难于驾驭；百姓居住分散而遥远，山路崎岖难行，催征赋税困难重重。在雍正《重修岚县志》中，岚县知县张解通撰写的《请减岚县地丁钱粮文》记载：

> 岚邑旧系十都，今死亡逃绝只剩五都；每都十甲，尚有断绝二三里者，且不独一都之民散在各山，至近五七十里，远则百里。而一甲之民，所住远近亦然。每遇催征，一甲止一甲长，山路崎岖，数日始周，是死绝者久欠难追，而现在者催征不易。②

有很多贫瘠县，比如临县，虽然户籍登记簿上有很多的村落，实际上多数都是仅有十户人家左右的小村落；超过百户人家的村落，除了城镇，一共也没几个：

> 谨按县境，多山少原，而民尽山居，广袤一百八十余里，按籍而稽，仅得三万四千二百三十三户，每户丁壮不过一人，而村庄已占一千一百九十九，若不问丁户，而但言村落，鲜有不惊为

---

① 光绪《永宁州志》，卷二十六，《奏疏》，光绪七年石印本，山西省图书馆线装书库藏书，第 243 页。
② 雍正《重修岚县志》，山西省图书馆线装书库藏书，第 39 页。

繁剧者。盖山僻之区，业农为本，凡有可耕之地，随在营窟而居，以便耕凿而谋衣食，故所谓十家村者，实居多数。通邑足百户者，除城镇而外，不过数村而已。①

与临县如出一辙的还有乡宁县：

名都大邑村镇之大者，数千百户，小者亦数十户，子孙世居之，虽历大灾大厄，不忍墟也。乡宁不然，统计合境多至千村，而百家之聚，十无一二；数十家之聚，十无五六；或十数家或数家，竟有一二家为一村者，凿穴而居，菽黍而食，一遇凶荒，立即废徙，呜呼！虽曰人事，岂非地利哉！②

大量超小规模村落的形成，源自山区可耕之地稀缺，而且散布于四方，人们在宜耕之地旁营窟而居，以便于耕种土地。这样的村落人口很少，所以地位很不稳定，一旦遇到荒年，人就会迁徙他处，村落废徙。

在《乡宁县志》（民国六年）卷一《舆地·沿革谱》中，收有旧志中邑人郑嘉谟对该县治理难点的八点总结，他说："乡宁有不可裁汰归并者八。舆地寥阔，临驭繁难，一也；黄河官渡，秦晋通衢，二也；深岩巨壑，奸匪易藏，三也；煤窑铁厂，五方杂处，四也；客民流寓，梗顽难化，五也；勘验命盗，信宿始至，六也；输纳税粮，路途遥远，七也；劝学课士，泽赖官师，八也。"③而舆地辽阔，难以驾驭，是首先提到的。

而且，这些远离府县中心区的边远地区，土地荒芜、赋税逋欠情况十分严重，也最易藏奸匿匪，稽查难度很大。在乾隆朝《应州续志》艺文志中，收录有署知州雷畅的一篇奏疏，内容是请求在边远之地设置巡检以安定地方，清理国课：

为请设巡检以靖地方以清国课事

窃惟卑州地处关外，界连本府之大同、怀仁、浑源、山阴并代州之

---

① 民国《临县志》，《中国方志丛书·华北地方》第七十二号，台北：成文出版社，1968 年，第 159 页。

② 民国《乡宁县志》，《中国方志丛书·华北地方》第八十一号，台北：成文出版社，1968 年，第 59—60 页。

③ 民国《乡宁县志》，《中国方志丛书·华北地方》第八十一号，台北：成文出版社，1968 年，第 55—56 页。

繁峙，宁武府之宁武及朔平府之朔州、平鲁、左云、右玉等州县，接壤交错，最易藏奸；而去州窎远，逼近口外，最难稽查者，尤莫如安东一卫；卫中又有西山一带二十二村，隔越高山大河，离平鲁、左云、右玉、山阴等州县，近自五六十里，远自八九十里不等，而离卑州近自一百二十里，远自一百八九十里不等。且深山邃谷，羊肠鸟道，土著稀少，流寓不常，地多逃绝，粮多逋欠，由来已久，非一日矣。职查向来设有卫官专司稽查，尚难保无奸匪之潜藏与钱粮之逋欠，继后归并入州，官有刑名钱谷之事，势难时时亲历，捕官有巡缉之责，不能久羁山弭盗，止凭保甲催粮，惟籍里差，实因鞭长莫及，遂涸敝日深。且查阅旧粮，州额之民欠十分之三，卫额民欠十分之七，粮少而欠多，日积而月甚，职催课乏术，已于饬行查议积欠等事详请转详在案。[①]

这篇奏文提到了原来设立卫所进行管理的边远地区的粮食逋欠问题。在应州，是"州额之民欠十分之三，卫额民欠十分之七"。所谓的"卫额之民"，是指明朝所遗留的卫所之民。在明代，卫所之田遍布于各个州县，由于卫所的位置通常都设立在遥远而具有军事战略地位的地区，原来均设有卫官专门负责稽查，但到了清代，这些卫所都归入到当地州县，原来的卫所官系统废除，导致稽查乏力。于是请求设立巡检代替原来的卫所之官负责赋税征收和稽查盗匪。在清代，设立了很多巡检司来替代原来的卫所官。

3. 缺额丁粮，负担沉重，恢复艰难

前文已经提到，对于贫瘠州县来说，由于天灾导致的人口逃亡和土地荒芜是经常性的事件。要让人口重新回到土地上，让荒地重新得到开垦，也是难度很大的事情。在光绪朝丁戊奇荒中，大量土地荒芜，时任山西巡抚的曾国荃奏请查明各州县未摊丁粮，请分别归并减豁，并坍荒无著之银米豆谷，恳恩永远豁免。奏折得到批准，谕旨下达至山西，要求山西各州县详查筹办。山西地方予以了极大的重视，专派委员前往各县协助查荒。在光绪朝《左云县志》中，记载了该县奉旨清查荒地的具体情形：

会禀清查荒地情形

委员准补徐沟县知县王熙祥

同知衔署朔平府左云县知县佘卜颐

敬禀者：窃光绪五年六月十四日，卑职卜颐蒙宪台札，开以前因大祲之余，户口既多逃亡，地亩亦即荒芜，蒙爵抚宪奏奉谕旨，编审丁粮，清厘荒地，当经通饬各属，实力举办在案，诚恐各州县未能一一明晰，现由本局委员会同确查，以归画一而期迅速饬。即遵照查明，俟委员到日，即速会同复查，禀复核办等因。正在查办间，卑职熙祥蒙委前因，遵即束装起程，于六月十七日驰抵左云县，会同卑职卜颐查得，卑左云县老荒地亩如砂压卤废水冲石积不堪树艺五谷者所在多有，卑职卜颐前次屡奉札饬清厘……

其无主之地招人垦种，一层本系有利可图之事，农人苟有余力，无不乐于认种。只因时值大祲之余，村堡萧条，户口零落，一旦承种，非特牛犋籽种在在需钱，即人工亦骤难雇觅，是以一年以来，虽有招佃之示，而终鲜承种之人，此新荒地亩招复不易之实情也。卑职卜颐身任地方，责无旁贷，岂敢畏难推诿。除饬承查明各荒地应征钱粮米豆草束等项细数，并此外无地之丁银九两五钱四分八厘，无地之豆三石四斗零七合，无地之兵米十一石零二升二合，无地之米豆银二十六两一钱一分六厘，无地改折豆草开垦银九两二钱六分六厘，分别造册，并取具各乡保士民等切结，加具印委，各结另文详送，一面由卑职卜颐再行恺切出示招佃，俟有认种者陆续报明届限起征外，所有卑职等会查缘由合先开折禀请查核汇办。①

从这篇文献可以看出，大灾之后，要为无主之地招佃垦种，难度极大。一是经费无从解决，耕牛、种子都需要钱，一是人工难觅。从这篇文献可以看到，作为帝国时代的基层工作者，州县官员承担着推行国家方针政策的重任，需要亲下基层，深入田间地头，完成上面的工作部署，还需要随时上报各种数据，工作十分辛苦。

土地荒芜后，地方政府往往会招佃垦荒，以完国税。但荒地开成熟

---

① 光绪《左云县志》，《中国地方志集成·山西府县志》辑10，南京：凤凰出版社，2005年，第226页。

地后，又会面临一个新的问题，就是原来的业主要求退还耕地，为此常常兴起诉讼官司。这就导致佃户不敢承租荒地。为了解决这个问题，地方官不得不出告示，严禁地主混争佃户已经开垦的熟地。在雍正《石楼县志》中，记载了县令袁学谟撰写的《禁地主混争佃户开成熟地示》：

> 照得石邑前被歉收，各里居民不无逃荒弃地，累甲累户，比比皆然。招佃耕种，起租完粮以敷正额，堪称盛事。无如有等刁徒，乘佃开荒成熟，便争复业，哓哓构讼，以致各佃户畏缩不前，本县闻之既久，深为痛恨，合行严禁，为此示，仰阖邑士庶人等知悉。嗣后凡有抛荒地亩佃户开种成熟者，许本佃永远承业，给与执照，原主不得混争复业。如有捏词妄控，除概不准理外，仍拿重处。如果自能耕种，必欲业归原主，务必听还佃户资本，并逐年代纳粮银，一一清楚方准退地。倘敢用强欺凌争夺，许该佃指名禀究定行，照强占民产律治罪。①

在这篇示文中，石楼县令袁学谟谈及，石楼县在发生灾害农业歉收后，人民纷纷逃荒弃地，地方政府组织招租耕种，佃户把荒地开垦为熟地后，便有刁徒乘机争夺熟地，兴起诉讼。这种情况导致了佃户不敢承租垦荒的严重后果。为了保护佃户的利益，袁学谟在示文中承诺，允许开荒佃户永远承业，并给与执照，原主不得混争复业。如果胆敢倚强凌弱，依照强占民产律治罪。

4. 风俗朴鲁，难施教化

山西各贫瘠州县的地方志在论及当地的民风民俗时，基本都以淳朴鲁直、民风近古相评价。民风朴直本是件好事，然而也有各种弊端，前文已经探讨过。由于贫瘠州县的百姓绝大多数没有机会接受教育，导致其性格愚昧粗野，见利忘义，难施教化；逋欠难清，累及官员。由于长期处于天高皇帝远的境地，百姓对于政府的各种治理措施，都不易接受。很多贫瘠州县看似事简易治，其实治理起来难度很大。而且，长期的闭塞贫困导致瘠州县的百姓思想闭塞顽固，不思进取。

---

① 雍正《石楼县志》，《中国地方志集成·山西府县志》辑20，南京：凤凰出版社，2005年，第665页。

5.科举不兴，人才匮乏

前面已经探讨过山西贫瘠州县的士风士习，在这些州县，读书人一般没有把举业进行到底的经济实力，他们在取得科举道路上的最低一级功名——秀才之后，就不再继续走下去了。这样，地方上的绅士阶层势力薄弱，人才匮乏。而传统的绅士阶层在地方社会又承担着极其重要的社会政治、经济文化功能，他们往往是地方利益的代言人，基层社会的维稳剂，在尊礼守法、完粮纳赋、安民缉盗、防卫治安等方面均发挥着无可替代的重要作用，对于这点，清人也有清醒的认识："诚以富民，一方之元气。公家有大征发，大徒役，皆倚赖焉；大兵燹，大饥馑，皆仰给焉。彼贪人为政也，专朘富民，富民渐罄，复朘中户，中户复然，遂致邑井成墟。故土无富户则国贫，土无中户则国危，至下户流亡，而国非其国矣。"[①]富民代表的是一方土地的元气，由于贫瘠州县富户稀少，导致地方上遇到灾荒动乱的时候，没有承担重担的人，民风重利轻义，重武轻文，粗野质鲁，缺乏教养。乾隆《宁武府志》记载，该郡"边鄙僻处，少大姓，富家产千金以上，便号为魁雄。乃嗜利孳孳，较锱铢尤甚，其以财争者，虽至微细，必讼诸官。官府每受牒，十八九率钱利事，屡讼不厌焉……既尚武轻诗书，故由科第入仕者常少，士人既列诸生足以持门户，往往意满，转去逐什一，自豪乡里，无复修业求进"[②]，典型地代表了山西贫瘠地区的现实。

6.产业结构单一，百姓谋生艰难

贫瘠州县的百姓，往往只知耕种，不知其他谋生之路。地方上赚钱的行业，往往被外地人占有，而本地人则甘于贫困，不知进取。前文已有论述，此处从略。

7.盗匪频发，消弭无计

山西的多数贫瘠州县位于省界山高林密之处，且远离政治统治中心，易于藏奸，成为土匪聚集之地。这也是贫瘠州县治理的难题之一。官员一旦到这样的地方任职，往往会受累于盗案累累，基本没有升迁的可能。在

---

① 《皇朝经世文续编》，卷八《治体·原治》上，北京：中华书局，1992年。

② 乾隆《宁武府志》，《中国地方志集成·山西府县志》辑11，南京：凤凰出版社，2005年，第133页。

光绪《永宁州志》奏疏中，收录有一篇《请宽盗案处分以惜人才疏》，就反映了在贫瘠州县任官者的这种困境：

请宽盗案处分以惜人才疏

盗案处分久定，不敢擅请从宽，人才之淹抑可矜，特为酌陈通变，以鼓舞积困之劳吏事。窃查盗案处分定例，内开道路村庄被劫，将承缉州县捕官兵捕盗同知通判住俸，文到扣算，限一年缉拿，若限满不获，降一级调用；又兼辖到官罚俸六个月，限一年催缉，限满不获，再罚俸一年等语；此系已定通行之例，何敢轻议变更。第直属之盗案，与他省迥不相同，直属圈残之区，民无恒产，既往往流习非为，而又旗民杂处，乘马挟矢呼群引类，无可稽查，纷纷申报失事，几无虚日。故监司厅印等官求其与盗案脱然无累，得与升转之例者，十不能三四。其间岂无廉能素著之员可期大受者，而一官疲剧之区，此案未获，彼案又起，一案幸完，数案未获，甚有一日而失盗之案数家，经年累月，攒眉莫策，始焉未尝不励精求为消弭之计，而无如飘忽凶徒，焚劫不时，积案多宗，降罚随至，灰心进步，无计自拔，以朝廷有用之才而皆以盗案沉滞镌级去任，殊可怜，惜臣目击淹抑多员，不得不亟请稍为变通也。①

材料显示，永宁州地方由于民无恒产，兼旗民杂处，无业游民往往乘马挟矢、胡作非为，百姓申报失事，几无虚日，盗案累累，官员束手无策。这导致在当地任官者大多数会受到盗案的拖累，不能升转。因此灰心丧气，无计可施。

三、清代山西贫瘠州县官吏的理政思路

在传统社会，贫瘠州县的官吏面对地方困局，其处境如何？其心态如何？他们对于该地具有怎样的治理思路？对这些内容进行考察，可以为当今扶贫工作提供经验和教训。通过对地方志中序言、名宦传记、循吏宦绩、奏疏及去思碑、德政碑等文献内容的考察，可以大致了解当时官吏治理贫瘠州县的思路。

---

①　光绪《永宁州志》卷二十六《奏疏》，《中国地方志集成·山西府县志》辑14，南京：凤凰出版社，2005年，第245页。

1. 因其地，从其俗，兴利除弊，教化为先

很多官吏到贫瘠州县任职后，通过仔细观察和研究该地的民风民俗，形成了自己的治理思路，并把他们的想法写进了地方志的序言之中，希望能借助这一路径，为朝廷决策提供参考。以乾隆《兴县志》为例，县志一开始，就收录了雍正八年（1730 年）兴县知县程云、本邑出身的官员孙鸿淦及乾隆二十八年（1763 年）兴县知县蓝山三人撰写的序言。在这些序言中，清楚地表明了他们对于治理兴县的各种主张。程云序文曰：

> 治天下之道，因其地从其俗而已矣！因其地则顺而理，从其俗则政不烦而民安之故……冀后之人有斯土之责者，披疆域而知保障之宜严，阅山川而识险易之有备。议食货之经，则田赋之丰啬可稽也；谋生聚之道，则户口之虚盈可验也。物产薄，宜节俭以惜物力；民风鄙必礼让以兴民行。睹选举，则育才造士之方不可缓。考营筑，知桑土绸缪之计不可忘。至于峻节幽芳，可以维风，必加旌恤。崇论硕议，可以佐政，必为采行。则其所有加惠兴民者岂有穷哉……兴邑地碛山瘠，物窳民贫，惟恃司牧者抚循而噢咻之，然而不详其地则政不恰物，不审其俗则化不宜民。然则是编也，可以审调剂之宜，施养教之术，上以少佐圣天子周谘民隐之至治，而下贻将来守土之型，使因其地从其俗，予兴民乐利无疆之休，以世世享朝廷太平之这，端赖于斯也。①

程云特别强调，治理兴县，要因其地而从其俗。对于地方志所载内容，程云一一进行评析，这些评析也恰恰表达了他的理政思路，在军事上要知疆域山川之势，以保障有备；在经济上要为百姓谋生聚之道，要惜民力，崇节俭；在教育方面，要兴礼让以肃民风，要访高士以育人才；作为贫瘠僻邑，兴县的治理全赖地方政府全力以赴。

紧接程云序的，是邑人孙鸿淦所写的序文，作为土生土长的兴县人，他的序言带着浓厚的私人情感：

> 兴邑地碛民瘠，待治甚殷。余生长于斯，目击心维，窃以为

---

① 乾隆《兴县志》，《中国地方志集成·山西府县志》辑 23，南京：凤凰出版社，2005 年，第 1—4 页。

治斯土者，有所易有所难，尤有所急。其易者，民愚可以教忠，俗陋便于返朴，赋下省于催科，山险宜于防御。然民愚而执，则理难骤；俗陋而憨，则罚难遽清；田畴薄则农食窘；矜式少则士气颓。无温文之习，无以兴礼让；无货贿殖通，无以阜财求，此其所难也。至于游惰聚而生嚣凌，宜任之以业；节俭变而将奢，急宜防之以礼；无耆硕则教育之责不可缓；无水利则盖藏之备不可忘；额外之赔累甚多，急宜厘之使清；河南北之冲溃无常，急宜障之使固。守土者诚察于方俗民性之详，以审其缓急难易之数而得调剂之宜；然后明天子之德意以化之，申朝廷之宪典以饬之，使难者理则易者自修，急者举则缓者徐定，不必纷更操切之烦，而俾弹丸下邑弊绝风移，熙物阜以沐浴圣天子一道同风之治。①

对于兴县的治理，孙鸿淦没有简单地判断它是好治还是难治，而是以科学辩证的态度认真分析了该县治理的难易缓急之处，认为该县民风朴鲁，百姓可以教化向忠，这是好的一面；但是，百姓因为没有文化而愚昧憨直，遇事易偏执，道理不易讲清，处罚难行，这是难治之处。因为贫困，导致士气颓丧，读书人少，礼让之习不易兴；交通不便，财物匮乏，易致百姓游惰相聚，无所事事，谋生之路艰难。要治理好贫瘠之县，当政者需要首先详查当地的风俗民情，认清地方政事的难易缓急之处，处理好难的地方，容易的地方自然就化解了；处理好亟须解决的问题，不急的慢慢就理顺了。贫瘠百姓必须任之以业，让他们有事可作；发展教育事业，提高百姓的文化素养；备盖藏，提高经济水平；理赔累，减轻百姓负担；固河防，保证地方平安。也就是要尽力给百姓营造一个安定宜居的生存环境。

在雍正十一年（1733年）的《辽州志》中，篆修者、时任辽州牧的徐三俊在其撰写的序言中这样写道：

予观是志所载，有足幸者，有足虑者。风淳俗朴，士读农耕，僻壤偏隅，无冲烦供亿之苦，此足幸者也；葛屦沮洳，俭啬褊急，

---

① 乾隆《兴县志》，《中国地方志集成·山西府县志》辑23，南京：凤凰出版社，2005年，第4页。

苦寒薄收，包荒滋累，此足虑者也。使阅是志者，果能讲求利弊，锐意兴除，迪礼乐而化乔野，务保障而绝茧丝，保其足幸而去其足累，他日辖车博访，献诸天子，即以是志作风俗之书，窃附于禹贡职方之末，亦无不可，是则予修志之初心而治辽之隐愿也。①

可以看到，这段文字所表达的思想与前面孙鸿淦如出一辙。作者也充分认识到，治理贫瘠州县，有易有难，有可庆幸者，亦有可忧虑者。可庆幸的是，辽州地处穷乡僻壤，民风淳朴，事简易治，没有太多的行政压力和负担。困难的是由于太贫困，导致地方"葛履沮洳，俭啬褊急"。在这里，作者用了两个典故——"葛履"和"沮洳"。二者均出自我国古代第一部诗歌总集——《诗经》，"葛履"是指夏天穿的葛绳编制的鞋，"沮洳"指低湿之地，《诗经》有十五国风，这两首古诗均出自魏风。按照朱熹的解释，魏地陋隘，其民机巧趋利，其君俭啬褊急。因此，在这里，此二典是用来强调辽州的风俗俭陋吝啬，民风偏狭躁急的。徐三俊强调，需要引起当政者特别注意的还包括地方苦寒，收入菲薄，百姓包荒包赔导致的地方赔累。徐三俊认为，治理辽州这样的贫瘠之地，需要讲求利弊，兴利除弊，扬长避短，保其优势，去其劣势，兴礼乐以教化百姓，使其摆脱野蛮不文明的状态，要保证民生，让百姓富足。

2. 民以政养，政以时立，斟酌因革，与时俱进

乾隆《兴县志》中收录的乾隆二十八年（1763年）兴县知县蓝山之序则是又一番感慨：

兴邑处万山之中，西界黄河，北连沙漠，大万合查诸山，雄亘东南，地僻而道险，故唐张说讨兰也，州间道出邑之合河关，宋限契丹，明御鞑靼，为边庭要塞，实秦晋之阨隘，并北之奥区也。第以舟车不通，无富商大贾，地皆山坡石碛，民无藏盖。赖国家承平百余年，屡世圣人，爱养休息，生齿既繁，土皆垦僻，关人安于业，俗渐华奢；岢代以西，号称蕃庶；近自戊寅、己卯之后，连遭荒歉，人民多已逃散去城，十里之外，土田多已荒

① 雍正《辽州志》，《中国方志丛书·华北地方》第四〇七号，台北：成文出版社，1976年影印，第5—7页。

闲，余适承乏兹土，见其景象萧条，殊不如前所云，未尝不掩卷
而叹！夫已弊而冒盛名，则事废而民逾累，且民以政养，政以时
立，士君子躬膺民社，当此颠连迫切之时，而拯救无术，则所学
谓何矣！况天子念切民依，岂不欲有隐必达？各上宪承宣圣德，
岂不欲慧保无遗？特以沿袭故常，未上达耳。为长吏者，不告而
更张之，恐擅为之，有未协也。事未而告，又恐繁且缓，不迨事
也。夫邑乘者，利病之总汇，而情之毕达于上下者也，因踵旧文
而细核之，凡星野、建置、山川、物产，成而不易者，不敢置喙，
若夫土田之荒芜何以复辟，户口之耗减何以复聚，赋税逋欠何以
酌租庸之平而上不亏国，风俗嚣漓何以持轻重之典而下不烦民，
河防何以修筑，学校何以振兴，至于职官之承代，人物之辈出者，
皆续而志之，既以自考为次第举行之，具体上宪谘谋询度之意，
梓成而上之，使知今昔之不同，时而斟酌因革，以饬下吏，且为
顺时入告之先资也。①

由序文可知，蓝山担任兴县知县的时候，恰逢该县连遭荒歉之时，兴
县已经从"生齿既繁，土皆垦僻""习渐华奢""号称蕃庶"再次陷入人民
逃散、土田多荒的萧条场景之中，作者不禁掩卷而叹！他认为，"民以政
养，政以时立"，兴县已经疲敝，不可再冒盛名，致民赔累。邑乘作为地
方利病之总汇，需要仔细审核，把变化了的情况反映出来。荒芜的田地怎
能再得到开垦，耗减的户口怎能重修聚集，逋欠的赋税怎么通过调整征收
之法得到清理，嚣漓的风俗怎样通过教化百姓得到扭转，修筑河防，振兴
学校等等，所有这些事情都需要一一开展，并在邑乘之中得到反映，使得
下情能够上达，以供在上者决策参考。

在康熙朝《保德州志》卷四《田赋志》序中，作者殷梦高这样写道：

阡陌既开，井田之制不可复已。汉世限民名田，法良意美，
最为近古；唐有天下，初以租庸调立赋敛法，至杨炎约百姓丁产
为两税，秋夏征之，迄今赋役犹守其遗法焉。顾当时定制，有额

---

① 乾隆《兴县志》，《中国地方志集成·山西府县志》辑23，南京：凤凰出版
社，2005年，第4页。

外率一钱者，以枉法论，日且耗蠹百出矣。盖天下无不弊之法，而有不弊之人，人与法不相得，固互其流毒无既也。保德作邑于山，滨河而处，高者稍晴即旱，洼者一雨即潦。至于丁徭之重，为他郡最，又多陪累，贫富不均，嗟此穷黎，剜肉补疮，肉且尽矣，吏此邦者，日夕冰兢，但饮黄河一杯水尚恐不足以苏民困也。徇良牧守，惟有招流散以滋生聚，诛兼并以恤贫困，清隐匿以均徭役，劝敦睦以拯灾患，保之民庶有幸乎！作田赋志。①

这篇志序的写作年代大致在康熙晚年。这一时期的保德州，除了自然条件恶劣外，百姓需要承担沉重的丁徭负担，丁银赔累多且贫富不均。作为治理该县的官员，作者深感如履薄冰，不敢对百姓有丝毫的侵扰。面在这样的现状，作者提出，只有招抚流散，安集百姓，打击兼并势力，抚恤贫困百姓，清查隐匿人口，均衡徭役负担，努力促成和睦团结的气氛，拯救灾荒，保德百姓才能生存下去。

这两篇序言除了提出具体的治理思路外，更难能可贵的是均表达了作者与时俱进的历史进化论思想。他们认为，有治人而无治法，时变境迁，旧的制度需要根据变化了的现实情况随时做出调整，国家的统治方针和政策需因时而变。

在各州县的地方志中，都有为循吏和名宦所立的传记。考察这些青史留名的官员的政绩，可以看到，作为贫瘠州县的父母官，为了治理好地方，可谓殚精竭虑。他们在极端困难的环境下，仍竭尽所能，为地方谋福祉，为民请命，甚至不惜自毁前途，不顾身家性命。以《永和县志》卷八《名宦传》人物为例：

李昇：洪武初举明经，任永和知县，因秋霜杀禾，据实呈报请赈，获罪，降五台典史。后百姓因诚实耐劳诉于朝，特诏升夔州府知府。

胡贞：扶风举人，正统五年知县，洁身莅政，举动准礼，修学校，筑城郭，捐俸买牛数百头以给贫民耕养，功德不鲜。

① 康熙《保德州志》，《中国方志丛书·华北地方》第四一四号，台北：成文出版社，1976年影印，第219页。

穆恭：宿州举人，成化间知县，持身廉介，爱民若子，尝巡南亩、集农夫，与论耕桑树畜等事，民力有不足者，捐俸买牛以助之，士民被泽，至今称颂。

玉珊：汉军旗举人，同治五年知县，时陕西匪乱……却供应，裁陋规，减仆从，治奸吏，别蠹役。百姓均沾实惠，临行泣留，脱靴立碑，以志不忘。

陈仲贵：山东人，光绪二年由黎城县调任，嗣值秋禾被旱成灾，人民慌恐异常，公即亲履入乡，逐处勘查灾情，迭次禀请缓征地丁，开仓放赈。

秦自昌：江苏无锡解元，光绪二年，永和知县。莅任时，正值灾民待哺在急，于城设厂散饭，暂济眉急，又亲履区村，挨门逐户，实地检查，分别极次贫民，禀请急赈以救灾黎，忧劳成疾，三年春任故，临行，地方人民咸为泣送，颂声不已。

赵英壁：河南济源县举人，光绪三年知县，下车时灾民啼饥号寒，嗷嗷待哺，公署书役，多皆饿毙，公异常忧痛，当将常平社义仓储谷数尺散放，禀请当道，拨发精米、高粱、小米数千石，由平阳领回，按口散给，全活灾黎甚众。至后年成转丰，接办善后事宜，复提倡学务，课士劝农，竭力治理，积劳病故，束装无具，经邑绅禀恳，上宪怜恤百金。归行时，邑人攀辕卧辙，号泣扶送百里之外，功德在民，至今称赞不已。①

这些名登山西贫瘠州县名宦循吏榜的官员，其政绩通常包括：在政治上，安集抚绥百姓，兴利除弊，抑强扶弱，疏滞剔弊，排忧解难，平息诉讼，裁陋规，治奸吏，别蠹役；在经济上，轻徭薄赋，劝课农桑，保障民生，申请蠲免缺额丁粮，及时报灾赈荒，周济贫乏，助民婚丧，抚恤穷黎；在文化上，大兴礼乐教化，修文庙，建学宫、书院，振兴教育、奖拔英才，捐廉助学，礼贤下士；在军事上，修城浚河，保一方水土平安，危难时誓死守城，保护百姓。

---

① 民国《永和县志》，卷八《名宦传》，《中国方志丛书·华北地方》第八十八号，台北：成文出版社，1968 年影印，第 385—396 页。

自科举制度创设以来，能够走上仕途、成为国家守土之官者，一般都是深受儒家思想文化熏陶的文人官吏。他们治理地方的思路还基本停留在儒家传统的民本思想范畴之内，强调忠君爱国，教化百姓，所谓"盖事莫重于国赋民命，而治莫先乎人心风俗"。^①由于身处贫瘠之区，他们往往需要面临更多的困难和考验。这些名宦就是当地百姓心目中的"青天大老爷"，他们往往表现出儒家所倡导的种种高尚品德，如居官清正、廉洁耿介、刚直不阿、莅政勤敏、爱民勤劳、操守严正、实心实政等。然而，这样的官员毕竟是凤毛麟角，更多的官员对于任职贫瘠苦缺州县，是既不甘心也不安心的，他们会想出各种办法加以逃避。也正因如此，地方才会出台委署章程，以均平苦乐，给任苦缺的官员一定的补偿。

第六节　小结

在绪论部分，笔者曾提出一个问题，在清代，山西到底是富庶的还是贫困的？要回答这个问题，需要考察山西省在清代上缴的赋税总额在全国的排名情况。而且，有清一代，时间跨度长达 268 年之久，在不同的时期，其发展情形并不一致，需要分别加以考察。

明清之际，战乱不断，兵连祸结，社会生产遭到严重破坏，人口在战争中死伤逃亡严重，而山西省西北各贫瘠州县又是遭受明清之际战争摧残十分严重的地区，人口流亡，土地荒芜，所以造成清初各地严重的缺额银粮。面对数量巨大的缺额丁银，山西通过暂时豁免缺额、以后用新增之丁补足，征收地差、门差银，增加现丁田赋丁银负担，以富县代交贫县丁银等各种方式，将缺额丁银强行转嫁到了现丁身上，暂时满足了清朝统治者的需求，其代价是人民的赋税负担大大加重。随着时间的推移，那些自然条件比较好的州县，人口很快重新聚集滋生，在编审之年，老废逃亡之丁可得减免，新增丁壮可补足丁银缺额，所以差役负担逐渐有减轻之势。但

---

① 康熙《平顺县志》，岩窟景钞本，头序，第 1 页。

230

在那些自然条件极其恶劣的州县，人民负担已达极限，生活极端贫困，人口增加缓慢，原有的缺额始终无法因新丁的增加而彻底抵消，新的成丁人口常常因为负担沉重而逃亡。原来寄籍避祸的人口也陆续离开，赋役负担不但没有减轻，反有加重的趋势，新的缺额丁银不断形成。[①] 到苦瘠州县任职者，不得不面对无法完成赋税征收任务的现实，不断有官员请求朝廷豁免缺额银粮，减轻地方负担。在清康雍时期，山西各州县的地方志中，留下大量此类奏疏，而清廷也确实豁免了很多缺额的丁银和荒粮。

清中期，随着国家步入盛世，社会长期安定，山西贫瘠州县的缺额银粮问题暂时隐藏了起来。这点从乾隆时期厘定的山西各州县的冲繁疲难等级可以看出来，山西的贫瘠州县一般都是四字俱无的简缺。然而，山西赋税负担沉重的问题其实始终没有彻底解决。这也直接造成清代的摊丁入亩改革无法在山西顺利执行。因此也就形成了著名的"戈涛之问"——"查赋额之重，无过江苏，而江苏则丁归地粮；地土之薄，无过贵州，而贵州亦丁粮合办，何独异于山西？夫有地而稍增其额，即虑逃亡，若无地而按征其丁，逃亡不更甚乎？"[②] 其实，戈涛的问题不难回答。山西之所以会出现这样的问题，与山西承受了与其自然条件不匹配的赋税负担有直接关系。"清代的财政收入包括田赋、盐课、关税、杂赋、捐纳和报效……地丁银始终是最重要而稳定的财政收入。"[③] 考察山西省在清代上交的地丁银数，可以略知山西在清代的经济地位。在王庆云的《石渠余纪》卷三中有一个表格，反映的是当时全国18个行省（连直隶共19个）在道光年间的地丁银征收数额表（见表5–11，为看起来清晰，本表的数字多数只取其整数部分）。考察此表可以发现，在"今额征"项下，山西的地丁银数额排在河南、江苏、山东之后，排第四位。在道光二十一年（1841年）、二十二年（1842年）、二十五年（1845年）、二十九年（1849年），山西上交的地丁银数都高居全国第二位！由此可知，山西在清代的经济地位之重

---

① 王丽：《试析清代山西缺额丁银问题》，《明清论丛》第八辑，北京：紫禁城出版社，2008年，第247页。

② （清）王庆云：《石渠余纪》，卷三《纪丁随地起》，第187页。

③ 倪玉平：《有量变而无质变清朝道光时期的财政收支》，《学术月刊》，2011年5月，第130页。

要。然而，山西省的农业条件并不好，就像光绪初年任山西巡抚的曾国荃所言：

> 山西一省，山多地少，本非五谷蕃衍之所。雁门迤北，地多斥卤，岁仅一收；太行迤东，则岗峦带土，颇鲜平原。其共推神皋奥区者，亦只太、汾、平、绛、解数州郡，土地平旷，天气稍为温煦，而所属州邑，仍有界在山陲，号称跷确者，是由地势所迫，初非人力可施。①

以如此条件，缴纳如此高的丁地银，只能说明，山西百姓的赋税负担非常沉重。同时也说明，至少在道光时期，山西还是富庶的。山西的由富转贫，与光绪年间发生在山西、河南、陕西等省的"丁戊奇荒"有直接的关系。"丁戊奇荒"是中国近代历史上灾害等级最高、死亡人数最众的一次自然灾害。在受灾严重的山西，灾荒不仅对社会经济及生产生活造成了极大的破坏，对人口素质也产生了极大的影响。灾民深受饥饿造成的营养不良和疾病的折磨，造成身体素质的下降；学校大量停办，受教育人数锐减，山西民众文化技术素质大大降低；灾荒对灾民思想素质的影响更为深重，灾区人们普遍充斥着恐惧、失落、消沉的情绪，部分民众道德沦丧，行为堕落越轨，动摇了社会治安的稳定。②因此，山西到了晚清时期，彻底沦为了贫瘠之区。

表5-11　道光年直省地丁表（单位：万两）③

省份	今额征	道光二十一年	道光二十二年	道光二十五年	道光二十九年
直隶	255.6866	262	254	251	261
奉天	4.3865	3	全完	4	4
江苏	362.5814	356	253	289	187

---

① 曾国荃：《致各府厅州公函》，萧荣爵编：《曾忠襄公全集》卷14《书札》，台北：成文出版社，1969年，第27页。

② 董虹廷：《"丁戊奇荒"对山西人口素质的影响》，防灾科技学院学报，2019年第3期。

③（清）汪庆云：《石渠余纪》，卷三《纪丁随地起》，北京：北京古籍出版社，2000年，第124页。

续表

省份	今额征	道光二十一年	道光二十二年	道光二十五年	道光二十九年
安徽	180.7563	187	179	179	163
江西	224.9330	229	全完	223	216
浙江	280.8718	188	216	232	160
福建	142.1544	145	全完	146	139
湖北	114.4208	52	64	74	33
湖南	91.2643	87	88	89	82
河南	435.4543	292	356	373	282
山东	358.9694	303	294	279	310
陕西	167.4935	169	169	167	167
甘肃	32.4724	33	全完	32	33
四川	106.2380	108	全完	105	109
广东	111.9066	113	117	110	113
广西	69.4984	96	全完	68	77
云南	66.9144	86	全完	68	65
贵州	13.307	12	全完	12	12
山西	315.8890	314	312	310	309
	4	2	2	2	2

总之，山西一些地区之所以长期处于贫困状态，有自然与人文两方面的原因。自然方面的原因主要包括山多地少，土层薄且贫瘠；气候条件差，旱涝为灾，山高气寒，时节滞后，物产稀缺等。人文方面的原因主要是赋税负担沉重，风俗闭塞，产业结构单一，兵匪之患频仍等。在所有这些导致地方贫困的因素中，对地方影响最深远、最不易改变的当属民风民俗。山西各个贫瘠州县的百姓，长年身处极端恶劣的自然环境中，他们完全丧失了改善自身生活条件的意志，往往安于鲁拙，不知进取，由于条件限制，贫困地区的读书人往往半耕半读，他们中的杰出者最多考取秀才就不再继续了，他们缺乏进一步在科举道路上前进的动力和条件。这种局面持续发展，也导致地方人才凋零，日趋没落。

结语：对清代扶贫恤贫思想与
措施的反思

关于清代山西贫瘠州县问题的讨论至此告一段落。可以得出的结论是，引发山西一些地区长期贫困的原因是复杂的，是相互关联的，贫困其实是一种叠加效应。首先是自然条件的限制，这些贫瘠州县往往地处万山之中，交通不便，商旅不行，山多田少，土地硗薄，农业生产条件比较差。而当地百姓除了从事农业，又没有其他的谋生渠道。加之山西地处黄土高原，是典型的温带大陆性气候，干燥缺水，降雨集中，致使这些地方的农业生产条件进一步恶化。植被遭到破坏，水土流失严重。恶劣的生存条件又进一步造成百姓闭塞保守的处世态度和俭朴悭吝的生活方式。由于经济条件太差，贫瘠州县的读书人往往只能半耕半读，无力在科举仕途之路上走到底，导致地方人才凋零，科举入仕者寥寥。

在传统观念中，中国人对于贫穷的态度一向都是消极的，有所谓"救急不救穷"的谚语。因此，清代的史籍中虽然留下大量蠲免缓征灾区钱粮、开粥场赈济灾民的记录，却找不到一条统治者主动治理贫困的谕旨与言论。对于贫穷，上至朝廷命官，下到普通百姓，大家通常的心态都是消极麻木、无可奈何的，积极主动去治贫扶贫的措施基本看不到。大力倡导节俭之风，可能是传统社会面对贫困所做的、唯一积极的应对举措。在段光清撰写于道光二十七年（1847 年）的《镜湖自撰年谱》一书中，有一段话可以反映当时的人对于贫穷的一般态度：

> 居今日而欲行惠民之政，但可存于心，不可形诸口，况可施
> 之文牍乎？严地苦瘠，十室九空，不贫之民有几也？第不明言其

贫，则亦相安于贫耳，若必历历数之曰：某非贫，某非贫，当分富以润贫，必致嚣然不靖矣。况朝廷日事催科，以天家之富，尚不能因年荒而济贫，而谓严州区区温饱之家，其能赈旱荒之饥民乎。①

由于处处皆贫，所以无力济贫。能令百姓相安于贫，不至于发生动乱，就是一般官员最大的心愿了。

尽管不愿提及贫困，无力解决贫穷，清代对于贫瘠之地，也还是有一些针对性的抚恤救济措施的。总结下来，大致可以分为以下几类。

（一）蠲免逋欠钱粮

根据前文可知，由于灾害频发，山西贫瘠州县会经常性地出现人丁逃亡、田地荒芜现象。为了完成赋税任务，地方上只好以现丁包赔逃丁，以熟地包赔荒地之粮，于是出现"丁倒累户，户倒累甲"的现象。现丁负担过重，只能选择继续逃亡。地方官无力完成赋税征收任务，造成逋欠累累。对于这些逋欠钱粮，政府最后只好全数蠲免，不了了之。山西光绪年间"丁戊奇荒"后大面积蠲免荒地及缺额丁银就是一例。

（二）减额减等征收赋税

对贫瘠州县减额减等征收赋税也是传统社会比较常见的一种恤贫措施。在乾隆《武乡县志·艺文志》中，有一篇《议瘠疲州县完粮分数疏》，其文如下：

户部题为酌议瘠疲州县完粮分数，以定考成，以苏民困事。崇正三年四月某日，山西清吏司案呈奉本部，送户科抄出山西巡抚耿题前事，奉圣旨，该部酌议具覆，钦此。又奉本部送户科抄出巡按山西监察御史祝徽题同前事。本年六月二十三日奉圣旨，户部知道，钦此。遵通抄到部送司案呈到部，该部看得，任土作贡，则壤分赋，自古已然。即国朝会典，亦分别腴瘠，以苏民力而程官方也。三晋表里山河，夙称沃野，而硗确斥卤，亦多不毛。民弗能以不获之田耐催科，则有相率以徙；官弗能以久积之逋抗考成，则有接踵而去。重之旱魃为虐，比岁不登，官畏其地若陷阱，而

---

① （清）段光清：《镜湖自撰年谱》，《历代史料笔记丛刊·清代史料笔记》，北京：中华书局，1997年，第18页。

民脱其产若释负，不急一更张之，人无如何，而赋亦受诟，此抚按所为合词而请也。今议该省所征，除辽饷紧急，务期通完外，其余边王民、屯站银等饷俱系正供，似难减轻。即加礼恤亦难尽狗。查照例之载，在令甲者，常完州县额定，十分；其次疲则九分以上，下疲则八分以上。近因军兴加赋，供亿繁难，又有次疲八分以上，上疲七分以上之例，并无减至六分者。合无准于功令，斟酌折衷，如太原之忻州、定襄、辽州，姑以边地近疲，请定为限务完九分。太原之崞县、代州、岢岚、五台、榆社、和顺，平阳之岳阳、汾西、隰州、大宁、永和、平陆，潞之屯留、襄垣、潞城，汾之永宁，泽州之沁水，请照次疲例限完八分以上。太原之静乐、繁峙及岚县，平阳之蒲县、吉州、乡宁，潞之黎城，汾之石楼、宁乡、沁州及沁源、武乡，请照上疲例，限完七分以上。①

这篇奏疏记录了崇祯三年（1630年）山西巡抚和山西监察御史提出的要求区分山西瘠疲州县的等级、按照等级缴纳税粮的主张。这篇奏疏强调，自古以来，施政者都是根据土地的品质来确定赋税的定额，即所谓"任土作贡，则壤分赋"，明代制度亦是如此，分别根据土地的腴瘠程度征收赋税，以苏民力。山西虽然表里山河，夙称沃野，但也确实存在很多不宜耕稼的不毛之地，而百姓却要承担与普通州县一样的赋税，导致民"相率以徙"、官"接踵而去"的惨景，可谓官民两累。因此，山西巡抚和山西监察御史分别上疏，请求减少贫瘠州县所承担的赋税份额。经过户部商讨，根据已有规定，平时能够完成赋税者定为十分全额缴纳，次疲者定为九分缴纳，下疲者定为八分以上缴纳。因为明末战争频仍，各地供应繁难，规定改为次疲者八分以上缴纳，上疲者七分以上缴纳。经过户部斟酌折衷，最后确定：太原府的崞县、代州、岢岚、五台、榆社、和顺，平阳府的岳阳、汾西、隰州、大宁、永和、平陆，潞安府的屯留、襄垣、潞城，汾阳府的永宁，泽州府的沁水等17个州县照次疲例限完八分以上。太原府的静乐、繁峙及岚县，平阳府的蒲县、吉州、乡宁，潞安府之黎城，汾阳府的石楼、宁乡、沁州及沁源、武乡，请照上疲例，限完七

① 乾隆《武乡县志》，《中国方志丛书·华北地方》第七三号，台北：成文出版社，1968年影印，第364—365页。

分以上。

（三）分年缓征税粮

分年缓征税粮也是传统社会抚恤苦瘠地方经常采取的方式。以甘肃省为例，在《清实录》里，留下大量对该省进行抚恤救济的记录：

> 甘省地处边徼，土瘠民贫，朕所加意抚恤。顷闻凉州府属之武威、平番、永昌、古浪四县，频岁歉收，上年又被旱灾，民情甚苦，积欠颇多。查自雍正十三年至乾隆四年。武威县未完额粮八万一百余石，草六十四万二千余束；平番县未完额粮一万三千八百余石，草一十九万二千余束；永昌县未完额粮一万五千二百余石，草二十万四千余束；古浪县未完额粮四千三百余石，草九万三百余束。又西宁府属之西宁县，自雍正十三年至乾隆三年，未完额粮二万八千九百余石，草二十九万八千余束；碾伯县未完额粮一万一千一百余石，草一十三万七千余束。以上六县，皆西陲苦寒之地，虽上年尚属有收，然积歉之余，元气未复，若将新旧额粮草束于一岁之内合并征收，民力实为艰窘，着将旧欠之项，分作三年带征，俾闾阎易于输将，示朕加惠边氓之至意。①

为了缓解甘肃凉州府、西宁府六个贫困县的民力，清廷批准把其所欠的额粮草束分成三年带征，这也是对贫困地区的加意抚恤和照顾。

（四）确定苦缺州县名单，免派摊捐款项，并给予津贴

由前文可知，山西从道光二十三年（1843 年）到同治八年（1869年），一共批准 21 个州县为苦缺州县。清代的苦缺制度到底是怎样形成的？通过查找，笔者看到包世臣撰写于道光七年（1827 年）四月的《山东东西司事宜条略》一文中有相关记载：

> 一宜审定缺分肥瘠，使调剂派拨均平，以息物议也。……查山东旧有十七大缺，今昔情形互异，如胶州、利津本上缺而变为中，临清、滕县且变为下，容城本下，潍县、即墨本中缺，皆变

---

① 《清实录·高宗实录》，卷一五九，乾隆七年正月甲申，北京：中华书局影印本，1986 年，第 11–12 页。

为上，而胥吏仍照旧摊派，苦乐不均，日滋唬渎。又沾化、福山、
昭远、新泰、蒙阴、嘉祥、钜野，旧名七大苦缺，免派一切摊捐，
仍每年每缺派邻县协济办公银二千两，嗣以议提节省归于藩库，
准该七县以空批抵解。司案有议提节省卷可查后以各州县批解节
省不足停拨，最后并一例仍摊捐款，该七县益至无措，日增新亏。
该七缺中，新泰、钜野得项较多，而新泰差务，两尖一宿，甲于
通省；钜野为教窝盗薮，办公之费，数倍他属，凡此前事之师，
核以现在情形，推类可求，应请逐细察核，详定新章，俾派拨平
允，而调剂亦有准则。①

从包世臣的这篇条略可知，由于今昔情形互异，山东省很多州县的
等级已经发生很大的改变，如胶州、利津，本上缺而变为中缺，临清、滕
县且变为下，容城本下，潍县、即墨本中缺，皆变为上，而胥吏仍照旧摊
派，苦乐不均，应时改正，使调剂派拨均平，以息物议。这里所言的上、
中、下，应该是指收入而言的。文中提到山东有著名的七大苦缺，不但免
派一切摊捐，每年每缺还派邻县协济办公银二千两。可见，早在道光四
年（1824 年）之前，山东省已经有苦缺州县存在了。根据之前的分析，很
多贫瘠州县原来的赋税负担已经很沉重。嘉道以来，随着清代逐步走向衰
亡，国家内忧外患，花钱的地方越来越多，地方需要承担的摊捐款项日益
增多，导致很多贫瘠州县入不敷出。为了维持地方行政的正常进行，各省
出台苦缺州县名单，免派苦缺的一切摊捐，并设法提取盈余，补充不足，
给予苦缺一定的办公津贴。这也是清代抚恤贫瘠的一项重要措施。

（五）筹集银两，发商生息，贴补贫瘠州县

为了帮助贫瘠州县，清代还通过筹集银两发商生息的办法对苦缺州县
进行财政贴补。

> 谕内阁：牛鉴奏豫省原筹借项生息、津贴苦缺银两，限满查
> 明归还原本数目，尚有应提原本，请仍照常生息，以资津贴一摺。
> 河南省淇县等苦缺，前经筹备续摊军需银二十万两，发商生息，

---

① ［清］盛康程《皇朝经世文续编》卷十九，《吏政二·吏论下》，北京：中华书
局，1992 年。

借资津贴，所得息银，除以十六万五千两归还原本外，尚有未归银三万五千两，所短无多，无难陆续归还。据该抚请将此项照常生息，分别加津考城等县苦缺，并陆续归还原本，著准其将此项借动银二十万两，照常存当生息，自道光二十一年夏季起，每年所得息银二万四千两，除去一万四千两，仍为淇县等十县津贴外，余银一万两，以三千两归还原本，以七千两加津考城、信阳、兰仪、虞城、宁陵等五州县，计十二年原本归清后，所余息银三千两，或若缺内酌量加增，或另行调剂他缺，临时再行筹议。①

这段史料出现在《清宣宗实录》道光二十一年（1841 年）六月丙戌日。从该史料可知，河南省筹备了二十万两白银发商生息，用来津贴苦缺州县的捐摊款项。

总之，在清代，统治者也曾想出来各种办法来贴补贫瘠州县的财政，这点是毋庸置疑的。但综合分析这些扶贫恤贫措施，基本都以"外部输血型"为主，没有深入到贫瘠地区进行"造血型"的改造和帮助，这也就导致了所有这些措施并不能从根本上解决贫困问题，这点与我们目前推行的扶贫政策是有本质区别的。

纵览全书可知，山西贫瘠州县多分布在边远山区，具有生存环境恶劣、自然条件差、灾害频发、赋税负担重、兵燹匪患严重、民风俭啬保守、人才凋零等特点，治理难度很大。然而，在清代推行的"冲繁疲难"分等制度下，这些州县却往往是一字不占或仅占一字的部选简缺州县，导致其在资金和人才配置方面均处于不利局面。虽然清代的"冲繁疲难"制度一向深受史家的赞誉，认为这是我国政区分等制度的顶峰状态，该制度与选官任官制度结合起来，可以更合理地配置官僚队伍，把才能出众者挑选到繁难要缺上，从而达到"人地相宜"的目标。②然而，就山西贫瘠州县的分级情况看，该制度显然是一项漠视贫困的制度，存在很大的不合

---

① 《清实录·宣宗实录》，卷三五三，道光二十一年六月丙戌，北京：中华书局影印本，1986 年，第 366 页。
② 胡恒：《清代政区分等与官僚资源调配的量化分析》，《近代史研究》，2019 年第 3 期，第 5 页。

理性。在这一制度下，山西大批荒僻贫瘠的边远州县沦为最低等级的州县，在各个方面均处于被忽视的状态。在康乾盛世，这一内在矛盾还可以隐藏起来，但到了国家的多事之秋，贫瘠州县的问题就转而成了地方最棘手的问题。它们既无力完成自身的赋税定额，更无力承担国家的各种捐摊任务。它们往往需要邻县的协济和其他方式筹措的津贴才能勉强维持其行政的正常运转，贫瘠州县最终成为清代国家治理中的"短板"和负担。尽管清道光后期各地出台了苦缺制度加以弥缝，以加强对贫困地区的资助力度，但由于这些州县始终处于制度设计的底层，官员的薪俸少，晋升机会渺茫，治理难度大，没有人愿意在这些地方任职，于是这些地方只能进一步走向没落。这也是清代山西的苦缺州县名单与山西现在的国家贫困县名单高度重合的重要原因。

不知过往，无以知来者。还原山西贫瘠州县在清代的生存面貌，揭示其存在的问题，对于我们认识贫困地区及贫困形成机制具有重要的现实意义。

参考文献

张廷玉等.明史［M］.北京：中华书局，1974.

汪辑.崇祯长编［M］.中国历史研究资料丛书，上海神州国光社，1946.

赵尔巽等.清史稿［M］.北京：中华书局，1977.

清世祖实录.［M］.北京：中华书局，1985.

清圣祖实录.［M］.北京：中华书局，1985.

清世宗实录.［M］.北京：中华书局，1985.

清高宗实录.［M］.北京：中华书局，1985.

清仁宗实录.［M］.北京：中华书局，1985.

清德宗实录.［M］.北京：中华书局，1987.

清实录·宣统政纪［M］.北京：中华书局，1987.

中国第一历史档案馆.乾隆朝上谕档［A］.北京：档案出版社，1991.

中国第一历史档案馆.嘉道两朝上谕档［A］.桂林：广西师范大学出版社，2000.

中国第一历史档案馆.咸丰同治两朝上谕档［A］.桂林：广西师范大学出版社，1998.

蒋良骐.东华录［M］.北京：中华书局，1980.

王先谦.东华录［M］.续修四库全书本.上海：上海古籍出版社，2002.

康熙朝《大清会典》，沈云龙主编：《近代中国史料丛刊三编》，台北：文海出版社.

241

雍正朝《大清会典》，沈云龙主编：《近代中国史料丛刊三编》，台北：文海出版社．

乾隆朝《大清会典》，四库全书荟要本，长春：吉林出版集团有限责任公司，2005．

乾隆朝《大清会典则例》，文渊阁四库全书本，台北：台湾商务印书馆，1986．

嘉庆朝《大清会典》，沈云龙主编：《近代中国史料丛刊三编》，台北：文海出版社．

嘉庆朝《大清会典事例》，沈云龙主编：《近代中国史料丛刊三编》，台北：文海出版社．

光绪朝《大清会典》，北京：中华书局，1991．

光绪朝《大清会典事例》，北京：中华书局，1991．

《清朝文献通考》，杭州：浙江古籍出版社，2000．

刘锦藻．清朝续文献通考［M］．"十通本"，上海：商务印书馆，1935．

《清朝通典》，杭州：浙江古籍出版社，2000．

《清朝通志》，杭州：浙江古籍出版社，2000．

王庆云．石渠余纪［M］．北京：北京古籍出版社，2001．

清高宗敕撰．清朝文献通考．杭州：浙江古籍出版社，2001．

海宁．晋政辑要，《官箴书集成》第五册，合肥：黄山出版社，1997．

中国第一历史档案馆．雍正朝汉文朱批奏折汇编［A］．南京：江苏古籍出版社，1991．

中国第一历史档案馆．雍正朝内阁六科史书·户科［A］．南宁：广西师范大学出版，2007．

清世宗胤禛批，允禄、鄂尔泰等．朱批谕旨（雍正朝）［A］．上海：点石斋，光绪十三年（1887年）．

刚毅，安颐，《晋政辑要》［M］．"续修四库全书"本，上海：上海古籍出版社，2002．

昆冈等修，刘启端 等纂．《大清会典事例》［M］．上海：上海古籍出版社，2003．

魏源.皇朝经世文编［M］.北京：中华书局，1992.

盛康.皇朝经世文续编［M］.北京：中华书局，1992.

邵之棠.皇朝经世文统编［M］.上海宝善斋石印本.

中国第一历史档案馆.康熙朝汉文奏折汇编［A］.北京：档案出版社，1985.

中国第一历史档案馆.康熙朝满文朱批奏折全译［A］.北京：中国社会科学出版社，1996.

中国第一历史档案馆译.雍正朝满文朱批奏折全译［A］.合肥：黄山书社，1998.

中国第一历史档案馆.雍正朝汉文朱批奏折汇编［A］.南京：江苏古籍出版社，1989.

中国第一历史档案馆.雍正朝内阁六科史书·吏科［A］.桂林：广一西师范大学出版社，2002.

宫中档乾隆朝奏折［A］.台北：故宫博物院印行，1982.

康熙《灵丘县志》,《中国地方志集成·山西府县志辑6》,南京：凤凰出版社，2005.

光绪《左云县志》,《中国地方志集成·山西府县志辑10》,南京：凤凰出版社，2005.

乾隆《宁武府志》,《中国地方志集成·山西府县志辑11》,南京：凤凰出版社，2005.

光绪《五台新志》,《中国地方志集成·山西府县志辑14》,南京：凤凰出版社，2005.

乾隆《保德州志》,《中国地方志集成·山西府县志辑15》,南京：凤凰出版社，2005.

同治《河曲县志》,《中国地方志集成·山西府县志辑16》,南京：凤凰出版社，2005v

光绪《岢岚州志》,《中国地方志集成·山西府县志辑17》,南京：凤凰出版社，2005.

雍正《石楼县志》,《中国地方志集成·山西府县志辑20》,南京：凤凰出版社，2005.

乾隆《兴县志》,《中国地方志集成·山西府县志辑 23》，南京：凤凰出版社，2005.

光绪《兴县续志》,《中国地方志集成·山西府县志辑 23》，南京：凤凰出版社，2005.

乾隆《应州续志》,《中国地方志集成·山西府县志辑 29》，南京：凤凰出版社，2005.

康熙《宁乡县志》,《中国地方志集成·山西府县志辑 31》，南京：凤凰出版社，2005.

民国《平顺县志》,《中国地方志集成·山西府县志辑 42》，南京：凤凰出版社，2005.

乾隆《新修曲沃县志》,《中国地方志集成·山西府县志辑 48》，南京：凤凰出版社，2005.

民国《临县志》，中国方志丛书·华北地方·第七十二号，台北：成文出版社，1976 年影印.

乾隆《武乡县志》，中国方志丛书·华北地方·第七十三号，台北：成文出版社，1968 年影印.

道光《偏关志》，中国方志丛书·华北地方·第七十八号，台北：成文出版社，1976 年影印.

民国《乡宁县志》，中国方志丛书·华北地方·第八十一号，台北：成文出版社，1968 年影印.

民国《永和县志》，中国方志丛书·华北地方·第八十八号，台北：成文出版社，1968 年影印.

光绪《交城县志》，中国方志丛书·华北地方·第三九八号，台北：成文出版社，1976 年影印.

《辽州志》，中国方志丛书·华北地方·第四〇七号，台北：成文出版社，1976 年影印.

民国《和顺县志》，中国方志丛书·华北地方·第四〇八号，台北：成文出版社，1976 年影印.

乾隆《广灵县志》，中国方志丛书·华北地方·第四一一号，台北：成文出版社，1976 年影印．

光绪《广灵县补志》，中国方志丛书·华北地方·第四一二号，台北：成文出版社，1976 年影印．

康熙《保德州志》，中国方志丛书·华北地方·第四一四号，台北：成文出版社，1976 年影印．

光绪《吉县志》，中国方志丛书·华北地方·第四一九号，台北：成文出版社，1976 年影印．

光绪《平陆县续志》，中国方志丛书·华北地方·第四二六号，台北：成文出版社，1976 年影印．

康熙《隰州志》，中国方志丛书·华北地方·第四二七号，台北：成文出版社，1976 年影印．

乾隆《蒲县志》，中国方志丛书·华北地方·第四二九号，台北：成文出版社，1976 年影印．

光绪《永宁州志》，光绪七年石印本，山西省图书馆线装文献室藏书．

郭海主编 . 阳高县志［M］. 北京：中国工人出版社，1993 年出版．

康熙《平顺县志》，岩窟景钞本，山西省图书馆线装文献室藏书．

黎中辅纂，许殿玺校注 . 大同县志（道光朝）［M］. 太原：山西人民出版社，1992.

觉罗石麟修，储大文纂 . 山西通志（雍正朝）［M］. 刻本 .1734 年（雍正十二年）.

曾国荃，张煦 . 山西通志（光绪朝）［M］. 光绪八年（1882 年）.

顾祖禹 . 读史方舆纪要［M］. 中华书局，2005.

乾隆朝 . 大清一统志［M］. 文渊阁四库全书本，台北：商务印书馆，1986.

嘉庆朝 . 重修一统志［M］. 北京：中华书局，1986.

段光清 . 镜湖自撰年谱，历代史料笔记丛刊·清代史料笔记［M］. 北京：中华书局，1997.

欧阳昱 . 见闻琐录［M］. 长沙：岳麓书社，1986.

张集馨撰、张秀清点校. 道咸宦海见闻录 [M]. 北京：中华书局，1981.

福格. 听雨丛谈 [M]. 北京：中华书局，1984.

方浚师. 蕉轩随录卷 4 [M]. 北京：中华书局，1995.

徐珂. 清稗类钞 [M]. 北京：中华书局，1984.

陈其元. 庸闲斋笔记 [M]. 北京：中华书局，1989.

刘廷玑. 在园杂志 [M]. 北京：中华书局，2005.

赵慎畛. 榆巢杂识 [M]. 北京：中华书局，2001.

刘献廷. 广阳杂记 [M]. 北京：中华书局，1957.

胡思敬. 国闻备乘 [M]. 北京：中华书局，2007.

瞿同祖. 清代地方政府 [M]. 北京：法律出版社，2003.

张德泽. 清代国家机关考略 [M]. 北京：学苑出版社，2001.

艾永明. 清朝文官制度 [M]. 北京：商务印书馆，2003.

王志明. 雍正朝官僚制度研究 [M]. 上海：上海古籍出版社，2007.

许大龄. 明清史论集·清代捐纳制度 [M]. 北京：北京大学出版社，2000.

肖宗志. 候补文官群体与晚清政治 [M]. 成都：巴蜀书社，2007.

白钢主编. 中国政治制度通史 [M]. 第十卷《清代典制》（郭松义、李新达、杨珍著），北京：人民出版社，1996.

刘子扬. 清代地方官制考 [M]. 北京：紫禁城出版社，1994.

潘星辉. 明代文官铨选制度研究 [M]. 北京：北京大学出版社，2005.

赵泉澄. 清代地理沿革表 [M]. 北京：中华书局，1955.

郭雅儒. 山西自然灾害 [M]. 太原：山西科学教育出版社，1989.

山西水利厅水旱灾害编委会. 山西水旱灾害 [M]. 郑州：黄河水利出版社，1996.

张杰. 山西自然灾害史年表 [M]. 太原：山西省新华印刷厂，1988.

山西省地震局. 山西省地震历史资料汇编 [M]. 北京：地震出版社，1991.

行龙. 以水为中心的晋水流域 [M]. 太原：山西人民出版社，2007.

行龙. 环境史视野下的近代山西社会 [M]. 太原：山西人民出版社，

2007.

郝平.丁戊奇荒.光绪初年山西灾荒与救济研究［M］.北京：北京大学出版社，2012.

余秋雨.文化苦旅［M］.武汉：长江文艺出版社，2014.

冯尔康.清人生活漫步［M］.北京：中国社会出版社，1999.

曾小萍著，董建中译.州县官的银两——18 世纪中国的合理化财政改革［M］.北京：中国人民大学出版社，2005.

刘铮云.“冲、繁、疲、难”：清代道、府、厅、州、县等级初探.《中研院历史语言研究所集刊》第 64 本第 1 份，1993.

李伯重.“道光萧条”与“癸未大水”——经济衰退、气候剧变及 19 世纪的危机在松江［J］.社会科学，2007（6）.

吴承明.18 世纪与 19 世纪上叶的中国市场，载《货殖商业与市场研究》第 3 辑，北京：中国财政经济出版社，1999.

关晓红.晚清直省“公费”与吏治整顿［M］.历史研究，2010 年第 2 期.

刘伟.“停部选”与清末州县官选任制度改革［M］.清史研究，2010 年第 1 期.

杜家骥.清代官场中的“肥缺”问题，清史镜鉴——部级领导干部清史读本第 6 辑［M］.北京：国家图书馆出版社，2013.

张振国.清代道、府、厅、州、县等级制度的确定，明清论丛第十一辑［M］.北京：紫禁城出版社，2011.

张振国.论清代“冲繁疲难”制度之调整，安徽史学，2014 年第 3 期.

张振国.“肥缺”与“瘠缺”——清末广西官缺肥瘠分布及与繁简等级、选任制度之关系，清史论丛，2015 年 1 月.

魏光奇.晚清州县官任职制度的紊乱——透视中国传统政治的深层矛盾，河北学刊，2008 年第 2 期.

王月、张振国.清末奉天官缺肥瘠探析，满族研究，2017 年第 4 期.

金如委.清代政区“厅”探析，历史教学，2018 年第 16 期.

倪玉平.有量变而无质变清朝道光时期的财政收支，学术月刊，2011

年 5 月．

　　罗畅．道光萧条不存在吗？——来自全国粮价的证据，理论前沿，2011 年 9 月．

　　李芳．"道光萧条"与十九世纪上半叶的中国经济，学术论坛，2011 年第 3 期．

　　杨晨宇．乾隆年间的卫所裁并，南方论刊，2018 年第 3 期．

　　董虹廷．"丁戊奇荒"对山西人口素质的影响，防灾科技学院学报，2019 年第 3 期．

　　陆韧．清代直隶厅解构，中国历史地理论丛，2010 年 7 月，第 25 卷第 3 辑．

　　胡恒．清代政区分等与官僚资源调配的量化分析，近代史研究，2019 年第 3 期．

　　王丽．山西清代摊丁入亩政策初探，晋阳学刊，2004 年第 3 期．

　　王丽．清道光朝苦缺制度探微，历史教学问题，2013 年第 5 期．

　　王丽．试论雍正朝的拣选分发制度，石家庄学院学报，2012 年第 1 期．

　　王丽．清代候补官员发省委署制度成因初探，石家庄学院学报，2010 年第 1 期．

　　王丽．试析清代山西缺额丁银问题，明清论丛，第八辑，北京紫禁城出版社，2008．

　　王丽．晚清地方候补官委署过程中的规则与"潜规则"——以山西为个案，清史论丛，2012 年 1 月．

　　林涓．清代行政区划变迁研究［D］．上海：复旦大学，2004．

　　张振国．清代文官选任制度研究［D］．天津：南开大学，2010．

　　单联品．明清山西疫病流行规律研究［D］．北京：中国中医科学院，2013．

　　邹文卿．明清山西自然灾害及其防治技术［D］．太原：山西大学，2014．

　　李小琴．清代晋北地区的自然灾害与农耕社会［D］．西安：陕西师范大学，2017．